CULTURAS INFANTIS E DESIGUALDADES SOCIAIS

Coleção Ciências Sociais da Educação
Coordenadores: Maria Alice Nogueira e Léa Pinheiro Paixão

– *O sujeito da educação*
Tomaz Tadeu da Silva (org.)
– *Neoliberalismo, qualidade total e educação*
Tomaz Tadeu da Silva e Pablo Gentili (orgs.)
– *Currículo – Teoria e história*
Ivor F. Goodson
– *Escritos de educação*
Maria Alice Nogueira e Afrânio Catani (orgs.)
– *Família e escola – Trajetórias de escolarização em camadas médias e populares*
Maria Alice Nogueira, Geraldo Romanelli e Nadir Zago (orgs.)
– *A escolarização das elites*
Ana Maria Fonseca de Almeida e Maria Alice Nogueira (orgs.)
– *As políticas de currículo e de escolarização*
Ivor F. Goodson
– *Família & escola – Novas perspectivas de análise*
Geraldo Romanelli, Maria Alice Nogueira e Nadir Zago (orgs.)
– *Ensino explícito e desempenho dos alunos*
Clermont Gauthier, Steve Bissonnette e Mario Richard
– *Culturas infantis e desigualdades sociais*
Deise Arenhart

Dados Internacionais de Catalogação na Publicação (CIP)
(Câmara Brasileira do Livro, SP, Brasil)

Arenhart, Deise
  Culturas infantis e desigualdades sociais
Deise Arenhart. – Petrópolis, RJ : Vozes, 2016. – (Coleção Ciências Sociais da Educação)
  Bibliografia
  ISBN 978-85-326-5294-2
  1. Desigualdades sociais 2. Pedagogia
3. Psicologia da aprendizagem 4. Sociologia
educacional I. Título. II. Série

16-04704   CDD-370.1934

Índices para catálogo sistemático:
1. Desigualdades sociais : Educação e diversidade
cultural : Sociologia educacional : Educação
370.1934

DEISE ARENHART

CULTURAS INFANTIS E DESIGUALDADES SOCIAIS

EDITORA VOZES

Petrópolis

© 2016, Editora Vozes Ltda.
Rua Frei Luís, 100
25689-900 Petrópolis, RJ
www.vozes.com.br
Brasil

Todos os direitos reservados. Nenhuma parte desta obra poderá ser reproduzida ou transmitida por qualquer forma e/ou quaisquer meios (eletrônico ou mecânico, incluindo fotocópia e gravação) ou arquivada em qualquer sistema ou banco de dados sem permissão escrita da editora.

CONSELHO EDITORIAL

Diretor
Gilberto Gonçalves Garcia

Editores
Aline dos Santos Carneiro
Edrian Josué Pasini
José Maria da Silva
Marilac Loraine Oleniki

Conselheiros
Francisco Morás
Leonardo A.R.T. dos Santos
Ludovico Garmus
Teobaldo Heidemann
Volney J. Berkenbrock

Secretário executivo
João Batista Kreuch

Editoração: Maria da Conceição B. de Sousa
Diagramação: Sheilandre Desenv. Gráfico
Revisão gráfica: Nilton Braz da Rocha e Nivaldo S. Menezes
Capa: Cumbuca Studio
Ilustração de capa: © p.studio66 | Shutterstock

ISBN 978-85-326-5294-2

Editado conforme o novo acordo ortográfico.

Este livro foi composto e impresso pela Editora Vozes Ltda.

Querido netinho,

Se nós pudéssemos transformar o mundo das crianças do Brasil, transformar o choro da fome em um sorriso de alegria e, assim, dar uma vida melhor para todos, a nossa felicidade seria bem maior.

Osvin Arenhart, meu pai.

À minha mãe, pelo amor que cuida e força que inspira.

Ao meu pai (*in memoriam*) que, mesmo no silêncio, ainda me enche de palavras, e assim se faz presente neste livro.

A todas as crianças que, por meio do brincar, resistem às marcas da desigualdade e os ensinam a beleza do humano.

AGRADECIMENTOS

Lançar um olhar para o processo vivido na realização deste livro é enxergar muita gente. Pessoas com quem aprendi a relevância e o gosto pela pesquisa; com quem aprendi a desenvolver um olhar sensível e crítico para a realidade, estranhando as injustiças sociais e comprometendo a produção científica para sua superação; pessoas com quem aprendi a me apaixonar pela infância e me aproximar de seus anúncios; pessoas que me ensinaram o gosto pela leitura e a importância da disciplina intelectual; pessoas com quem aprendi a ousadia de casar na pesquisa criatividade, originalidade e rigor; pessoas com quem aprendi a assumir minha autoria sem deixar de reconhecer o outro que está nela; pessoas com quem aprendi a força da organização coletiva na luta por um mundo melhor; pessoas que, desde muito cedo na vida acadêmica, me inspiraram e me inspiram por tudo o que são e fazem via educação nas escolas e movimentos sociais, da creche à universidade. Por isso, este livro tem um pouco da marca de muitas pessoas que me constituem: familiares, amigos, amores, professores, companheiros dos movimentos sociais, colegas de trabalho nas escolas e creches por onde trabalhei e pesquisei, colegas das universidades. Tem também a marca de muitas crianças, do campo e da cidade, de variadas classes, raças e etnias, todas crianças, com quem venho aprendendo há muito tempo as coisas lindas da infância. Ainda sem nomear a todos e todas, quero que se reconheçam como parte dessa história e recebam meu agradecimento.

Especialmente na elaboração mais direta deste livro, destaco e nomeio algumas pessoas que foram de uma generosidade e importância imensurável em ajudar a fazer acontecer esse projeto. Refiro-me à minha orientadora de doutorado Léa Pinheiro Paixão e aos coorientadores Jader Janer Lopes e Manuel Sarmento; aos professores membros da banca de defesa da tese: Angela Borba, Sônia Kramer, Mauricio Roberto da Silva, Ligia Aquino; e ao Prof. Osmar Fávero que, impecavelmente, realizou a revisão deste texto. Partilhar olhares, saberes e afetos com pessoas de tanta qualidade acadêmica e humana fez desta uma experiência educativa e inspiradora para este livro.

SUMÁRIO

Prefácio, 11

Introdução – Como surge o interesse pelo tema, 15

1 Caminhos que levam às crianças e suas culturas, 21

2 Entre a favela e o castelo: apresentando as crianças e seus contextos de vida, 61

3 Corpo-criança: o que se vê quando se olha, 99

4 Brincadeira e culturas infantis: a influência dos contextos sociais, 141

5 Culturas infantis em contextos desiguais: para onde nos leva esse debate?, 189

Referências, 197

Índice, 205

PREFÁCIO

As culturas da infância constituem tema central na compreensão da infância e continuam a suscitar a publicação de obras de referência em todo o mundo. Por exemplo, nos últimos anos, podemos assinalar, entre outras, as importantes obras de David Buckingham sobre cultura material das crianças[1] ou a recolha de textos organizada por Andy Arleo e Julie Delalande[2] ou ainda, um pouco mais antiga, a importante revisão feita por Amy Kyratzis[3] sobre a construção da cultura de pares.

Poder-se-ia pensar que este livro é mais um, entre tantos, sobre culturas da infância. Teria disso o mérito de se incorporar numa linha de pesquisa e produção de conhecimento sobre a infância que se tem revelado muito fecunda. Porém, é muito mais do que isso: este livro constitui contributo fundamental para a clarificação de conceitos, num campo onde tem campeado alguma confusão, e para o relançamento de bases analíticas indispensáveis para podermos continuar a trabalhar sobre os modos como as crianças produzem coletivamente modos de apreensão e significação do mundo. Na verdade, o livro introduz uma importante variável (estranhamente – ou talvez não... – ausente na grande maioria dos estudos das culturas infantis) na análise da produção cultural das crianças: a classe social de pertença. A autora é muito clara na definição dos seus objetivos: analisar e interpretar a articulação, nas culturas da infância, dos efeitos gerados pela pertença social de classe das crianças e pela sua inserção numa categoria geracional específica. Isto é, sendo as culturas da infância socialmente produzidas, elas cruzam a pertença das crianças, em simultâneo, à sua própria condição geracional e a uma condição de classe específica. Ora, é este cruzamento entre classe e geração que é raro. Mas é indispensável. Para isso, a autora recorre a uma fundamentação teórica rigorosa e atualizada e a uma metodologia muito exigente e escrupulosa.

Assim, a autora desenvolveu uma pesquisa que se ocupa de dois contextos socialmente distintos onde vivem, brincam e aprendem crianças. A sua etnografia,

---

1. BUCKINGHAM, D. (2011). *The Material Child*. Cambridge: Polity.
2. ARLEO, A. & DELALANDE, J. (dir.) (2011). *Cultures enfantines:* universalite et diversite. Rennes: PUR.
3. KYRATZIS, A. (2004). "Talk and interaction among children and the co-construction of peer groups and peer culture". *Annual Review of Anthropology*, 33.

atenta, bem delineada, compreensiva e eticamente irrepreensível, é feita junto de crianças em idade de educação pré-escolar de dois contextos próximos geograficamente e muito distintos socialmente, numa favela e num centro artístico do morro de Santa Teresa, no Rio de Janeiro. Como componente decisiva da qualidade da etnografia está a escrita límpida, muito precisa, mas igualmente expressiva, a ponto de convocar a imaginação sociológica do leitor para compreender, com a sua inteligência e com a sua sensibilidade, a realidade – por vezes surpreendente, outras vezes comovente, mas sempre desafiadora e instigante – das práticas sociais e das vidas das crianças dos dois contextos estudados.

Esta etnografia constitui um trabalho original, cuja necessidade havia já há algum tempo sendo enunciada, mas cuja concretização não havia sido ainda claramente realizada de forma consistente. Na verdade, há muito que o estudo dos efeitos geracionais na produção das culturas infantis vem sendo desenvolvido, designadamente a partir dos trabalhos pioneiros de Florestan Fernandes[4] e Charlotte Hardman[5], entre outros, destacando as crianças como sujeitos culturais, relevando a autonomia da produção simbólica pelas crianças e sinalizando as características das práticas culturais das crianças e dos seus artefatos. Do mesmo modo, existe um considerável volume de estudos sobre as crianças das classes populares, as suas condições de existência, as suas práticas sociais, as interações que estabelecem com os pares, com os adultos e com as instituições, as suas representações sociais. Mas a análise, empiricamente muito documentada, da articulação dos efeitos de geração e de classe nas culturas infantis, capaz de sinalizar, em simultâneo, elementos de heterogeneidade e de homogeneidade, é um trabalho inovador, abrindo novas interrogações e enunciando renovadas possibilidades de pesquisa.

Para aquilatar da importância deste contributo, basta considerar dois dos textos mais recentes de dois autores de referência da Sociologia da Infância, com posições liderantes no mundo anglófono e no mundo francófono. Assim, J. Qvortrup[6], num artigo publicado na revista *Educação & Sociedade*, apresenta a sua conhecida tese estruturalista da homogeneidade da categoria geracional da infância, sustentando a subestimação deliberada dos fatores de diversidade, não porque eles não existam, mas porque, na opinião do autor, a sua valorização tem o efeito de corromper a autonomia conceitual da infância, dissolvendo-a noutras categorias sociológicas, como classe, gênero etc. R. Sirota[7], por seu turno, num texto publicado em 2012 no qual revisita o lugar da infância nas ciências sociais, deambulando por diferentes

---

4. FERNANDES, F. (2004). *Folclore e mudança social na cidade de São Paulo*. 3. ed. São Paulo: Martins Fontes.
5. HARDMAN, C. (2001). "Can there be an Anthropology of Children?" *Childhood*, 8, p. 501-517.
6. QVORTRUP, J. (2010). "A tentação da diversidade e seus riscos". *Educação & Sociedade*, vol. 31, n. 113, out.-dez., p. 1.121-1.136.
7. SIROTA, R. (2012). "L'enfance au regard des Sciences Sociales". *AnthropoChildren*, jan. [Disponível em http://popups.ulg.ac.be/AnthropoChildren/document.php?id=921].

orientações teóricas, espaços linguísticos e tradições científicas nacionais, conclui que as ciências sociais da infância se têm centrado no estudo das crianças da classe média – ou, em termos que me parecem mais apropriados, fazem rasura do estatuto de classe nas crianças, assumindo a normatividade ocidental e burguesa da infância – excetuando, porém, o espaço de expressão lusófona, que, de acordo com a autora, estuda prioritariamente as crianças pobres. Compreende-se bem, por consequência, como um livro como este, que conjuga dialeticamente fatores de classe e de geração, elementos comuns e diferenciadores, tem significativa relevância, na exata medida em que desafia pontos de invisibilidade (a heterogeneidade da infância e o estatuto de classe das crianças) nos trabalhos dominantes em Sociologia da Infância. Fá-lo, com uma poderosa informação empírica e uma desafiadora proposta teórica.

Este livro, ademais, convoca a *razão sensível*, através da qual o verdadeiro conhecimento se constitui como espaço de renascimento da promessa pressentida da verdade. Conceitos que propõe, tais como o de corpo solto, conjugados com os de corpo oprimido, corpo produtivo, corpo brincante, corpo disciplinado e corpo transgressor – a que poderíamos adicionar os de corpo aprendiz, corpo aprendente, corpo generificado e corpo sexuado – constituem agora patrimônio útil ao conhecimento de todos os que intervêm nos mundos sociais e culturais das crianças. A sutil dialética estabelecida entre a brincadeira como prática transgressiva ou como modalidade pedagógica de condução do desenvolvimento infantil promove uma poderosa desconstrução de uma concepção essencialista do "lúdico" como "natureza" infantil, potenciando a apreensão do jogo e da brincadeira como algo que, sendo comum às crianças, é por elas vivenciado, seja como transgressão, seja como inserção na cultura hegemônica, mas sempre como um ato cultural, socialmente situado. Esta demonstração, por si só, é um argumento expressivo para demonstrar a evidência da irrelevância teórica, em simultâneo, tanto de uma pedagogia espontaneísta do lúdico como fator do desenvolvimento infantil quanto de uma pedagogia de erradicação ou subordinação do lúdico em nome da inclusão das crianças no patrimônio cultural da humanidade.

Quando é publicado um livro sério e relevante isso é motivo de alegria. Felicidade maior é quando esse livro nos abre novas perspectivas para pensarmos. É o caso deste livro. Assim ele possa encontrar nos seus leitores atentos e críticos o júbilo do conhecimento renovado sobre a vida das crianças e as culturas infantis.

Manuel Jacinto Sarmento
Universidade de Braga

INTRODUÇÃO
Como surge o interesse pelo tema

Em minhas incursões nos estudos sobre infância tenho me inquietado com as condições sociais da infância contemporânea, tanto as que emergem de processos culturais que tendem a empurrar a infância precocemente à idade adulta como as de ordem estruturalmente econômicas que têm acirrado a produção das desigualdades sociais. Essa realidade tem me instigado a estudar como as crianças reagem a estes condicionantes sociais – reproduzindo-os e inovando-os – e como esse processo se expressa nas suas culturas.

O objeto deste livro nasce dessas inquietações produzidas e atualizadas ao longo de minha trajetória como professora de crianças pequenas e pesquisadora da infância e educação. Mais especificamente, as questões que norteiam a pesquisa que originou este livro começaram a ser construídas quando de minha pesquisa de mestrado (2001 a 2003), ganhando força e me instigando profundamente com o passar do tempo.

Naquela época, confrontei-me tanto com a riqueza do contato com o campo – do qual advieram especialmente a aprendizagem da experiência de ouvir as crianças – como com o campo teórico da Sociologia da Infância, que me ofereceu ferramentas analíticas para ler e compreender a realidade e me comprometer com as problemáticas e desafios colocados à infância na contemporaneidade.

A pesquisa que desenvolvi nesse tempo propunha-se a ouvir as crianças Sem Terra para perceber como elas significavam e viviam essa condição e, sobretudo, como elas se relacionavam com os processos pedagógicos que eram mobilizados no interior desse movimento social. As crianças revelaram, tanto em suas significações como nas ações, traços definidores do contexto sociocultural no qual se situavam, no caso, a cultura rural, de classe trabalhadora e, especialmente, o pertencimento à dinâmica de luta do movimento social a qual pertenciam. Portanto, a condição social, cultural e geográfica estava expressa nas crianças, operando de modo a construir identidade entre aquelas crianças e diferenças em relação a outras que não viviam suas infâncias nas mesmas condições. Ao mesmo tempo, as crianças também revelaram, em seus modos de realizar as atividades cotidianas no assentamento em que viviam, marcas visivelmente distintas dos modos adultos. No âmbito do discurso, muitas vezes elas reproduziam o que aprendiam dos adultos, mas, no nível da ação, elas impunham o seu jeito, as suas marcas reveladoras de seus interesses como crianças[1]. Portanto, havia algo ali que escapava às determinações do contexto e da cultura adulta e que me indicava a existência da alteridade infantil frente aos adultos.

Buscando compreender esses dados com base nos aportes teóricos da Sociologia da Infância confrontei-me com duas teses desse campo que davam sentido a essas percepções empíricas. Uma delas reconhece a infância como uma construção histórica, social e cultural. Isso equivale a dizer que a infância, como categoria geracional, nem sempre existiu (ARIÈS, 1981), sofre variações ao longo do tempo e se expressa diferenciadamente de acordo com a classe, raça, etnia, lugar geográfico etc. Portanto, tem de ser vista em sua heterogeneidade. A partir disso, poderia localizar minha primeira percepção da pesquisa: a de que a infância das crianças Sem Terra expressava as condições sociais que a produziam, heterogêneas se comparadas a outras realidades de vivência da infância.

Outra tese desse campo que ajudou a dar sentido às minhas indagações demarca a infância como categoria social que integra todas as crianças e que as distingue dos adultos. Essa tese, portanto, admite a existência de elementos comuns entre as crianças e incita a pesquisar os fatores que as unificam e que expressam a condição geracional comum. Dentre esses fatores destaca-se a expressão de modos de significação, representação e ação específicos e distintos dos modos adultos. Essa distinção em nível simbólico se expressa pelas culturas infantis e leva a considerar que as crianças – para além dos fatores estruturais que estabelecem normativas à geração infantil e ainda, independente de classe social, raça, cultura e gênero – tenham algo em comum (SARMENTO, 2007). Portanto, a essa tese se relacionava o segundo "achado" de minhas evidências e me levava a considerar que os elementos diferenciadores que as crianças Sem Terra mostravam com relação aos adultos, possivelmente seriam elementos que as identificassem com outras crianças de contextos bem distintos aos seus.

Assim, dois lócus de aprendizagem tão ricos e instigantes – empiria e teoria – foram se colocando em um movimento de intensas reflexões e formulações de perguntas; a teoria ora dava sentido para a realidade e ora era questionada por esta. Algumas questões que se formularam como resultado desse encontro foram: O que diferenciaria as crianças de diferentes contextos socioculturais e o que as

---

[1]. Essas diferenças se revelaram, sobretudo, nos modos com que as crianças realizavam algumas atividades que eram comuns também aos adultos. Nesses modos e, ao contrário dos adultos, as crianças inseriram muito o elemento da ludicidade, a exploração do corpo, a busca pela interação, a mescla entre fantasia e realidade e a preocupação maior com a ação presente e menos com a consequência futura da ação (ARENHART, 2007).

aproximaria? Seria mesmo possível pensar numa identidade cultural da infância produzida por elas mesmas e não redutível à cultura dos adultos? Qual o peso da estrutura na constituição das diferentes infâncias e, sobretudo, nos modos como as crianças se apropriam das experiências vivenciadas e se expressam culturalmente? Que elementos poderiam produzir elos de identidade entre crianças de diferentes contextos, além da identificação etária e do estatuto social?

Motivada por essas questões dei início, em 2008, ao curso de doutoramento, pelo qual passei a mergulhar de forma mais aprofundada na problemática e abordagens dos estudos sociais da infância, de modo que pude qualificar minhas perguntas e compreender alguns conceitos fundamentais que foram sustentando a construção do objeto de uma nova pesquisa e seus recortes.

Um dos passos importantes na definição desse novo objeto foi identificar que muitas de minhas questões e inquietações poderiam ser respondidas por meio do estudo das *culturas da infância*, ou melhor, que as reflexões sobre essas questões poderiam ser efetuadas por esse enfoque. Isso porque uma das faces do problema que vinha construindo para a pesquisa era a compreensão da alteridade infantil em relação aos adultos. Segundo Sarmento (2005), o estudo das culturas da infância é uma porta de entrada para a compreensão da alteridade infantil.

Essa primeira vertente desse estudo se fundamenta na tese de que a alteridade das crianças comparativamente aos adultos não se deve à falta de maturidade ou à incompletude em relação a estes – noção que embasou a concepção moderna de infância – mas se deve, fundamentalmente, à sua diferença. As crianças expressam lógicas, representações, significações, modos de ação distintos dos adultos; se historicamente as características das crianças que as afastavam dos adultos eram tratadas como *déficit*, atualmente, os estudos socioantropológicos da infância têm indicado que se trata de outra ordem de relação com o real e o simbólico. Essa diferença em relação aos adultos é, portanto, construída pelo pertencimento geracional e pode ser identificada nas formas culturais infantis.

Nessa direção, ainda que as crianças construam suas culturas com base nos referenciais da cultura adulta, os estudos acerca das culturas infantis sustentam que existe relativa autonomia na produção cultural das crianças; não se trata de independência, mas também não se trata de mera reprodução.

Esta premissa é sustentada pela tese da *reprodução interpretativa* de William Corsaro (1997). Observando brincadeiras de faz de conta de crianças em idade pré-escolar, o autor percebe que estas se apropriam dos referencias do mundo adulto para produzir a própria cultura de pares. Nessa construção, não ocorre assimilação pura e simples da cultura dos adultos, mas, à medida que ela é interpretada e não somente reproduzida pelas crianças, estas exprimem suas marcas infantis na cultura. Para Corsaro, isso faz com que a interação entre esses dois grupos (crianças e adultos) seja mútua. Esse conceito também é fundamental por ajudar a reconhecer que as crianças não só assimilam a cultura, mas também a constroem e a modificam e fazem isso tanto por meio da relação com os adultos como e, principalmente, pela relação com outras crianças, no interior dos seus grupos de pares.

Portanto, esta é a primeira face da dupla abordagem empreendida neste livro: perceber, nas culturas infantis, processos de reprodução interpretativa que expressem diferenças em relação à cultura adulta e sua relativa autonomia. Face que é percebida, também, a partir do que identifica as crianças, do que as une como integrantes de uma mesma categoria social.

A outra face desta abordagem diz respeito à identificação das diferenças nas culturas infantis para além da relação com o adulto, isto é, às diferenças dentro da própria geração infantil. Parte-se do pressuposto segundo o qual, ainda que todas as crianças se situem dentro da categoria geracional infância e isso as coloca em uma série de experiências comuns, somam-se ao pertencimento geracional outras variáveis sociais, como classe, etnia, raça, gênero, lugar geográfico etc. Isso leva à impossibilidade de haver completa homogeneidade nas culturas da infância, visto que outros condicionantes se somam na produção das condições sociais e nos referentes culturais que as crianças dispõem para a produção de suas culturas.

Por isso, é também na localização das diferenças intrageracionais que se expressam nas culturas da infância e na análise dos fatores de produção dessas diferenças que este livro se detém.

Nesta perspectiva, a questão propulsora da pesquisa que originou este livro é a seguinte: Como as crianças, em diferentes contextos socioculturais produzem suas culturas e o que estas indicam, simultaneamente, sobre seu pertencimento geracional – relacionado às condições comuns postas à infância – e sobre seu pertencimento social – relativo a condições objetivas diferenciadas e desiguais?

Dentre os elementos estruturais produtores das diferenças entre as crianças e, supostamente, de suas culturas, elegi a *classe social* como a categoria a ser analisada juntamente com a categoria *geração*. A classe social está sendo indicada como principal fator de diferenças e desigualdades, enquanto que a geração é vista como propulsora da possível identidade das culturas da infância e de sua diferença em relação aos adultos.

Assim, este livro se baseia e relata o processo e os resultados de uma pesquisa que se delimitou pela análise de culturas infantis produzidas por dois grupos de crianças de quatro a seis anos em instituições de Educação Infantil, os quais diferem entre si pela posição de classe: um grupo de crianças empobrecidas e moradoras em uma favela do Rio de Janeiro e outro oriundo da classe média alta, pertencentes a famílias com expressivo capital cultural.

Partindo do pressuposto segundo o qual as culturas infantis se expressam, se fazem e se refazem na intersecção entre a reprodução e a interpretação das crianças sobre as referências sociais de que dispõem e dentro dos limites e das possibilidades que seus contextos de vida oferecem, outras questões afluem e se relacionaram ao objeto acima explicitado, dentre as quais se destacam: Que tipo de mundo particular as crianças constroem sob diferentes condições sociais e culturais e como essas diferenças se relacionam com o contexto cultural mais amplo? Como se expressam geração e classe nas culturas infantis? Como é que práticas educacionais distintas – familiares e escolares – contribuem para a formação de culturas infantis? De que modo diferentes processos de normativização da infância (em meio popular, classe média/alta) influenciam as culturas infantis? Quais os limites da interpretação pelas crianças da cultura societal que se produz e se reproduz no contexto em que estão inseridas? De que modo os contextos sociais em que se inserem as crianças, especialmente a escola, atuam no sentido de favorecer ou limitar a ação cultural das crianças?

O recorte deste estudo e a configuração de seu objeto estão mobilizados, sobretudo, por um profundo comprometimento político com a infância. Localizada dentro do que Sarmento e Marchi (s.d.) propõem como *paradigma crítico* para o campo da Sociologia da Infância, este livro busca contribuir para a "emancipação social da infância" (p. 3).

Essa possibilidade de emancipação está presente ao propor-se a: 1) destacar as crianças como produtoras culturais, contribuindo para o movimento de construção de um novo estatuto social para a infância, cujas bases se assentem na consideração das crianças como sujeitos de direitos e como atores sociais e culturais; 2) desvelar processos de desigualdade social, intencionando contribuir na implementação de ações políticas e pedagógicas que busquem a superação dos limites e a ampliação das possibilidades de as crianças se exercerem como sujeitos de direitos e atores sociais.

Portanto, quando busco, simultaneamente, considerar classe e geração na análise das manifestações culturais das crianças faço-o ante as inquietudes expostas na abertura desta introdução e que reitero: a preocupação tanto com as condições que a geração infantil – que agrega todas as crianças – tem para viver a infância como a preocupação com as desigualdades sociais que acirram as diferenças entre as crianças e aumentam as desvantagens para as menos favorecidas socialmente.

De modo a responder e perseguir as questões acima explicitadas, o livro está estruturado em cinco capítulos: no *primeiro*, apresento e discuto os principais conceitos que embasam a problemática abordada – culturas infantis, classe social, geração e seus derivantes. Na segunda parte do capítulo, exponho o processo de construção metodológica da investigação empreendida, destacando o processo etnográfico no que se refere à constituição dos dois campos da pesquisa, a relação com os sujeitos, principalmente as crianças, as questões éticas que apoiaram o estudo e as estratégias e instrumentos construídos como fruto da relação com cada campo da pesquisa.

No *segundo* capítulo efetuo a apresentação dos contextos que formam e fornecem as referências para as experiências das crianças envolvidas na investigação. Desse modo e, apresentando separadamente cada contexto, detenho-me primeiramente na análise das experiências socioculturais das crianças no âmbito familiar e, num segundo momento, apresento as concepções e as práticas pedagógicas desenvolvidas com as crianças no âmbito escolar, buscando perceber no que a escola (em cada contexto) limita ou favorece processos de produção cultural por parte destas.

No *terceiro* capítulo trato de evidenciar e discutir a primeira categoria resultante como achado da pesquisa: o *corpo*. Destacando-se principalmente em um dos contextos escolares em foco que prima mais pela disciplina e controle das ações infantis, ele aparece como recurso e expressão das culturas das crianças. Desse modo, indico o corpo como componente das culturas infantis por meio de quatro possibilidades manifestas pelas crianças: 1) o corpo como linguagem e interação; 2) o corpo como resistência e transgressão; 3) o corpo como experiência lúdica e 4) o corpo como fonte de agência e poder. A análise leva em consideração tanto a relação diferenciada que as crianças estabelecem com o corpo se comparadas aos adultos, o que revela a pertença geracional, quanto a relação e a corporeidade distinta entre os dois grupos da pesquisa que refletem a condição de classe das crianças.

No *quarto* capítulo apresento e discuto a segunda categoria central que se destacou da empiria: a *brincadeira*. Ao contrário do corpo, a brincadeira destacou-se como principal manifestação que dá base para as culturas infantis no contexto em que as interações entre pares e o brincar estão mais favorecidos. Assim, abordando separadamente como ela se desenvolve em cada contexto, evidencio como a brincadeira se constitui num espaço de grande autoria das crianças e de possibilidade de construção de uma série de culturas e rotinas de pares que as identifica como grupo de crianças. Analiso ainda como as crianças reagem frente aos limites e possibilidades produzidas pela escola para a experiência do brincar e como as diferentes posições de classe fornecem referentes culturais distintos que produzem também diferentes significações e modos de brincar pelas crianças. Por fim, destaco elementos comuns que puderam ser identificados por meio da brincadeira nos dois grupos – como a relação com o espaço e tempo e a construção das identidades de gênero e de ser criança – que expressam a condição geracional infantil.

No *quinto* capítulo reservado às considerações finais realizo uma espécie de síntese em que busco responder às questões da pesquisa, evidenciando os principais achados e indicando perspectivas para continuidade e aprofundamento do tema em futuras investigações na área.

1
CAMINHOS QUE LEVAM ÀS CRIANÇAS E SUAS CULTURAS

Este capítulo trata de esclarecer o "chão" no qual a pesquisa se sustentou e, ao mesmo, tempo, o caminho que ela percorreu e construiu no desenvolvimento do processo de reflexividade entre as bases teóricas e a realidade empírica. Trata, portanto, de explicitar a tessitura teórica e metodológica da pesquisa e proceder a uma reflexão sobre ela.

Apresento, de início, os principais conceitos que situam e sustentam o problema da investigação. Sem a intenção de realizar um levantamento bibliográfico apurado sobre o tema, a teoria aqui é trazida sempre que venha ajudar a fazer os devidos recortes, alinhavos e relações mais diretas com o problema e as questões enunciadas na introdução.

Num segundo momento e com base numa concepção que se propõe dialética e não dualista ou de sobreposição, a teoria também vai sendo explicitada à medida que passo a relatar e refletir sobre o processo de construção da etnografia em cada campo onde se desenvolveu a pesquisa. Nesse movimento, destaco tanto os princípios teórico-metodológicos que orientaram os trabalhos no campo como os principais dilemas, desafios e possibilidades construídos na relação viva com os sujeitos, especialmente as crianças. Assim, o objetivo é evidenciar o processo etnográfico na relação particular com cada contexto estudado e, ao mesmo tempo, indicar reflexões e questões que possam ser apropriadas pelos campos da educação, da infância e da sociologia. Estas questões se relacionam, principalmente, ao fato de tomar as crianças como sujeitos da pesquisa e de realizar etnografia no espaço escolar com aspectos dominantemente marcados pela diversidade e desigualdade social.

INFÂNCIA E CULTURA: A PERSPECTIVA DA SOCIOLOGIA DA INFÂNCIA

A consideração das crianças como sujeitos da e na cultura está relacionada com o desenvolvimento de novos paradigmas relativos à concepção de infância e ao processo de socialização.

Ao mesmo tempo em que a Modernidade funda a infância como categoria geracional própria, diferente dos adultos, também atrela a seus referentes empíricos – as crianças – um estatuto construído pela marca da negatividade (SARMENTO, 2007). Tomando o adulto como referencial de completude, a criança se define por aquilo que ainda não é. Assim é que ganham força na representação da infância moderna adjetivos que designam a criança como irracional, imatura, incompetente, imoral, improdutiva etc. Esses adjetivos, etimologicamente formados pelo prefixo da negação, nomeiam essa categoria social: *in-fância* = aquele que não fala.

Nesse enquadramento, tem destaque a teoria de socialização fundada na perspectiva funcionalista de Émile Durkmein (1984). Fazendo referência à difundida metáfora da criança como tábula rasa e, assim, objeto de socialização dos adultos, esse paradigma passa a fundamentar e justificar a função socializadora da escola moderna.

Desse modo, a escola, pautada no conceito da não razão que recai sobre a criança, passa a produzir um sujeito escolar – atribuindo à criança o *ofício de aluno* (SIROTA, 2001) – e a experiência escolar passa a ter sentido pela *lógica da integração* (DUBET, 1996). Nessa perspectiva, a socialização ocorre verticalmente, ou seja, dos adultos para as crianças, pois, uma vez que se toma a criança como sujeito incompetente, não se admite a educação como processo recíproco e marcado por influências mútuas.

Em discordância com a visão tradicional de socialização, a *"nova" Sociologia da Infância*[1] se insere no campo sociológico inaugurando e defendendo uma perspectiva teórica que considera a reprodução como decorrente, ao mesmo tempo, da ação da estrutura e da ação do sujeito. Nessa direção, Corsaro (1997) propõe o conceito de reprodução interpretativa em substituição ao conceito de socialização, na medida em que ele exprime melhor essa dupla relação das crianças com a cultura: de reprodução e de interpretação, de manutenção da estrutura e de sua transformação pela ação do sujeito.

Assim, contrapondo-se a perspectiva tradicional de socialização infantil que toma as crianças como sujeitos passivos frente a sua socialização, têm sido consideráveis os estudos[2] dedicados a pesquisar as crianças em suas relações de pares, partindo do pressuposto de que as crianças também se socializam, aprendem e produzem cultura com base no que constroem e partilham entre si. A análise das culturas infantis permite, ainda, olhar a infância não mais pela marca da negatividade, da ausência, mas da diferença (SARMENTO, 2007).

---

1. Segundo Sarmento (2008), uma vez que a expressão "Sociologia da Infância" se encontra formulada desde 1930, porém, sob outros paradigmas teóricos, tem sido acrescido o adjetivo "nova" ao termo Sociologia da Infância para designar este renovado campo de estudos sociológicos; que vem se constituindo a partir do final do século XX sob o estatuto da infância como categoria sociológica do tipo geracional. Porém, ao longo do texto vou fazer uso dessa expressão excluindo esse adjetivo, pois, na denominação do campo é recorrente o uso substantivado: Sociologia da Infância.

2. Entre eles destaco: Corsaro, 1997; James, Jenks e Prout, 1998; Delalande, 2001; Ferreira, 2004; Borba, 2005.

Portanto, em curso desde as últimas duas décadas do século XX, a Sociologia da Infância vem demarcar um novo lugar epistemológico para a infância e as crianças, tendo como mote central o estudo da infância como *categoria social do tipo geracional* (SARMENTO, 2008) e das crianças como atores sociais que, como tais, devem ser estudados *a partir de si mesmas*[3] (PINTO & SARMENTO, 1997).

A análise da infância como categoria social permite evidenciar os "lugares" e representações que a sociedade moderna tem construído historicamente sobre a infância, a qual é demarcada, como já me referi, pela ideia de negatividade e incompletude frente à geração adulta. A infância, assim, se justifica como tempo de preparação para a criança se tornar adulta e alçar-se ao estatuto de sujeito completo. Esta ideia de negatividade reproduz-se com base em uma série de normativizações – operacionalizadas por meio de diretrizes, legislações e do mercado cultural para a infância – que também difunde uma ideia universal de infância e de ser criança, desconsiderando as desigualdades sociais e as diferenças culturais.

O estudo das crianças a partir de si mesmas e de seus contextos de vida tem permitido confrontar seus resultados com os discursos sobre as crianças e suas infâncias – construídos pelos saberes periciais da ciência moderna, principalmente pela Psicologia, Biologia, Medicina e Pedagogia – que têm legitimado uma ideia de criança universal e incompleta frente aos adultos. Isso nos tem levado a admitir que pouco sabemos sobre as crianças reais, sobre como são e vivem em suas condições concretas de vida e em sua condição geracional.

Portanto, esse campo disciplinar, com base no reconhecimento das crianças como atores sociais e da infância como uma categoria geracional que integra todas as crianças, formula três pressupostos fundamentais: 1) o reconhecimento das crianças como produtoras de cultura; 2) o reconhecimento de que essas culturas exprimem seu pertencimento geracional – por isso, a designação infantil – e 3) o reconhecimento de que, mesmo expressando uma condição comum, outros fatores constroem diferenciações culturais entre as crianças, como a relação com o lugar de moradia, a classe, a etnia, o gênero, a religiosidade, a mídia etc. Entre esses fatores de diferenciação cultural, neste trabalho, busco dar destaque à classe social.

Passarei, a seguir, a dar visibilidade a esses preceitos, buscando compreender como se apresentam na realidade empírica. Da mesma forma, como os conceitos – de culturas infantis, geração e classe – se articulam ao problema abordado neste livro.

---

3. Sirota e Montandon, em artigos publicados nos *Cadernos de Pesquisa* (n. 112, 2001), fazem um balanço da presença da infância nos trabalhos produzidos, respectivamente, na França e na Inglaterra. Ressaltam que a infância era objeto sociológico construído pelos dispositivos institucionais, a escola, a família e a justiça, de modo que as crianças eram estudadas por meio das instituições e dos adultos que lidavam com elas. Alegam, ainda, que a revisão crítica do conceito de socialização leva à reestruturação do campo da Sociologia da Infância, mais marcadamente a partir da década de 1990, pautando-se na visão da criança como ator social e objeto sociológico a ser estudado em si mesmo, e não mais indiretamente, por meio das instituições.

As culturas infantis como objeto de estudo sociológico

Os estudos das culturas infantis situados no campo da Sociologia da Infância, em sua grande maioria, partem do conceito de cultura proposto por Geertz (1989), o qual compreende a cultura como um conjunto ou teias de significados construídos por grupos sociais que regulam suas interações e comportamentos. Defendendo um conceito essencialmente semiótico de cultura, Geertz acredita que o ser humano se constrói como sujeito cultural porque produz e compartilha significados coletivos que dão sentido a sua realidade. Portanto, defende que, mais importante do que estudar os hábitos, tradições, costumes em si, os estudos etnográficos devem buscar os significados que os sujeitos produzem para ordenar seu comportamento social.

Ainda que com diferentes enfoques e nuanças, os estudos sobre as culturas infantis em sua grande maioria estão voltados a compreender os significados que as crianças constroem e partilham – com base na cultura maior – e que dão sentido às suas interações no grupo das crianças. Penso que, nessa concepção, significado e ação se articulam, sendo a ação o modo como os significados se expressam e se materializam. Por isso, opero aqui com um conceito de cultura infantil que busca compreender tanto o modo como as crianças significam coletivamente a cultura como também (porque relacionados a isso) os modos como operam sobre ela. Disso decorrem as formas de representação, simbolização, as regras, as rotinas, os recursos, os valores, o uso dos artefatos etc.

Buscando pensar de forma mais abrangente o conceito de culturas da infância caberia dizer que elas expressam tanto os significados que historicamente foram construídos sobre a infância (perspectiva diacrônica) como os que são construídos e partilhados pelas crianças na interpretação que estas elaboram sobre a realidade, os quais regulam suas interações no interior dos grupos de pares (perspectiva sincrônica).

Cabe aqui ressaltar uma faceta das culturas da infância: a que comporta o arsenal de práticas sociais e produtos culturais, como brincadeiras, jogos, rituais, artefatos, brinquedos, roupas, filmes, músicas etc. produzidos para o público infantil, os quais exprimem e constroem significados sobre a infância e o ser criança. Essa face das culturas infantis tem-se designado como as culturas produzidas *para* as crianças.

Na contemporaneidade, as culturas *para* a infância têm sido veiculadas, principalmente a partir da globalização do mercado cultural. Assim, os estudos que enfatizam a produção cultural para as crianças têm, em sua grande maioria, analisado os impactos desses produtos na constituição da experiência da infância contemporânea. Como decorrência dessas análises, autores têm chamado a atenção para os efeitos que a globalização desses produtos culturais tem produzido na homogeneização dos modos de ser criança (SARMENTO, 2007) e na colonização do imaginário infantil (BUCKNGHAM, 1997).

Sem desconsiderar a produção cultural para a infância, uma vez que ela fornece as bases materiais e simbólicas pelas quais as crianças constituem suas representações sobre ser criança, importa esclarecer que não é propriamente esse aspecto a que me dedicarei, conforme veremos no decorrer da discussão em curso.

Os estudos que tomam as crianças como produtoras culturais, buscam, sobretudo, compreender como se configuram as culturas *das* crianças, ou seja, partindo do pressuposto de que as crianças estabelecem uma relação ativa e não passiva com a cultura, importa saber o que elas fazem a partir das referências culturais de que dispõem. Assim, os estudos das culturas infantis que se baseiam numa perspectiva socioantropológica buscam apreender, sobretudo, os modos próprios de significação e ação das crianças, partindo do pressuposto de que esses modos se diferenciam dos adultos e revelam uma condição social comum: a pertença à categoria geracional infância.

Nessa direção, passarei a abordar alguns estudos que são referência no tema e algumas questões de interesse no debate contemporâneo que levantam sobre as culturas infantis.

Um primeiro trabalho que merece ser destacado é o de Florestan Fernandes (1979) desenvolvido na década de 1940, denominado: "as 'Trocinhas' do Bom Retiro: contribuição ao estudo folclórico e sociológico da cultura e dos grupos infantis". Esse importante estudo consistiu em uma etnografia realizada com crianças residentes em bairros operários da cidade de São Paulo em suas brincadeiras de rua, denominadas, segundo o autor, pelas próprias crianças de "trocinhas"[4]. "Trocinhas", pois, se referiam a organizações de grupos de crianças, geralmente reunidas pela condição de vizinhança, que se encontravam na rua para brincar[5]. Assim, no estudo desses grupos infantis, em suas "trocinhas", Florestan observou tanto as relações das crianças entre si, como se organizam, constroem regras e práticas de sociabilidades, como também analisou a forma como estas se apropriam dos conteúdos embutidos nas brincadeiras pertencentes ao folclore infantil da época.

A atualidade e a difusão do trabalho de Florestan, principalmente entre os estudiosos do folclore, do jogo, da cultura e da infância, se deve ao fato desse autor ser o primeiro cientista social no Brasil a interessar-se por pesquisar as crianças

---

4. Farei uso do termo "trocinhas" sempre com aspas, para seguir a mesma forma empregada no texto por Florestan.

5. Nota-se que na década de 1940, ao contrário dos tempos atuais, a rua se constituía num espaço público, de encontro e próprio para as crianças brincarem. Florestan realizou a observação de "trocinhas" que se desenvolviam em vários bairros operários paulistanos: Bom Retiro, Lapa, Bela Vista, Brás e Pinheiros, mas, segundo ele, devido à aproximação de amizade com algumas crianças, o material da "trocinha do Bom Retiro" se tornou mais completo.

a partir delas mesmas, observando-as em suas relações de pares, no interior dos grupos infantis[6].

Somente depois de cinco décadas, José de Souza Martins (1993), ao organizar a coletânea de textos *O massacre dos Inocentes: a criança sem infância no Brasil* elege *a criança como testemunha da história*, questionando duramente uma tendência nas Ciências Sociais de somente eleger como sujeitos das pesquisas aqueles informantes que detêm mais poder e estão nos centros dos acontecimentos. Martins defende a necessidade de os cientistas sociais darem voz também aos *mudos da história*, por serem justamente estes (os que sofrem maior opressão e desvalia no sistema capitalista) os maiores portadores de crítica social. Seguindo os rumos de Martins, atualmente, têm aumentado o número de pesquisas no Brasil que incluem a participação das crianças como sujeitos[7], principalmente os estudos que têm como base teórica a Sociologia da Infância[8].

Retornando ao trabalho de Florestan e buscando localizar suas contribuições para o estudo das culturas infantis, destaco ainda o fato de ele analisar, simultaneamente, as determinações macrossociais na estruturação das "trocinhas" e as relações microssociais que as crianças constroem com relativa autonomia dos fatores estruturais. Essa inter-relação lhe permitiu observar que os pertencimentos de gênero, etnia e classe influenciam na definição das redes de sociabilidades no interior das "trocinhas", apontando o gênero como o fator que mais determina a segregação dos grupos. Porém, afirma que a vontade de brincar era a condição comum que possibilitava que os preconceitos relativos a esses pertencimentos (principalmente de classe e etnia) fossem superados. Portanto, já naquela época, Florestan assinalava – ainda que sem a propriedade analítica que atualmente o campo permite – que a condição geracional era o que unia e agregava as diferentes crianças.

Por fim, destaco a tese central do trabalho de Florestan que a, meu ver, é revolucionária para a época: a consideração de que as culturas infantis advêm da cultura adulta, mas não se fixam nela, uma vez que as crianças (re)elaboram muito do que lhes é passado e também se ensinam mutuamente, sendo as principais responsáveis

---

6. Considerando que eram o folclore e a cultura e não a infância o alvo de interesse desse estudo de Florestan e ainda que, na década de 1940, não havia acúmulo de discussões em torno da infância que confrontassem a matriz hegemônica na qual a infância tinha (e tem) um *status* de inferioridade e negatividade em face das outras categorias geracionais, dá para compreender porque Florestan não levou a efeito uma discussão teórico-metodológica aprofundada acerca da observação das próprias crianças em seus mundos sociais. Ele o faz, mas não encontramos, em seu texto das "trocinhas", a intenção de indicar uma concepção clara de infância que justificasse teoricamente a inclusão destas.

7. Destaco dois livros que reúnem artigos oriundos de pesquisas com crianças: Sarmento e Vasconcellos (orgs.), 2007. • Faria, Demartine e Prado (orgs.), 2005.

8. Como já foi apontado, uma vez que esse campo disciplinar toma a infância como objeto de estudo, tem defendido com maior veemência essa premissa e conseguido acumular maior densidade teórica e metodológica capaz de orientar esse tipo de estudos. Não obstante, outras áreas das Ciências Humanas e Sociais têm tido experiências de pesquisas que, tomando a infância como objeto, defendem a ideia de se ouvir as crianças, como a Antropologia, a Psicologia e a própria Educação.

pela perpetuação das culturas infantis. Afirma o autor: "O interessante, para nós, é que se trata, exatamente, do aspecto da socialização elaborado no seio dos próprios grupos infantis, ou seja: *educação da criança, entre as crianças e pelas crianças*" (FERNANDES, 1979, p. 176 – grifos meus). Por isso, conclui Florestan que a cultura infantil "[...] é constituída por elementos aceitos da cultura do adulto e por elementos elaborados pelos próprios imaturos"[9] (p. 175).

Outro trabalho considerado pioneiro no cenário internacional e que adquiriu um estatuto clássico na área da Sociologia da Infância é o da antropóloga britânica Charlotte Hardman. Em seu artigo "Can be there an anthropology of children?" (Pode haver uma antropologia das crianças?), publicado em 1973 e republicado quase 30 anos mais tarde na revista *Childhood*, Hardman analisou um conjunto de rituais, brincadeiras, rimas e jogos das crianças reunidos por Iona e Peter Opie após a Segunda Guerra Mundial e publicados primeiramente no final dos anos de 1950.

Hardman mostra que o trabalho dos Opie revela a existência de formas culturais únicas das crianças, transmitidas de geração a geração e que passam despercebidas pelos adultos. Com base na questão suscitada pelos Opie de que talvez as crianças pudessem ser estudadas a partir de seu próprio direito, Hardman questionou a etnologia clássica propondo outro modo de estudar as crianças, mostrando a possibilidade de uma autonomia cultural destas em relação aos adultos.

> A abordagem que eu proponho perspectiva as crianças como pessoas a ser estudadas por seu próprio direito e não apenas receptáculos dos ensinamentos dos adultos. A minha pesquisa é para descobrir se há na infância um mundo autônomo que se autorregula e que não reflete necessariamente os desenvolvimentos primários de uma cultura de adultos (HARDMAN, [1973] 2001, 504)[10].

Hardman, já naquela época, propunha que se pensasse em formas culturais da infância expressas em representações, tradições orais e modos de interação que são exclusivas das crianças como coletividade e não meras expressões da essência de uma criança. Consequentemente, Hardman também contribui para a produção de uma distinção entre crianças e infância. Tratando da infância como um segmento autônomo da cultura, afirma:

> As crianças não se movem para dentro e para fora de um segmento, mas são substituídas por outros; o segmento permanece. O segmento pode sobrepor-se a outros, pode refletir-se em outros, mas há um sistema básico de

---

9. É sempre importante lembrar que a obra de Florestan Fernandes deve ser lida e entendida sem perder de vista o tempo histórico em que foi produzida. Assim, é possível compreender, p. ex., o uso do termo "imaturo" usado pelo autor recorridas vezes para se referir às crianças. Esse termo entra em contradição com o modo como Florestan considera as crianças, ou seja, como sujeitos ativos na produção da cultura. Porém, na época, não havia acúmulo teórico capaz de provocar o estranhamento do termo e Florestan também não era um estudioso da infância, e sim, do folclore e da cultura.

10. Tradução minha.

crenças, valores e ideias de um grupo que os liga e os separa de outro grupo (HARDMAN, [1973] 2001, 504).

Assim, essa autora traz substanciais contribuições ao campo dos estudos sociológicos em infância na medida em que inaugura reflexões que, atualmente, se constituem em alguns princípios definidores do campo, tais como a distinção conceitual entre infância e criança e as culturas infantis como expressão de uma condição geracional e não de uma essencialidade do ser criança[11].

Atualmente, uma questão que tem impulsionado os estudos das culturas infantis diz respeito à percepção da relativa autonomia que as crianças apresentam em relação aos adultos (SARMENTO, 2004)[12]. Em outros termos, os estudos das culturas infantis buscam compreender, sobretudo, os aspectos no nível da produção simbólica e cultural das crianças que revelam diferenças da infância em relação à geração adulta.

Autores que têm se dedicado a esses estudos – Corsaro, 1997; James, Jenks e Prout, 1998; Ferreira, 2004; Delalande, 2001; Sarmento, 2004; Borba, 2005, entre outros – têm apontado que as crianças produzem significações autônomas, relativas à sua condição geracional.

No entanto, Sarmento (2004, p. 21) chama a atenção para a necessidade de "saber se essas significações se estruturam e consolidam em sistemas simbólicos relativamente padronizados, ainda que dinâmicos e heterogêneos, isto é, em culturas".

Esse mesmo autor responde afirmativamente, entendendo ser possível falar na existência de culturas infantis, na medida em que existe, dentro da cultura geral (heterogênea e complexa), formas especificamente infantis de inteligibilidade, representação e simbolização do mundo. Ainda esclarece que as culturas da infância podem ser identificadas pelas interações de pares e das crianças com os adultos, estruturando-se, nessas relações, formas e conteúdos representacionais distintos.

Nessa direção, Ferreira (2004), ao investigar as relações de pares em um jardim de infância em Portugal, esclarece que as crianças criam uma realidade alternativa à ordem social adulta, condizentes com os valores e regras infantis. Para essa autora, esta ressignificação do mundo adulto por parte das crianças

> [...] permite mostrá-las não só como autoras das suas próprias infâncias, mas também como atores sociais com interesses e modos de pensar, agir e sentir específicos e comuns, capazes de gerar relações e conteúdos de relação, sentido de segurança e de comunidade que estão na gênese como grupo social. Ou seja, com um modo de governo que lhes é próprio, com características distintas de outros grupos sociais, como é o caso dos adultos, mas com quem nunca deixam de estabelecer relações particulares (FERREIRA, 2004, p. 58).

---

11. Mais adiante aprofundarei esses aspectos.
12. Em Delalande (2006) e em Borba (2005) encontramos um levantamento histórico mais detalhado sobre a evolução do estudo das culturas infantis.

São, pois, essas dimensões relacionais que permitem considerar a existência de um sistema cultural, simbólico, representativo entre as crianças que as diferem dos adultos e que as identificam entre si, segundo Sarmento (2004), independentemente do contexto em que se situam, produzindo, como sublinha o mesmo autor, uma "universalidade" das culturas infantis.

Assim, um indicativo teórico-metodológico para o estudo das culturas infantis é reconhecer que estas se constroem como decorrência de uma rotina partilhada entre as crianças no interior de seus grupos de pares. Ou seja, a interação entre crianças é condição fundamental para a construção de sistemas especificamente infantis de significação e ação no mundo. Cabe observar ser comum também o uso do termo "cultura de pares" para se referir às culturas produzidas pelas crianças, como fruto de suas interações realizadas no interior de um grupo infantil.

Um autor importante que define as culturas infantis como culturas de pares é Willian Corsaro (1997). Para ele, as culturas infantis se produzem pelo estabelecimento de um "conjunto estável de rotinas, artefatos, valores, interesses, preocupações, construídos e partilhados pelas crianças no interior de seus grupos de pares". Assim sendo, as interações entre as crianças, sobretudo no momento da brincadeira, têm sido apontadas como manifestações privilegiadas de produção da cultura infantil, uma vez que, por meio dela, as crianças governam experiências gestadas de acordo com os interesses e as preocupações próprias de seu grupo social.

Partindo do conceito de rotinas e grupo de pares de Corsaro, Ferreira (2004) afirma que o estudo dessas rotinas no interior de um grupo fixo, por exemplo, no jardim de infância, permite apreender os modos como as crianças vão construindo regras, ordens sociais e princípios de ação de que se apropriam em suas interações sociais e usam como competências e conhecimentos quando de sua participação em um grupo de crianças, bem como no mundo adulto.

Também nessa direção, James, Jenks e Prout (1998) entendem que as culturas infantis existem nos espaços e tempos em que as crianças estão longe do controle dos adultos, em pátios de recreação nas escolas, nas brincadeiras livres etc. Desse modo, valorizando a escola como lugar privilegiado de produção de cultura infantil, indagam se seria possível identificar a existência de culturas infantis em sociedades em que não exista a segregação adulto-criança ou no espaço doméstico, no qual a reunião não se dá pelo agrupamento de pares. Refletindo, pois, sobre a autonomia das culturas infantis frente à dos adultos e defendendo que estas devem ser sempre analisadas levando em conta o contexto social de vida das crianças, os autores questionam se existiriam especificidades inerentes aos contextos escolares que engendrariam a construção de culturas infantis autônomas.

Portanto, para esses autores, as culturas infantis não existem fora da ação e dos contextos sociais de inserção das crianças, como se fosse um pacote pronto para ser consumido por estas. Mas, ao contrário, entendem cultura como ação social contextualizada, construída coletivamente pela agência das crianças frente às estruturas sociais.

Nessa direção, defendendo ao mesmo tempo a agência das crianças e a ação da estrutura, dos contextos que interferem sobre essa ação, James, Jenks e Prout se reportam ao conceito de *habitus* de Bourdieu[13] para explicar o caráter de reprodução cultural existente nas culturas infantis. Porém, defendendo a ação de um *habitus* não cristalizado, alegam que a reprodução aqui deve ser entendida como uma imagem geradora da ação, mas não replicadora. Desse modo, segundo ainda esses autores, a emergência das culturas infantis se dá pela convergência de vários planos de que constituem os contextos de ação das crianças: as relações sociais globais, os princípios reguladores e as estruturas sociais escolares, o *habitus* familiar, as relações inter e intrageracionais.

Para a configuração do objeto central deste livro, a consideração desses autores no que diz respeito ao peso do contexto social é fundamental. Se a tradição no campo tem sido a de estudar as culturas infantis principalmente pelo enfoque geracional, também são emergentes estudos como esse que se propõe a considerar a geração na relação com outras variáveis sociais que determinam as experiências de vida das crianças (como o *habitus* de classe, a cultura familiar, local e nacional, a mídia, a etnia, a raça etc.) considerando que estas podem atuar tanto no sentido da reprodução como da interpretação; tanto favorecendo como limitando a emergência das culturas infantis.

Outra pesquisadora que tem se dedicado ao estudo da infância e suas culturas é Julie Delalande (2001, 2006). Essa autora entende por cultura infantil "um conjunto de conhecimentos, saberes, competências e comportamentos que uma criança deve adquirir para participar de um grupo de pares" (DELALANDE, 2006, p. 270, tradução da autora).

Sendo assim, argumenta que no centro da cultura infantil se encontra a cultura lúdica que, transmitida e modificada de geração a geração, permite às crianças que não se conhecem encontrar-se e reconhecer-se por possuírem o mesmo patrimônio lúdico. A cultura lúdica, segundo Delalande, vai sendo reinventada pela apropriação das crianças, de modo que estas participam na transformação progressiva dos jogos. Portanto, a ação das crianças frente à reprodução da cultura lúdica, para a autora, é uma das formas de manifestação da cultura infantil.

Mas Delalande também adverte que a cultura infantil não é apenas uma cultura lúdica. É composta também de saberes que regem as relações sociais: saber fazer-se aceitar no interior de um grupo, fazer-se respeitar e dirigir um grupo quando se é um líder. Trata-se de desenvolver competências que mostram valores reconhecidos

---

13. Esse conceito será desenvolvido no próximo tópico.

pelo grupo de pares, tais como atenção ao outro, o carinho, a gentileza, a fidelidade dentro do jogo.

Ainda buscando tocar na questão da autonomia das culturas infantis frente aos adultos[14], lança algumas questões que, no meu entender, são muito importantes de serem perseguidas. A autora indaga: Em que esses elementos (da cultura lúdica e dos valores sociais) são próprios da infância? Eles não seriam consequência de uma aprendizagem da educação que perduram na vida adulta? Se toda cultura se constrói por intermédio do contato com os outros, esta também não decorre da relação de dependência das crianças para com os adultos e do contexto que estes últimos organizam para elas, de jogos que eles mesmos propõem?

Responde que, sem dúvida, as culturas infantis advêm do que as crianças aprendem com os adultos e com suas relações com elementos da cultura global, nacional e local. Porém, afirma que, quando se descola do olhar "adultocêntrico" e se passa a procurar compreender como as crianças vivem os momentos que partilham, então, a análise dessa situação muda, uma vez que é possível identificar a ação da criança frente aos modelos sociais. Dessa forma, alega que as crianças se apropriam desses modelos, mas o fazem a sua maneira e conforme seus interesses, reinventando e agregando elementos novos àquilo que aprendem dos adultos. E mais, instituem algumas práticas lúdicas e certas regras sociais que reconhecem como sendo suas e, nas relações entre crianças, as respeitam, instituindo, pois, regras e práticas de uma cultura singular de pares.

Podemos ver, então, nesta breve exposição em torno da concepção de cultura infantil tanto de Delalande quanto de Ferreira e James, Jenks e Prout que estes se valem do conceito de reprodução interpretativa de Corsaro para reafirmar esse duplo movimento realizado pelas crianças na relação com a cultura: de manutenção e de invenção; de (re)produção e de interpretação. Além disso, reconhecem a relação das culturas infantis com a cultura mais geral e a condição da interação entre crianças como um fator necessário para a construção das culturas infantis.

Portanto, uma vez sendo as culturas infantis construídas nos processos interativos das crianças em espaços-tempos autogovernados por elas próprias, os autores reconhecem a brincadeira como a manifestação central de produção e expressão das culturas infantis. Assim, os trabalhos realizados sobre o tema das culturas da infância, além de enfocarem as interações sociais entre as crianças também enfatizam a brincadeira.

O enfoque sobre o brincar nos estudos das culturas da infância tem recaído em duas abordagens: a primeira compreende a brincadeira como *fato de cultura*

---

14. Delalande não ignora o risco de se fazer uma diferença exagerada entre as culturas das crianças e as dos adultos, ao entender as primeiras como se formassem uma tribo à parte na sociedade. Assim, assume o termo cultura infantil, porém, entende que se trata de uma subcultura no interior de uma cultura maior e a esta relacionada.

(DELALANDE, 2001) e a segunda como *contexto* no qual a cultura de pares se manifesta. O primeiro modo de compreensão diz respeito aos saberes dominados, construídos e partilhados pelas crianças sobre o brincar: tipos de brincadeiras, regras, modos de organização, significações, enfim, uma unidade cultural pela qual as crianças se identificam como membros da comunidade infantil (DELALANDE, 2001), enquanto que o segundo modo de compreensão se utiliza mais do espaço da brincadeira (do contexto) para enfatizar as relações de sociabilidade construídas pelas crianças em suas relações de pares.

Ainda para fechar esta abordagem sobre as culturas infantis trago a discussão feita por Sarmento (2004) acerca dos eixos estruturadores das culturas da infância. Esse autor entende que as culturas infantis se produzem e se expressam tanto pelos jogos infantis como pelos modos específicos de significação e comunicação das crianças nos seus grupos de pares. Assim, estando esses modos diretamente ligados à condição geracional, para Sarmento as culturas infantis, independentemente da inserção social das crianças, estruturam-se com base em quatro eixos: a interatividade, a ludicidade, a fantasia do real e a reiteração. Vejamos brevemente cada um deles.

A *interatividade* refere-se à condição social da interação que, como os autores acima também destacam, é o que fornece suporte às culturas infantis. A *ludicidade* se manifesta pela radicalidade com que a brincadeira se apresenta na infância. Apesar de reconhecer que brincar é próprio do ser humano, o autor compreende que na infância a brincadeira é condição de aprendizagem da sociabilidade e a principal forma de relação e ação com o mundo; por isso, brincar torna-se uma atividade muito séria para as crianças. Por sua vez, a *fantasia do real* expressa a lógica com que as crianças operam as relações imbricadas entre realidade e fantasia. Reconhecendo que a transposição imaginária do real é também realizada entre os adultos, o autor argumenta que nas culturas infantis, todavia, esse processo é fundacional do modo de inteligibilidade. Por fim, a *reiteração* se refere à relação diferente que as crianças estabelecem com o tempo. Afirma que, para estas, a lógica temporal não é linear como o é para os adultos, mas que elas operam com um tempo recursivo definido pela experiência em ação, em que passado, presente e futuro se fundem e são reinventados de acordo com o contexto da interação e da brincadeira[15].

Por fim, considero oportuno dizer que esses eixos apresentados por Sarmento, a meu ver, estão para serem colocados em diálogo com as realidades concretas de inserção das crianças. Partindo do pressuposto de que eles se estruturam a partir da condição infantil e não de uma essência infantil e considerando que essa condição está profundamente enraizada na sociedade e nos modos de produção

---

15. Uma vez que alguns desses eixos são recuperados nos capítulos em que trato das culturas dos grupos estudados (cap. 3 e 4), tratarei de abordá-los com mais profundidade no interior desses capítulos, de modo a tornar mais evidentes seus sentidos no diálogo com as manifestações das crianças.

simbólica da infância (SARMENTO, 2004), torna-se importante, no mínimo, duvidar de qualquer tentativa de homogeneização de aspectos referenciáveis às culturas da infância.

É importante ainda salientar que as análises sobre a condição social da infância moderna, gerada por modos de produção material e simbólica, como afirma Sarmento, tem como referência as culturas dominantemente ocidentais e de matriz europeia, não incluindo aí modos diversos e específicos de relação com a infância produzidos no interior de outras culturas. Além disso, deve-se levar em consideração que, apesar de haver modos dominantes de produção da condição social da infância que conduzem as crianças a vivenciar experiências comuns, estes entram em confronto com as condições concretas de vida das crianças, o que produz heterogeneidade dentro da suposta "homogeneidade" das culturas da infância.

Com essa ressalva não quero dizer que desconsidero os contributos de Sarmento ao apresentar eixos estruturantes das culturas da infância. Ao contrário, acredito que têm uma validade epistemológica fundamental na medida em que, tomando como parâmetro a identificação do que une as crianças e as diferencia dos adultos, ajuda a identificar, mais concretamente, aspectos que revelam a condição geracional. Contudo, penso que esses princípios, nas pesquisas com esse tema, têm de ser tomados como ponto de partida, e não de chegada, sob pena de perder-se a riqueza que tem a realidade empírica para revelar, indagar e criar a teoria.

Para dar sequência a esse raciocínio, torna-se importante situar o debate acerca do conceito de geração. Assim, no próximo tópico dedicar-me-ei a abordar as duas principais variáveis que inspiram as análises sobre as culturas infantis neste livro: a geração e a classe.

Geração e classe no estudo das culturas infantis

No debate sociológico, um dos principais autores de referência para o estudo sobre geração é Karl Mannheim (1993 [1928]). Para esse sociólogo, a geração corresponde a um fenômeno essencialmente histórico e cultural. Sarmento (2005, p. 364), traduzindo o conceito de geração em Mannhein, assim o define:

> A geração consiste num grupo de pessoas nascidas na mesma época, que viveu os mesmos acontecimentos sociais durante a sua formação e crescimento e que partilha a mesma experiência histórica, sendo esta significativa para todo o grupo, originando uma consciência comum, que permanece ao longo do respectivo curso de vida.

No campo da Sociologia da Infância, a geração é um conceito-chave e definidor de seu objeto. Pode-se dizer que o que diferencia esse campo de outros que também estudam as crianças é o fato de que este se caracteriza por uma clara distinção entre infância e criança. As crianças, na Sociologia da Infância, são estudadas como os referentes empíricos que comportam uma categoria geracional maior: a infância. Assim, partindo do conceito de Mannheim, a infância é a condição social que unifica as crianças como grupo etário e as coloca em experiências comuns, uma vez fazendo parte da mesma experiência histórica e cultural.

Contudo, apesar de haver consenso sobre a centralidade que a geração adquire como conceito definidor da área, tem-se, no campo, concepções e perspectivas diferenciadas para seu estudo.

Um enfoque bastante difundido é o que propõe Jens Qvortrup (2000). Destacando principalmente o componente estrutural do conceito de geração, esse sociólogo concebe a infância como uma categoria permanente da estrutura social, que se mantém independente dos sujeitos que a vão constituindo ao longo da história. Portanto, nessa abordagem, a infância é independente das crianças, estas entram e saem da categoria, sem, no entanto, alterá-la. O que afeta a infância nessa abordagem são, igualmente, efeitos estruturais, tais como os econômicos, demográficos, sociais e políticos. Assim, importa conhecer os indicadores estruturais que produzem a infância como uma geração diferenciada da geração adulta.

Contudo, há críticos dessa orientação sociológica. Para Sarmento (2005), a perspectiva estrutural de Qvortrup, preservando apenas o sentido estrutural do conceito de Mannhein, acaba retirando o efeito histórico e cultural que vai sendo produzido pela ação dos atores que a integram.

Uma posição diferente da de Qvortrup é sustentada por Leena Alanen (2009). Sem abandonar as dimensões estruturais realçadas pelo autor, Alanen recupera o sentido cultural e histórico do conceito de Mannhein para afirmar a geração como uma variável dependente dos atores que a integram. Ou seja, para a autora, as crianças, por influência de processos culturais e simbólicos, também vão modificando e constituindo a geração ao longo da história. Nessa perspectiva, portanto, a geração infantil – a infância – vai se alterando tanto por efeito dos processos sociais, políticos, econômicos, demográficos, como por efeito da forma como as crianças vão lidando com esses processos e significando sua experiência ao longo dos tempos.

Um conceito fundamental de Alanen nessa discussão sobre geração é o que ela define como ordem geracional. Segundo a autora (2009, p. 161),

> A ideia central da noção de ordem geracional é que existe nas sociedades modernas um sistema de ordenação social que enquadra especificamente as crianças como uma categoria social e circunscreve para elas particulares localizações sociais a partir das quais elas atuam e participam na vida social. Assim, as crianças estão envolvidas na construção diária de suas próprias relações e trajetórias de vida e nas das outras pessoas (tradução minha).

A noção de ordem geracional incorpora à discussão sobre infância duas ideias que, a meu ver, são cruciais: a primeira é a de que a categoria geracional infância se define porque existe a categoria oposta, a idade adulta. No entanto, é na relação entre seus membros, entre crianças e adultos, que elas vão se constituindo e se diferenciando. Portanto, ao invés de se excluírem, essas duas categorias geracionais se presumem e se influenciam diretamente (cf. ALANEN, 2009, p. 161). A segunda ideia que esse conceito permite elaborar é a de que a geração é uma construção social que atua na produção de experiências comuns, as quais vão constituir o estatuto dos membros que ela integra. Ou seja, "as crianças tornam-se crianças e os adultos tornam-se adultos através da atuação como gerações, através de práticas institucionalizadas de distinção" (HONIG, 2009, p. 71, tradução minha).

Portanto, o conceito de ordem geracional coloca em pauta no debate sociológico a centralidade da geração como maior construtora da condição de ser criança. "Para ter seriamente em conta a ordenação geracional é assumir que as vidas das crianças e as suas experiências, além de se referirem a um gênero, a uma classe, a uma raça e por aí afora, também – e primeiro de tudo – referem-se a uma geração" (ALANEN, 2009, p. 162). Com efeito, a condição geracional é tomada aqui como principal fator de constituição da criança (cf. JENKS, 2002), o que leva a ter procedência a afirmação de Honig (2009, p. 69): "Empiricamente as crianças são impensáveis sem se pensar em infância". Não só a infância, mas também as crianças são produzidas socialmente; torna-se criança. Trata-se de revelar, portanto, como as condições sociais da infância produzem a criança.

Com base, pois, na norma moderna que define as crianças pelo que ainda não são frente aos adultos – ser criança, na Modernidade, deve ser caminhar rumo ao ser adulto – todas as crianças (pelo menos nas sociedades ocidentais) são reguladas por normatividades, prescrições e interdições comuns. A obrigatoriedade da frequência escolar expressa o crescente processo de institucionalização da infância e um conjunto de interdições representa a normatividade negativa que se atrela à infância: as crianças não podem votar, não podem ser eleitas, não podem exercer o matrimônio, não podem exercer uma atividade econômica, não podem consumir bebidas alcoólicas etc. (SARMENTO, 2005). Segundo Sarmento, não está em causa a abolição dessas interdições, uma vez que a maioria delas representa avanços civilizatórios com relação à proteção da infância. Mas o que o autor sublinha é o efeito simbólico atrelado à conceitualização da infância marcada por efeitos de exclusão "e não, prioritariamente, por suas características distintivas ou por efetivos direitos participativos" (p. 368).

Contudo, o que interessa destacar, sobretudo, é que a diferença geracional é constituída socialmente com base numa série de normatividades sociais que constroem lugares distintos para as crianças e para os adultos, produzindo efeitos de identidade e de diferença entre essas duas categorias geracionais. Soma-se a isso os processos de produção cultural e simbólica que, gerados numa perspectiva intrageracional, dão base para a existência do que podemos designar como culturas da infância, como já abordado.

Na elaboração teórica que desenvolve sobre o conceito de ordem geracional, Alanen ainda propõe que se pense esse conceito de modo aberto e em relação com outras categorias sociais:

> A infância, já para não mencionar a idade adulta, dificilmente é uma entidade homogênea, pois dentro de cada categoria geracional mais ampla, é provável que emirjam subcategorias. Ver quais as subcategorias que em cada caso emergem, como elas emergem e se reorganizam tanto socialmente como em nível prático será sempre uma questão empírica a ser estudada. Uma definição sumária preliminar para ordem geracional em qualquer altura e lugar é: a ordem geracional é uma rede estruturada de relações entre categorias geracionais que estão posicionadas em e atuam dentro das necessárias inter-relações com outras categorias (ALANEN, 2009, p. 161-162).

Já Honig (2009), colocando o conceito de ordem geracional em diálogo com a realidade empírica que caracteriza a sociedade contemporânea, problematiza seu alcance. Apresento a seguir alguns argumentos elaborados pelo autor para questionar a tese de Alanen.

Em primeiro lugar, ele afirma que "não existe apenas uma ordem geracional, é antes o caso de existir vários códigos de infância e de idade adulta que coexistem" (p. 72)[16]; em segundo lugar, argumenta que existem indicações de uma mistura geracional, ou seja, crianças e adultos têm compartilhado experiências sociais muito próximas e, em algumas destas, as crianças têm maior poder e competências do que os adultos[17]; como terceiro argumento o autor afirma que a ordem geracional apenas determina parcialmente a posição social das crianças. A origem social, o ambiente sociocultural, o gênero e a etnicidade também influenciam e posicionam as crianças[18]; por último, o autor argumenta que as crianças têm sido estudadas de forma muito abstrata. Não se diferenciam, por exemplo, as idades das crianças para construir os construtos sobre as relações geracionais. "[...] Fala-se de crianças, de crianças em idade escolar ou de atores competentes restringidos legalmente? A grande diversidade de idades das crianças não desempenha um papel conceitual nos estudos da infância" (p. 72). Valendo-se desses argumentos fundamentados em pesquisas empíricas, em vez de se pensar em uma ordem geracional, Honig propõe o conceito de *geratividade*. Com esse conceito, o autor procura evidenciar a heterogeneidade no interior das gerações que também produzem formas diferenciadas de relações geracionais. Ainda propõe que as pesquisas busquem perceber também os processos de "geração" da geração, ou seja, como a geração é diferentemente

---

16. Afirmação fundamentada nas distinções feitas por Jurgen Zinnecker (2001) entre as variadas formas de infância que coexistem na contemporaneidade: infância pós-moderna, infância avançada modernizada, infância modernizada tradicional e infância fundamentalista.
17. Faz referência à investigação de Lange (2004), a qual, estudando as gerações a partir da relação com as mídias e os estudos culturais, mostra diversas indicações de uma mistura geracional.
18. Para para dar mais solidez a esse argumento, o autor faz referência aos trabalhos de Betz (2008) e Lareau (2008).

concebida e produzida através de processos ideológicos e práticos, em cada formação social.

Avançando no debate, direcionarei agora o foco para a categoria *classe social*. Desse modo, com base em minha percepção sobre a caracterização dos dois grupos sobre os quais este estudo se desenvolveu, considerei que os construtos de Pierre Bourdieu (1964, 1978, 1983, 1998) – alicerçados nos conceitos de espaço social e *habitus* – seriam muito pertinentes para compreender e analisar as posições de classe que os relativos grupos ocupam no espaço social e suas relações entre si.

Bourdieu elabora seu projeto teórico num contexto espaçotemporal em que a França estava arraigada na tradição teórica do funcionalismo, estruturalismo e existencialismo. Essas tradições teóricas, para Bourdieu, apresentam limites na medida em que supervalorizam a estrutura, por um lado, e por outro, acentuam em demasiado a ação do sujeito em detrimento da estrutura. Desse modo, partindo dessas teorias, mas buscando superá-las no que tange ao excesso de objetivismo ou de subjetivismo, o autor busca articular as diversas dimensões do social: a estrutura e a ação, o geral e o particular, o micro e macro, o indivíduo e a sociedade. A construção dos conceitos que fundamentam sua teoria – *campo, habitus, capital cultural, estratégia* – pretende dar conta desse projeto.

Assim, propondo uma perspectiva relacional e multidimensional (cf. SILVA, 2009) para a compreensão das classes sociais, Bourdieu compreende que os diferentes grupos ou classes existem como expressão da estrutura social hierarquizada. Esta hierarquia, por sua vez, decorre da desigual distribuição de capitais. Bourdieu (1983) explicita que a posse e o volume de diferentes capitais definem e hierarquizam a posição social dos agentes na sociedade. São eles: 1) capital econômico, relativo à posse de bens econômicos; 2) capital cultural, relativo às qualificações intelectuais transmitidas pela família e a escola; 3) capital social, relativo ao conjunto de relações sociais e 4) capital simbólico, relativo ao reconhecimento da honra e prestígio do indivíduo pelo conjunto da sociedade.

Do conjunto desses capitais, Bourdieu destaca que é a posse de capital econômico e cultural que mais confere vantagens ao indivíduo. Assim, as classes dominantes ou a burguesia são caracterizadas por possuírem maior volume dos quatro tipos de capital; a pequena-burguesia ou classe média tem menor volume com relação às classes dominantes e maior do que a classe popular, mas investe, principalmente, no capital cultural como mecanismo de mobilidade social, e as classes populares são as que quase não apresentam posse de capital de nenhum tipo.

As diferentes posições no espaço social se reproduzem e se distinguem, segundo Bourdieu, graças à ação do *habitus*[19]. O *habitus* se refere a um "conjunto

---

[19]. A classificação por capitais exprime mais a dimensão macroestrutural, enquanto que o *habitus* expressa como essas dimensões macro refletem-se no nível micro, na ação dos sujeitos.

de disposições inconscientes, transferíveis e duradouras" que são adquiridas pelo sujeito em seu processo de socialização. Essas disposições do *habitus* são formadas pela incorporação dos gostos, costumes, valores etc. relacionados às condições objetivas de existência do sujeito e que vão constituindo suas inclinações para perceber, sentir, fazer e pensar (BOURDIEU, 1964).

Assim, segundo o autor, o *habitus* é formado por dois componentes: 1) o *ethos*, que é relativo aos princípios e valores em estado prático que guiam as ações do indivíduo; a forma interiorizada e não consciente da moral e 2) a *hexis*, que designa as disposições do corpo; modos de se portar, de andar, de se vestir, de falar etc., também incorporadas inconscientemente pelo processo de socialização no interior da classe de pertença do indivíduo.

O *habitus* é fruto, pois, da relação entre estrutura social e estrutura mental; elabora a mediação entre o individual e o coletivo, entre a estrutura e a ação. Portanto, para Bourdieu, a socialização é caracterizada pela formação do *habitus*. Do mesmo modo, as classes sociais não se definem e não se reproduzem pelo poderio econômico somente, mas por ser um grupo social que compartilha de um mesmo *habitus*; esse vai construindo modos de distinção social e de reprodução das classes sociais[20].

Os indivíduos passam a se distinguir socialmente conforme as regras e o "estilo" estruturado pela posição social que ocupam[21]. A reprodução também é gerada pelo *habitus* à medida que o indivíduo incorpora, inconscientemente, as chances objetivas de seu futuro de classe. Ou seja, o *habitus* harmoniza e naturaliza as escolhas dos indivíduos segundo sua origem social e assim promove sua manutenção no interior da classe de origem, contribuindo, desse modo, para a reprodução da estrutura social vigente.

Partindo dos conceitos de *habitus* e de espaço social que compõem a concepção de classe em Bourdieu passei a classificar os dois grupos sociais que compõem o extrato empírico que versa a problemática deste livro. Assim, o grupo do castelo[22], que dispõe de maior volume de capital econômico, na designação de Bourdieu, pertence à classe média ou pequena burguesia. No entanto, se tomarmos em conta

---

20. Segundo Bourdieu (1983), a homogeneidade do *habitus* no seio de um mesmo grupo está na base das diferenças de estilo de vida no seio da sociedade. Assim, distingue três estilos de vida diferentes na sociedade francesa: o da classe dominante, definido por práticas que visam à distinção; o da pequena burguesia, marcado por estratégias de mobilidade social e o das classes populares constituído pelo *ethos* da necessidade e de valorização da força física.

21. Bourdieu busca mostrar que os estilos pessoais, na verdade, são produzidos socialmente, fruto muito mais de uma incorporação inconsciente do que de escolhas conscientes e aleatórias feitas pelo sujeito. Não é por acaso a tendência das classes sociais de relacionarem-se entre si, quer seja com arranjos amorosos, profissionais, sociais ou na identificação quanto a visões políticas, filosóficas, artísticas, de moda etc.

22. O uso do termo "castelo" para designar o grupo de classe média/alta se deve aos seguintes fatores: 1) a escola frequentada pelo grupo tem como arquitetura um castelo; 2) o grupo apresenta razoável posse de capital econômico e cultural; e 3) tem como normatividade para a infância o domínio de experiências voltadas ao mundo fantasista.

o volume de capital cultural[23] e o prestígio social incorporado a algumas profissões de pais de crianças desse grupo (advogados, artistas, médicos, jornalistas, profissionais liberais em geral) podemos dizer que ele se enquadra numa posição de classe dominante[24]. Isso porque seu *habitus* – definido por inclinações para a erudição no que concerne ao apreço às artes, às letras, à ciência – o distingue tanto em relação as classe populares como em relação a outras frações dentro da classe média. Por isso, faço uso da nomenclatura de classe média/alta intelectualizada para designar esse entrelugar em que situo esse grupo.

Já o grupo da favela se enquadra na definição de classe popular, segundo Bourdieu, por apresentar desvantagens em relação a todos os tipos de capitais: econômico, cultural, social e simbólico e por ter profissões dominantemente manuais (empregadas domésticas, serviços gerais, jardineiros, pedreiros, porteiros etc.). Entretanto, em relação à própria classe popular, esse grupo também apresenta diferenças internas que se exprimem tanto com relação ao volume dos capitais (que nessa fração é paupérrima) como em relação ao *habitus* que, nesse caso, é construído tendo o espaço social da favela como um elemento formador de um *habitus* específico e construtor de distinção social[25].

Essas diferenças relacionais entre as classes e, principalmente, as diferenças internas dentro das próprias classes me conduzem à necessidade de esclarecer que este estudo, de nenhuma maneira, tem a pretensão de indicar a existência de uma "cultura de classe", uma vez compreendendo que esta não existe em estado puro e homogêneo.

No entanto, a classe aqui é considerada como principal fator na produção das diferenças e desigualdades entre os grupos sociais, devendo ser devidamente situada dentro das especificidades de cada realidade e da articulação com as principais instâncias de socialização que conformam as experiências de vida das crianças em cada contexto (dentre as quais considerarei especialmente a escola).

A esse propósito, considero ainda pertinente esclarecer o que venho entendendo quando falo de diferença e de desigualdade. Segundo Lahire (2003), a diferença se converte em desigualdade, quando, num processo histórico, foi se definindo que elas (as diferenças) influenciam no maior ou menor acesso a bens, oportunidades,

---

23. O conceito de capital cultural supõe relações de dominação. Constitui capital cultural a cultura considerada legítima pela sociedade, e a cultura legítima é a da classe dominante, aquela que rende simbolicamente: confere prestígio, reputação, fama aos seus detentores.

24. Se para Marx a classe dominante se determina com relação à posição no modo de produção, o que designa a classe dominante como a detentora dos meios de produção e os proletários ou os explorados ou dominados todos os que vendem sua força de trabalho, em Bourdieu essa mesma regra não se aplica. Uma vez inserindo os componentes que revelam poder, *status* e prestígio herdados de Weber, Bourdieu também considera os grupos ligados a profissões que detêm os quatro tipos de capitais como pertencentes às classes dominantes.

25. No próximo capítulo dedicar-me-ei a caracterizar alguns elementos que constituem o *habitus* e o distinguem em cada grupo.

práticas, produtos que coletivamente foram definidos como desejáveis. Lahire destaca, assim, que a desigualdade só pode ser percebida frente ao que coletivamente se definiu como sendo desejável a todos.

Partindo dessa definição, mas usando-a numa perspectiva histórica e crítica, saliento novamente a centralidade do conceito de classe quando se pensa em desigualdade, isso porque a sociedade dividida em diferentes classes está na base da origem das desigualdades sociais. A estratificação das classes exprime, imediatamente, a ideia de pobreza (e riqueza) que, historicamente, se associa à desigualdade.

Nessa direção, Kramer (2006) argumenta que atualmente tem havido certa confusão e disseminação da ideia de que a classe social seria apenas mais uma diferença. Para a autora, as diferenças de classe expressam, antes de tudo, a condição de desigualdade social. Assim, apoiando-se em Rousseau (1978), para o qual na origem da desigualdade está a propriedade, Kramer (2006, p. 55) explicita a diferenciação entre desigualdade social e diferença/diversidade:

> [...] A desigualdade, no limite, a desigualdade extrema, a falta radical de igualdade é a escravidão, uma situação em que os homens perderam de tal forma a propriedade que nem sequer são donos de si. Já o não reconhecimento das diferenças étnicas, religiosas, de gênero, de idade etc. – significa a discriminação e a exclusão, e, no limite, a eliminação.

Exemplificando, a autora apresenta o nazismo como uma face da extrema falta de reconhecimento da humanidade daqueles que foram eliminados – judeus, homossexuais, negros, ciganos, pessoas com necessidades especiais – apenas por serem considerados diferentes da norma. Assim, ao não reconhecimento das diferenças está associado processos de exclusão e discriminação social quando, coletivamente, se designam alguns valores como os melhores ou normais e desconsideram-se ou eliminam-se os que fogem dessa norma.

Com base nessa compreensão também se localizam as crianças como grupo social que, historicamente, têm sido excluídas de muitos processos sociais e culturais por apresentarem diferenças marcantes em relação aos adultos, que determinam a norma. Como já evidenciei, a falta de reconhecimento das diferenças das crianças com relação aos adultos, produziu processos históricos em que essas foram vistas como inferiores. Portanto, sua humanidade de criança, sua alteridade, quando não respeitada, está ameaçada.

Por outro lado, quando me proponho a fazer um estudo com recorte de classe, é porque parto do princípio de que algumas crianças, ou melhor, uma grande parcela das crianças brasileiras sofre – além da exclusão gerada pelo pertencimento geracional – como consequência das desigualdades de classe, a situação de não terem direito à infância, o que designou a expressão das *crianças sem infância*[26]. Dentre

---

26. No contexto brasileiro, essa expressão foi divulgada por Martins, 1993.

estas, existe ainda uma parcela que, na radicalidade dos processos de desigualdade social, não tem nem *direito a ter direitos* (BELONI, 2010). É o caso do exemplo paradigmático das crianças "de rua" que, segundo Marchi (2007), sendo excluídas do direito a terem família e frequentarem a escola, não conseguem exercer o duplo ofício (ofício de aluno e de criança) que designa a normatividade de ser criança na Modernidade. "Trata-se, aqui, de um duplo constrangimento: a criança "de rua" está excluída dos seus direitos de "criança", mas é (jurídica e simbolicamente) penalizada por isso" (MARCHI & SARMENTO, s.d., p. 11).

Ora, se a infância, no projeto moderno, está assentada sobre preceitos de proteção e separação do mundo adulto, em que às crianças caberia desenvolver o ofício de aluno e criança[27] (basicamente estudar e brincar), tendo sua provisão assegurada pela família com a qual a escola compartilharia a educação, podemos dizer que essa norma (coletivamente reconhecida como desejável, para usar Lahire (2003)) não é possível de ser vivida por muitas das crianças empobrecidas[28].

Nosso país tem uma herança de expropriação social, econômica e cultural que remonta ao período da escravidão, acompanha a Revolução Industrial, a vinda dos imigrantes e culmina no acirramento das desigualdades sociais na contemporaneidade. Os diferentes momentos históricos têm gerado situações em que muitas crianças, em vez de viverem o tempo de infância segundo a norma moderna, ou seja, como tempo de preparo para, futuramente, se inserirem no sistema produtivo, estão, desde muito cedo, tendo que dar conta de sua sobrevivência, quer seja trabalhando como escravos, vendendo sua força de trabalho nas fábricas, nos campos, nos lixões, vendendo biscates nos sinais de trânsito, vendendo seu corpo, pedindo esmola nas ruas, assumindo os serviços domésticos e de guarda dos irmãos, lutando por terra junto de suas famílias, entre outras situações de miséria social e moral[29].

Por outro lado, os efeitos da globalização se expressam pela massificação da indústria cultural, do mercado de produtos, do incremento das novas tecnologias e da mídia. Esses veículos passam a concorrer com a escola e a família[30] na educação das crianças, emitindo conteúdos que motivam a erotização, a violência, o consumo, a competição e a adultização precoce. Isso produz a tese de que, independentemente do contexto, todas as crianças sofrem os efeitos perversos da globalização que se

---

27. Para aprofundar a discussão sobre ofício de criança e de aluno cf. Chamboredon e Prévot (1982) e Sirota (2001).
28. Segundo Silva (2005, p. 43), ao invés do jargão crianças "carentes ou pobres", a designação "empobrecidas" revela uma relação de causalidade de suma importância, "[...] uma vez que essas crianças não são pobres por um dom divino, mas pela ingerência do Estado capitalista que, ao destruir os postos de trabalho dos pais jogando-os todos no desemprego ou subemprego, obriga estas a assumirem o papel precoce de provedoras da renda familiar".
29. A situação das crianças empobrecidas é abordada historicamente por Priore (1999) e Beloni (2010).
30. Alguns estudos críticos, como os de Postman (1999), vêm preconizando a "morte da infância". Essa ideia se fundamenta no reconhecimento de que as crianças, na atualidade, vêm sofrendo um processo de adultização precoce e irreversível, sendo quase impossível acreditar na possibilidade de ainda existir infância.

exprimem pela produção de condições sociais e culturais que as têm empurrado para a idade adulta, ameaçando, portanto, a vivência da infância tal qual preconiza o projeto moderno. Nessa direção, Eduardo Galeano também analisa que o *assalto à infância* (SILVA, 2003), provocado pelas consequências do desenvolvimento do capitalismo, está presente nas crianças de todas as classes sociais:

> O mundo trata os meninos ricos como se fossem dinheiro, para que se acostumem a atuar como o dinheiro atua. O mundo trata os meninos pobres como se fossem lixo, para que se transformem em lixo. E os do meio, os que não são ricos nem pobres, conserva-os atados à mesa do televisor, para que aceitem desde cedo, como destino, a vida prisioneira. Muita magia e muita sorte têm as crianças que conseguem ser crianças (GALEANO, 1999, p. 11).

Com base nesses construtos, acredito que a condição social contemporânea deve ser analisada à luz dos contextos concretos de inserção das crianças e da apreensão de como elas significam e vivem a infância valendo-se das condições disponíveis. Assim, penso que tanto as desigualdades sociais – que as colocam em maior ou menor vantagem frente ao acesso aos bens materiais e simbólicos necessários à garantia da infância – quanto as diferenças socioculturais, produzidas pela relação com a raça/etnia, o gênero, a cultura familiar, local etc., devem ser analisadas a partir das crianças e em confluência com a identidade geracional.

Por fim, cabe ainda dizer que, ressaltar aqui a distinção entre esses conceitos não significa que eles não estejam intimamente relacionados. O gênero, a raça/etnia, a cultura familiar e local, o *habitus* são aspectos de diversidade produzidos em relação com a classe. (Ser negro e rico, p. ex., é muito diferente do que ser negro e pobre.)

Por isso, considero pertinente o desdobramento que Kramer (2006) propõe com base na distinção entre diversidade e desigualdade: segundo a autora, trata-se de combater as desigualdades sociais, cujas raízes advêm, principalmente, da organização social classista e de respeitar as diferenças, que a prática do princípio humanístico da alteridade exige. A esse propósito e inspirado em Kramer (2006), Silva (2007, p. 162) diz que a alteridade deve ser exercida para além do "pensamento 'politicamente correto' que fetichiza a 'celebração da diferença' e da 'inclusão social'". Mas, para o autor, a alteridade requer apreender o outro na plenitude de sua dignidade, dos seus direitos e de sua diferença. Para o alcance desse conceito na prática, o respeito às diferenças e o combate às desigualdades torna-se fundamental.

Além disso, acredito que a produção científica também tenha seu papel enquanto ajuda a revelar o que o fetichismo do mundo globalizado tende a "varrer para debaixo do tapete". Assim, no próximo capítulo e, ao longo do livro, essas diferenças e desigualdades que advêm das posições que as crianças ocupam frente, principalmente, à classe, serão descortinadas, com vistas ao reconhecimento do que se apresenta como diferença e à superação do que se converte em desigualdades. Mais especificamente em relação ao objeto deste livro, trata-se de revelar a legitimidade de processos culturais marcados pela diferença – entre as próprias crianças e entre elas e os adultos – e, sobretudo, identificar até que ponto as desigualdades influem na produção das condições concretas – limitadoras ou possibilitadoras – das crianças se construírem como atores sociais produtores de cultura.

Tendo situado os principais conceitos que se relacionam ao objeto deste estudo – culturas infantis, geração e classe – e as discussões e outros conceitos que deles derivam, passo a tratar, a seguir, acerca do caminho percorrido e construído no decorrer da pesquisa de campo que embasa a tessitura deste livro.

PESQUISA COM CRIANÇAS: QUESTÕES, DILEMAS E DESAFIOS

Neste item faço um relato etnográfico dos meus movimentos no campo para, a partir dele, evidenciar questões, dilemas e desafios que, a meu ver, acometem a maioria dos pesquisadores que se propõem a fazer pesquisa de inspiração etnográfica com crianças.

O método etnográfico tem sido considerado o mais adequado para tipos de estudos que pretendem, como este, construir interpretações com base na observação de grupos sociais no decurso de suas práticas cotidianas.

Assim, ainda que este estudo não esteja calcado nos objetivos e feitios clássicos da Antropologia, uma vez que tem como preocupação travar um debate e trazer contribuições para o campo educacional, ele se ancora nos aportes teórico-metodológicos da Sociologia e da Antropologia para conseguir a aproximação e a inteligibilidade dos mundos sociais e culturais das crianças.

A etnografia, nos moldes como é concebida pela Antropologia, exige grande permanência do pesquisador no campo de pesquisa, de modo que ele possa aprender sobre as lógicas em que se fundamentam os modos de vida dos nativos na relação direta com estes e pela descrição densa de seus cotidianos (GEERTZ, 1989).

A pesquisa que deu origem a este livro também apostou na aproximação direta com as crianças, pela convivência com elas no espaço e tempo da escola infantil, para buscar compreender como se constituem como grupo social naquele espaço e como produzem formas, modos, saberes, competências, significações partilhadas entre elas e incorporadas na constituição de sua identidade enquanto grupo de crianças. É uma tarefa, pois, que exige adentrar no contexto em que se inserem os sujeitos e buscar apreendê-los na relação com esse contexto, acreditando que este, ao mesmo tempo em que opera na constituição dos modos de ação e significação dos sujeitos, também é por, eles, constituído.

A par disso, a participação das crianças como sujeitos da pesquisa vem a ser uma exigência do próprio objeto desta investigação. Portanto, o interesse por elas, sua consideração como sujeitos produtores de cultura e a convicção de que têm muito a revelar sobre os modos de ser criança na contemporaneidade é um pressuposto teórico sem o qual este estudo não existiria.

Desse modo, nos estudos contemporâneos sobre infância, principalmente da década de 1990 para cá, tem se sobressaído um indicativo teórico-metodológico, qual seja, o de *estudar a infância através dela mesma* (SARMENTO & PINTO, 1997), isto é, através das próprias crianças. Esta é uma prerrogativa assumida, especialmente, pelo campo da Sociologia da Infância, que tem se valido deste indicativo de inclusão das crianças como sujeitos da pesquisa como um princípio definidor do próprio campo.

Diante da perspectiva adotada por esse campo, há duas formas de incluir as crianças como sujeitos na pesquisa: como *participantes* e como *participantes e copesquisadoras* (CHRISTENSEN & PROUT, 2002).

Segundo os autores supracitados, a perspectiva que toma as crianças como participantes, reconhece-as como atores sociais, com capacidade de interpretar o mundo e agir sobre ele. Dessa forma, as crianças se tornam parceiras da investigação à medida que ajudam o pesquisador a melhor compreendê-las, participando nas decisões e análises empreendidas na pesquisa.

Já a perspectiva que as toma como participantes e coautoras radicaliza na aposta sobre a participação das crianças, à medida que as convida a serem coprodutoras e copesquisadoras no processo de investigação. Desse modo, as crianças não somente são esclarecidas sobre a pesquisa e consideradas no decorrer de todo o processo, como são levadas a participar ativamente desde as primeiras atividades como o desenho da pesquisa, continuando nos procedimentos de coleta dos dados, como, por exemplo, conduzindo elas próprias entrevistas, fotografias, filmagens etc., até a etapa em que essas fotos e filmagens são vistas e analisadas, entre outras atividades ao final do trabalho em campo. Essa metodologia possibilita, assim, que a própria pesquisa seja um espaço de participação e cidadania infantil.

Nesta investigação, as crianças foram participantes da pesquisa e, em algumas situações, elas intervieram com grande grau de autoria. Esse espaço de participação foi sendo construído a partir da reflexão sobre as possibilidades que foram se apresentando com cada grupo de crianças, pela combinação de alguns fatores, tais como as regras, a estrutura e a rotina da escola, bem como os sentidos, os valores e interesses das crianças. Considero, no entanto, que mais importante do que avaliar os níveis de participação das crianças na pesquisa é esclarecer que elas foram consideradas as principais referências para a definição dos caminhos da pesquisa; foi a escuta e o olhar atento a elas, associados a um exercício constante de alteridade, que permitiu a construção de processos participativos e maior inteligibilidade de seus mundos sociais (mais à frente isso se explicita, quando trato das relações construídas com as crianças).

A participação das crianças na pesquisa, além de se constituir num princípio teórico-metodológico que dá coerência ao referencial que as considera como sujeitos e atores sociais, também traz implicadas questões éticas de grande complexidade.

De acordo com o explicitado, um princípio ético defendido por Christensen e Prout (2002) refere-se ao que denominam como *simetria ética* entre adultos e crianças. Com esse princípio, esses autores defendem que cada direito ou consideração ética relacionada ao mundo dos adultos deve encontrar seu contraponto no mundo social das crianças. Todavia isso não significa tratar as crianças como iguais aos adultos, mas garantir-lhes os mesmos direitos – pautados na consideração das competências, dos interesses, dos valores, das culturas, das formas de linguagens, dos percursos de vida etc. – na pesquisa. Trata-se de reconhecer a alteridade das crianças, mas com base nos mesmos princípios éticos que regem as relações com os adultos.

Esses autores também chamam a atenção para o fato de que simetria ética não significa simetria social. Ou seja, as diferenças estruturais entre o adulto pesquisador e as crianças, ou mesmo das crianças entre si, não podem ser apagadas e nem desconsideradas. Considero esse alerta muito importante para que possamos reconhecer as diferenças que nos formam e nos colocam em lugares distintos, com interesses também distintos (adulto-criança; pesquisadora-pesquisados) sem que, com isso, a pesquisa se converta num espaço de relações de poder assimétricas.

Nessa direção, a consideração das crianças como sujeitos de direito e atores sociais, produtores de cultura e portadores de crítica social, aliada ao exercício de alteridade e reflexividade permanente, ajudam o pesquisador a desnaturalizar seus ranços "adultocêntricos" para construir processos coerentes com os princípios teóricos e éticos que o guiam.

Articulado à busca de coerência com os princípios que inspiraram essa investigação, confrontei-me com mais um problema: Revelar ou não a identidade das crianças, sujeitos da pesquisa?

Até não muito tempo atrás, pouco mais que uma década, esse impasse não teria razão para existir ou, em existindo, o discurso dominante de proteção às crianças levaria à resolução simples de resguardar a identidade das crianças e protegê-las frente a sua vulnerabilidade social.

Sem desconsiderar a legitimidade e a razão desse argumento, uma vez que a exposição da identidade das crianças muitas vezes as coloca em risco, Kramer (2002) problematiza essa questão do anonimato das crianças (que implica não expor seus nomes verdadeiros ou não publicar suas imagens) na medida em que ele fere outro princípio tão promulgado nos nossos discursos científicos: o princípio das crianças de se fazerem sujeitos do início ao fim da pesquisa. Ainda que o processo da pesquisa se configure num espaço de autoria e participação infantil, essa autora nos leva a perceber que a autoria fica limitada e, mais do que isso, entra em contradição quando, em nome da preservação da identidade das crianças, na redação do texto as mantemos no anonimato, negando sua autoria.

Avançando na reflexão, Kramer questiona que somente os adultos sejam consultados sobre o consentimento. Sem discordar desse procedimento e também da necessária proteção às crianças, ela problematiza e aponta os limites dessa medida, uma vez que retira de cena as crianças como sujeitos da pesquisa.

Concordando com a autora, acredito que a complexidade da questão não permite uma resposta simples e fácil. Mas a formulação do problema, por si só, já exige pensarmos nas numerosas variáveis a serem consideradas na pesquisa com crianças numa perspectiva comprometida com elas como sujeitos de direitos e atores sociais. Leva-nos a pensar também que o processo da pesquisa não termina no encerramento do campo, mas se estende até a elaboração do produto final do trabalho e de sua socialização.

Ademais, concordo com Borba (2005) quando afirma que as decisões devem ser tomadas levando em consideração os aspectos que configuram cada pesquisa, no que se refere aos conteúdos das falas e das ações das crianças e seus cruzamentos com o contexto que as envolve (da escola, da família, da comunidade e, acrescento, do grupo de pares). Os riscos da exposição das crianças devem ser avaliados considerando os elementos que se sobressaem da junção desses aspectos.

Diante dessas questões e considerando a configuração dada a esta investigação, avaliei que revelar a identidade das crianças, ainda que fosse um desejo para dar coerência ao princípio de considerá-las como sujeitos do início ao final do processo, poderia expor negativamente algumas crianças, trazendo repercussões constrangedoras, fato que levou ao uso de nomes fictícios.

Desse modo, cada criança escolheu um nome pelo qual desejasse ser identificada. O consentimento para a participação na pesquisa e em tudo o que ela envolve, como ser observada, entrevistada, fotografada, foi constantemente atualizado com as crianças. Além do consentimento escrito, da manifestação oral expressa por meio do diálogo, foi também importante estar atenta a outros modos de expressão das crianças que revelassem acordos ou desacordos, ou ainda modos diferentes passíveis de ser incorporados nas estratégias que estavam sendo mobilizadas pela pesquisadora.

A seguir, passo a explicitar como esses princípios teórico-metodológicos e éticos foram sendo operacionalizados no processo de tessitura da pesquisa, principalmente, na construção de minha relação com as crianças.

Fazer-se pesquisadora no encontro com as crianças

O estudo que aqui apresento se desenvolveu no interior de três escolas infantis: duas escolas públicas (uma creche e uma escola básica que abriga duas turmas de

Educação Infantil) e localizadas no interior de uma favela do Rio de Janeiro, a qual atende crianças oriundas desse lugar e uma privada, localizada num bairro histórico deste mesmo município e que atende crianças do segmento aqui denominado de classe média/alta intelectualizada. Considerando as configurações distintas de classe, trata-se de três escolas, porém, dois campos ou dois grupos socialmente distintos: um que se refere ao grupo da favela e outro do castelo. O estudo etnográfico se desenvolveu durante três semestres em cada contexto[31].

Para resguardar a identidade das escolas e pelo fato do objeto deste livro não se centrar num estudo de caso de determinada instituição escolar, faço a opção de não identificar as três escolas nas quais esse estudo se desenvolveu. Assim, farei uso do termo genérico "escola", esclarecendo o contexto em que ela está inserida para fazer a distinção: *escolas da favela*, que se distinguem em creche da favela e escola (a qual funciona a turma de Educação Infantil pesquisada) e *escola do castelo*. Para os fins do objeto deste livro, cabe, no entanto, caracterizar as escolas e, sobretudo, indicar sua concepção e práticas desenvolvidas com as crianças, as quais exercem grande influência nas suas manifestações culturais (o que farei no próximo capítulo).

Isto esclarecido, passo a narrar meu encontro com as crianças. Fui a campo levando o "peso" de todos os meus apetrechos teórico-metodológicos tocantes à pesquisa com crianças. Assim, os primeiros dias de ida às escolas foram de grande ansiedade e certa tensão, pois, ainda que eu não fosse "marinheira de primeira viagem" como pesquisadora, estava tomada por grande emoção pelo encontro e, ao mesmo tempo, grande tensão, impulsionada pelo desejo grande de começar bem a pesquisa. Era como se, depois de tanto ler e "saber" sobre pesquisa com crianças, não pudesse cometer "deslizes" nesse investimento.

No entanto, logo me apercebi quão grande é a riqueza da realidade, tanto que ela logo tratou de desconcertar minhas teorias e de tirá-las desse lugar de sobreposição. Pois a dialética do cotidiano me levou a encarar essa relação também dialeticamente, dizendo-me que a teoria se faz e se refaz na relação com a empiria. Ou seja, não bastava estar toda alçada de preceitos epistemológicos para que estes não pudessem entrar em contradição ou não fossem até ameaçados pela provocação da realidade empírica. Na verdade, eu também já sabia disso pela teoria, mas, na prática, estava tendo muita dificuldade em deixar acontecer, no seu tempo o no seu decurso, os diálogos, encontros e desencontros possíveis.

O que se colocava como fundamental para mim naquele momento de ingresso e primeiros encontros com as crianças era conseguir cavar um lugar em que,

---

31. A pesquisa de campo se desenvolveu durante três semestres (do segundo semestre de 2009 ao segundo de 2010). O tempo da pesquisa na escola do castelo foi de três semestres completos, ao passo que na creche da favela foi de um semestre e na escola da favela, dois semestres. O tempo de observação em cada campo foi, em média, de duas horas e trinta minutos, distribuídos, geralmente, em dois dias de observação por semana em cada escola, a depender das minhas condições e das demandas da pesquisa.

pelo menos nos espaços e tempos da pesquisa, naquilo em que trocávamos e construíamos juntos, fossem possíveis trocas simétricas, pouco determinadas pelo poder instituído nas relações entre gerações; que fosse possível a entrega ao outro, o deixar-se conhecer, deixar-se contagiar, deixar-se surpreender e aquietar-se pelo outro... E, para isso, sentia que, para além das lentes da teoria (sem as quais não seria possível projetar um lugar de alteridade) era preciso também sensibilidade e entrega para permitir que os encontros fossem me indicando os jeitos de ser e estar com as crianças e fazer a pesquisa. Era preciso, pois, inventar os próprios caminhos, mas sem perder a *vigilância epistemológica* que mantém o pesquisador no horizonte onde quer chegar.

Esse processo de relação com os sujeitos – crianças e adultos das escolas – foi o tempo todo tendo que ser vigiado, estranhado e refletido. Levou-me a construir um movimento de, por ora, ter que "esquecer" tantos apetrechos para permitir deixar fluir o que poderia se produzir como um jeito novo, fruto daquele contexto espaçotemporal e humano, fruto da combinação única daquele encontro. E, ao mesmo tempo, não me deixar perder em meu papel e lugar naquela relação e, para isso, tirava da velha e boa bagagem os recursos necessários para refletir com base teórica e epistemológica aquilo que se tratava na relação viva da empiria.

Portanto, o princípio da reflexividade (SARMENTO & PINTO, 1997; CHRISTENSEN & PROUT, 2002) esteve orientando todo o percurso nos campos da pesquisa. Segundo os autores, a reflexividade permite que o pesquisador mantenha um movimento de diálogo interno que o coloca em reflexão constante sobre suas experiências no campo. Desse modo, o processo, ao contrário de ser linear e "tranquilo" porque estagnado nas certezas do pesquisador, é constantemente retroalimentado pelas dúvidas, questionamentos e reflexões do pesquisador sobre o campo, sobre sua relação com esse campo e suas próprias interpretações deste.

Um dos dilemas vividos e enfrentados nesse processo de investigação, muito comum a outros pesquisadores, diz respeito ao grau de aproximação, aceitação e participação do adulto pesquisador nos universos das crianças.

Corsaro (2005), refletindo sobre isso, indica a perspectiva de alguns etnógrafos como Mandell (1988) que defende ser desejável uma total identificação das crianças com o pesquisador, de modo que este consiga plena participação em suas brincadeiras, basicamente anulando, assim, as diferenças de idade, estatura, poder etc. existentes entre adultos e crianças. Essa perspectiva está em consonância com princípios de alguns estudiosos que indicam ser preciso "virar criança" para estudar as crianças. No entanto, Corsaro acredita ser impossível superar as diferenças entre adultos e crianças e, dessa forma, defende uma participação limitada ou periférica. Com base em vários estudos etnográficos, defende que a melhor maneira de tornar-se parte dos universos das crianças é a de "não agir como um adulto típico" (CORSARO, 2005, p. 446). Com isto, revela ser importante buscar uma forma de ser e estar com as crianças que, sem negar a condição adulta que está atrelada ao pesquisador, seja diferente do professor ou do adulto que geralmente se pauta em relações verticais de poder e pelo desinteresse pela vida e pelas brincadeiras das crianças.

Ainda que bastante colada a essas experiências dos pesquisadores – pelo efeito mesmo do que já relatei no que diz respeito à tendência de fazer sobreposição de construtos teóricos produzidos por outros pesquisadores à minha realidade – aos poucos fui percebendo que era preciso encontrar meu jeito de ser e estar com aquelas crianças. Esse jeito deveria ser encontrado por meio da percepção de como elas reagiriam e dariam espaço e pistas para a aproximação.

Lançando um olhar reflexivo para meus movimentos dentro de cada escola e grupo, percebo que muitos dos entraves ali havidos tiveram como causa a busca de meu lugar dentro da relação. Sabia que não queria virar criança, como indicam alguns teóricos supracitados e também não queria ocupar o lugar do adulto detentor do poder que ali se familiarizava com o papel da professora. Mas, mesmo sabendo que queria ficar neste *entrelugar*, nem a típica adulta dona do poder e nem o camaleão se passando por criança, ainda assim não saberia ao certo como construir esse outro lugar.

Como estamos sempre lidando com realidades concretas e não idealizadas e uniformes, esses jeitos e espaços de aproximação foram também muito diferenciados em cada uma das escolas pesquisadas, ainda que motivados pelos mesmos princípios. Talvez aí more mais um potencial de estudos como esse: o de perceber como os diferentes contextos também entram e produzem maneiras diferentes de ser pesquisador em cada local/campo de pesquisa.

As diferenças que marcaram os jeitos de me colocar em cada uma das escolas no primeiro semestre da pesquisa se caracterizaram por dosagens diferentes e, às vezes, desequilibradas entre a aproximação e o afastamento, o que veio a me colocar, às vezes, justamente naqueles lugares em que eu não queria estar: demasiadamente adulta ou demasiadamente criança.

Como advertem muitos antropólogos, a aproximação e o afastamento são pares que devem andar juntos na vigilância dos movimentos do pesquisador no campo: aproximar para compreender, sentir, fazer o exercício de alteridade e afastar para analisar (LEITE, 1997). Mas, muitos dos limites e angústias por mim vividos, principalmente no período inicial da pesquisa de campo, advieram justamente do descompasso entre essa dupla: às vezes me sentia demasiadamente próxima e, outras, demasiadamente distante; em ambos os lugares sentia-me perdendo-me de meu papel de pesquisadora e do *entrelugar* em que havia me proposto a estar.

Como já mencionei, esse descompasso, ora pendendo mais para a aproximação ora mais para o afastamento, ocorreu em cada escola. Posso dizer que o "exagero" para a aproximação se deu mais na escola do castelo, ao passo que o afastamento se deu mais na creche e na escola da favela.

Minha relação com as crianças na escola do castelo, desde o início foi marcada pelo interesse e desejo mútuo de aproximação[32]. Logo no primeiro dia em que as conheci, pude sentar-me com elas, apresentando-me e prestando informações sobre a pesquisa, sobre o motivo de minha estada junto delas por algumas vezes. Essa conversa, juntamente com as atitudes sustentadas no decorrer da pesquisa, parece que levaram as crianças a me ver e me tratar de forma diferenciada, relativamente aos outros adultos que conviviam no espaço escolar.

> *Hoje, mais uma vez minha presença gera curiosidade às crianças da outra turma que compartilham o platô junto das crianças pesquisadas. Como já ocorreu no dia anterior, duas meninas vêm me perguntar o que eu sou das crianças do grupo 4. Perguntam se sou mãe de alguém ou se sou professora nova. Nisso, Duda, que está perto responde: "Ela não é nada disso, ela é nossa amiga"* (Diário de campo. Escola do castelo, 18/09/2009).

Considero que esse lugar de amiga das crianças tenha sido conquistado pelo meu sincero interesse por suas vidas, pela atitude de permanente escuta sobre suas novidades, histórias, desejos, reclamações... E, principalmente, pela forma animada com que me propunha e mesmo me convidava a brincar com elas. A participação em suas brincadeiras me levara a fazer ações e estar em lugares pouco comuns de os professores estarem, me aproximando muito da feição do *adulto atípico* descrito por Corsaro em suas pesquisas com crianças.

Lado a lado ao desejo de que minha relação com as crianças fosse calcada na cumplicidade, confiança e alteridade e acreditando que a experiência compartilhada da brincadeira poderia ajudar a promover esse tipo de relação, apostei que estar vivendo com elas suas brincadeiras pudesse me dar a possibilidade de apreender "de dentro" as tramas, motivos, conflitos, enfim, o contexto que envolvia as interações das crianças no decurso do brincar.

Minha relação com as crianças (tanto como pesquisadora tanto como professora de Educação Infantil) me levou a pensar que, ainda que não se consiga viver a brincadeira como as crianças a vivem e a sentem, dada a absoluta genuinidade da experiência infantil ao brincar, vivenciar com elas esses momentos ensina ao adulto a riqueza e a complexidade intrínseca nas ações que as crianças mobilizam para brincar. Sendo assim, brincar com as crianças permite que o adulto aprenda sobre elas ao deixar-se surpreender com seus saberes, com seus mistérios, com sua diferença, com sua alteridade; ao deixar-se encantar por tanta entrega, desejo e persistência que elas demonstram quando lutam pelo direito de brincar; ao deixar-se guiar por suas fantasias e ao reconhecer nossa pequenez frente aos gigantes

---

32. O fato de essa escola já ter tradição em receber estagiários e pesquisadores interferiu para que eu encontrasse um campo bastante favorável à pesquisa, favorecendo, especialmente, a construção de outro lugar junto às crianças, distinto do papel das professoras.

que se tornam quando estão brincando. Entregar-se à experiência de brincar com as crianças é, pois, condição para buscar aproximação e inteligibilidade sobre ser criança. É essa experiência que sensibiliza, que inquieta, desestabiliza e transforma nosso olhar "adultocentrado" para passar a perceber as crianças em sua grandiosidade e alteridade.

Por isso, brincar com as crianças tornou-se, para mim, um pressuposto teórico e metodológico fundamental para conseguir afinar a percepção sobre as crianças da pesquisa, no intuito de buscar apreender sobre como elas se constituíam como sujeitos produtores de uma cultura própria, mobilizada, principalmente, pelos processos interativos no interior das brincadeiras.

Passei, assim, a demonstrar desejo de participar de suas brincadeiras. De início, mostrando interesse pelo que brincavam, pedia permissão para poder brincar junto, solicitava que me informassem no que constituía a brincadeira e que me dessem um papel nela. Assim, tentava cuidar para que minha condição de adulta não se impusesse nas relações partilhadas na brincadeira, de modo a permitir que aquele espaço fosse governado pelas crianças que legitimamente têm maior domínio sobre ele. Desse modo, fui me colocando como alguém que queria brincar e que conhecia as regras do jogo, que ali se traduziam no respeito às hierarquias de poder determinadas pela brincadeira. Assim, tanto minha consciência de controlar qualquer ímpeto de dirigismo e autoridade, como a cultura de brincar já construída por aquelas crianças em suas relações de pares (discorrerei sobre isso mais adiante) foram me ajudando a encontrar um jeito de participar que fosse guiado pelas crianças.

Porém, ao mesmo tempo em que essa abertura e entrega para compartilhar desses momentos de brincadeira me permitiram grande aproximação a esse universo lúdico/infantil e grande empatia e aceitação por parte das crianças, produziram dificuldades para também exercitar o olhar de fora; limitaram a autonomia para escolher os focos de observação e apreender os movimentos paralelos que se desdobravam nos pequenos grupos (uma vez que eu estava quase sempre envolvida em alguma trama); dificultaram a interação com grupos de pares diferenciados e o registro minucioso das ações e falas das crianças. Enfim, o constante envolvimento em suas tramas e brincadeiras me deixava, de certa forma, tão comprometida com elas e com a brincadeira que se desenrolava que ficava difícil, às vezes, perceber o que se passava para além de meu contexto de ação no brincar. Dessa forma, me via perdendo a percepção de outros aspectos que poderiam ser interessantes para registrar e aprofundar o olhar.

Fui percebendo, pois, que talvez a participação nas brincadeiras com as crianças tivesse caído num exagero quando me vi completamente guiada por elas, no interior das brincadeiras e também fora dela; quando os pequenos agrupamentos disputavam minha presença para brincar. Outro aspecto que pendeu ao exagero foi a percepção de que a brincadeira, às vezes, acabava ficando muito centralizada em mim, não porque eu estivesse guiando as ações, mas porque parece ter virado sensação para as crianças me conduzirem na brincadeira, construírem comigo personagens que, talvez, no corpo de um adulto, parecessem estranhos ou engraçados. Então, uma vez que me colocavam como centro ou sensação da brincadeira, sendo observada por elas, a condição para que eu pudesse estar no lugar de observadora, tendo-as como centro, já estava dificultada.

Esclarecendo melhor, a aproximação foi necessária para eu vivenciar de dentro e facilitar uma experiência de alteridade na forma de apreender e interpretar as ações das crianças, mas, ao mesmo tempo, a radicalidade dessa aproximação levou-me a ocupar quase que o mesmo lugar das crianças, uma vez que a entrega para brincar me distanciou do papel de pesquisadora que brinca para compreender algo que se processa nessa experiência compartilhada com as crianças.

A percepção de que eu estivesse demasiadamente envolvida naquilo que me propunha a observar e compreender levou-me a refletir sobre importante alerta de Gusmão (2001) no que se refere à medida entre a observação e a participação. Essa autora adverte sobre o perigo da *observação participante* virar *participação observante*, em situações em que o pesquisador se identifique tanto com os sujeitos, ficando tão diluído no contexto que já não consegue o afastamento necessário para observá-lo, apreendê-lo e estranhá-lo; perdendo-se, portanto, de seu papel como pesquisador. Por isso, um olhar reflexivo sobre meus movimentos no campo levou-me a acionar a necessidade de constante vigilância, no intuito de ir percebendo a medida da participação e do afastamento, sem que isso se convertesse em distanciamento das crianças e da possibilidade de lançar um olhar de alteridade sobre elas.

Dessa forma, estando dentro e, algumas vezes, fora das brincadeiras e situações interativas, aos poucos fui aprendendo a construir um jeito diferente do adulto típico e que me colocasse próxima às crianças. As crianças também foram compreendendo melhor meu papel de pesquisadora e foram me colocando nesse lugar: oferecendo-se para fazer entrevista, sugerindo situações para serem registradas, perguntando sobre o andamento da pesquisa em outra escola e valorizando meu jeito de estar entre elas.

Se na escola do castelo a minha participação nas brincadeiras das crianças às vezes pendeu para o exagero, nas escolas do contexto da favela a pouca oportunidade de aproximação às experiências de brincadeiras de que as crianças compartilhavam dificultou-me a construção de uma relação outra que não fosse a do típico adulto.

As escolas que perfazem esse grupo da pesquisa apresentaram um entrave comum que, ao contrário da outra, dificultou a aproximação às crianças. Este se refere a uma forte perspectiva escolarizante que guia a organização do tempo e espaço nestas escolas e acaba restringindo em muito as possibilidades de as crianças vivenciarem o brincar de faz de conta, no qual elas mesmas pudessem governar suas ações. A rotina nessas escolas é organizada de modo a manter o tempo todo as crianças sob o controle do olhar do adulto, exercido por meio da ocupação do tempo das crianças em atividades dirigidas pelo professor.

Desse modo, a aproximação foi sendo buscada pela demonstração de meu interesse pelas crianças, exteriorizado entre outras situações no diálogo afetivo que eu ia com elas travando nos raros momentos em que não estavam sob a vigília do adulto, entre os deslocamentos para o refeitório, nos momentos das refeições, nas esperas no corredor para higiene, no desenvolver de alguma atividade nos pequenos grupos, nos momentos de entrada e saída da creche, entre outras brechas possíveis em que eu não me sentia atrapalhando a dinâmica escolar.

Esta falta de oportunidade para as crianças vivenciarem o brincar de faz de conta na organização da rotina pedagógica gerou dificuldades relacionadas a, pelo menos, duas razões: a primeira se refere à quase impossibilidade de participar de momentos com elas que subvertessem a ordem escolar pautada no domínio adulto. Uma vez que brincar junto tem o grande potencial de gerar uma atmosfera de cumplicidade e alteridade, essa aproximação e a construção de uma visão diferente das crianças sobre mim ficou, de certa forma, mais difícil de ser construída pela pouca oportunidade que tivemos de compartilhar experiências vivenciadas no brincar. A segunda razão se refere à dificuldade de visualizar o próprio objeto da pesquisa numa configuração em que pouco se dava espaço e condições para as ações governadas pelas próprias crianças. Isso me levou a questionar se, dadas as condições de inserção das crianças, seria possível a existência de culturas infantis no interior daquele grupo.

Portanto, mais afastada da possibilidade de ser cúmplice de experiências governadas pelas crianças, meus movimentos ficaram muito restritos a observar, registrar e, quando dava, brincar, conversar, cantar, trocar afetos... As crianças me buscavam constantemente para conversar, contar causos, fazer perguntas, mostrar feitos ou objetos, expressar afetos, geralmente no espaço mesmo da sala e no decorrer das atividades dirigidas. Porém, essas atitudes (de sair do lugar e da atividade para buscar interação comigo) configurava-se como burla e, às vezes, as crianças eram reprimidas por isso. Esse fato acabava gerando tensão e inibindo minhas interações com as crianças, visto que elas poderiam ser punidas, certamente gerando um entrave na aproximação.

A dinâmica imposta pela cultura escolar, assim, definiu em muito o lugar da pesquisadora. Desse modo, ao contrário da outra escola, me posicionei mais num lugar de observadora, o que me deu maior facilidade para realizar os registros e captar os movimentos das crianças, mas deixou-me mais distanciada daquilo que me motivava tanto a compreender: a alteridade da infância expressa nas lógicas próprias de governarem suas ações no interior do grupo de pares, especialmente, da brincadeira.

Por outro lado, a introdução de técnicas e estratégias de pesquisa que colocaram as crianças em lugar de centralidade e numa posição mais ativa foi criando entusiasmo nas mesmas para participar de propostas referentes à pesquisa, como entrevistas, fotografias e sessões de trocas de fotografias. Além disso, parece que o interesse sincero por suas vidas que se expressava no constante diálogo travado entre mim e elas, tanto nas possibilidades que se abriam na rotina escolar como nos espaços construídos pela pesquisadora, foi também importante para a construção da confiança e da amizade.

Portanto, aos poucos a relação foi se estabelecendo de um jeito nem tão próximo – pelas limitações evidenciadas – e nem tão distante – pelas possibilidades construídas no espaço da pesquisa. Destaca-se que esse lugar de pesquisadora e diferente do das professoras foi sendo melhor compreendido pelas crianças quando passei à etapa de inserção dos instrumentos e construção de estratégias de participação mais efetivas.

Por fim, com a realização desse relato pormenorizado acerca de meus movimentos no campo, especialmente no que concerne à construção de meu lugar de pesquisadora, tive a intenção de mostrar que é a entrada em campo que vai indicando os desafios, os dilemas e os caminhos da pesquisa. É essa relação também que vai construindo o ser pesquisador – possível – em cada contexto; o pesquisador assim, se faz e se refaz pelos processos de reflexividade que vai instaurando com os sujeitos vivos e com a realidade (sempre) desafiadora e inapreensível em sua totalidade.

Os focos de observação e os instrumentos de pesquisa

O objeto da investigação indicou a importância de enfocar as interações das crianças entre si e também com os adultos. Isso porque se tornou fundamental compreender como elas constroem suas culturas de pares, constituindo modos específicos do grupo das crianças e, portanto, marcados pela condição geracional, bem como a forma como travam as relações com os adultos e com a cultura maior: como (re)interpretam, negociam, acomodam-se, reproduzem, assimilam, transgridem.

Ainda que os estudos das culturas infantis indiquem que se dirija o olhar, prioritariamente, para as relações processadas entre as crianças, no interior de seus grupos de pares, olhar também para as relações intergeracionais no interior da escola infantil torna-se imprescindível para compreender a dimensão do contexto em que as crianças operam suas culturas. Permite, mais especificamente, compreender os condicionamentos e a ordem adulta vigentes nesse contexto institucionalizado e marcado por relações verticais de poder. Desse modo, acredito ainda que permita tornar mais evidente, empiricamente, o movimento de reprodução interpretativa que fazem as crianças na relação com a ordem adulta.

Assim, detendo a observação em todos os momentos da rotina da escola infantil, alguns focos dirigiram as observações em campo: 1) a apropriação que as crianças fazem dos sistemas de regras sociais relativas ao seu pertencimento social e à forma como os interpretam; 2) os sistemas de valores, regras, rotinas, saberes que as crianças acionam em sua organização social como grupo de pares; 3) os mecanismos e expressões que revelam modos próprios de significação e ação das crianças; 4) as possíveis pistas que revelam descompasso com a cultura escolar; 5) as estratégias adotadas para fazer valer seus interesses de crianças no espaço da escola.

A definição das estratégias e dos instrumentos passíveis de serem utilizados com as crianças foi também se dando no decorrer da imersão em cada escola. Fui apostando na aproximação com as crianças e adultos para que eles fossem me autorizando e indicando as estratégias e instrumentos a serem adotados. Estes se definiram da seguinte forma:

a) Observação e registro em diário de campo

A observação e o registro se configuram, em estudos do tipo etnográfico, como os principais recursos de acompanhamento e apreensão da realidade. Em tipos de estudos como este, que se propõem a "capturar" a cultura de um grupo, a observação é uma ferramenta muito valiosa, à medida que o pesquisador, buscando interferir o menos possível na realidade, vai, aos poucos, percebendo os elementos do cotidiano que expressam a cultura do grupo pesquisado. Essa percepção pode ser favorecida pela prática do registro, que, além de descrever os processos que caracterizam determinados grupos sociais, torna mais evidente a percepção das regularidades dos elementos constitutivos da cultura. De fato, o registro diário da observação participante se constituiu na principal ferramenta da pesquisa de campo e me acompanhou do início ao final do processo. Às vezes, o registro era feito no ato da observação, se assim a situação o permitisse e, por outras, quando eu estava muito envolvida na situação observada, era realizado no final da sessão.

b) Entrevista com a direção das escolas, pais e professores

A entrevista com as diretoras das escolas e as professoras dos grupos pesquisados foi realizada com o propósito de apreender o projeto político-pedagógico das instituições em questão, sobretudo as concepções e práticas que alicerçam o trabalho pedagógico voltado às crianças.

A entrevista com algum familiar da criança (pai ou responsável) teve o propósito de ajudar a esclarecer a respeito das condições sociais de vida de cada criança no espaço familiar, buscando apreender, sobretudo, informações ou dados referentes à condição socioeconômica da família e referências culturais que, em grande parte, determinam as experiências das crianças fora do espaço escolar. A entrevista baseou-se um roteiro simples, operacionalizado também em forma de questionário.

Assim, na escola em que os pais detêm maior capital escolar e cultural (do castelo) trabalhei com o questionário enquanto que nas duas outras (da favela) considerei que a entrevista garantiria condição melhor para que participassem.

c) Entrevistas com as crianças

As entrevistas com as crianças foram concebidas como mais um canal para conhecê-las, aprofundar ou esclarecer aspectos observados e apreender outros não possíveis de ser identificados pela observação das práticas. Foram, assim, movidas por um intenso interesse pela vida das crianças, sobretudo por buscar perceber como elas mesmas informavam e significavam suas experiências como crianças dentro e fora da escola.

Como venho mostrando, cada escola foi-me me indicando suas possibilidades, seus limites, seus tempos e os jeitos possíveis de fazer a pesquisa. Assim também aconteceu com a inserção das técnicas e instrumentos, entre eles, a entrevista.

Na escola do castelo, mais do que a entrevista em si, o gravador gerou grande fascínio nas crianças. Tendo um tempo maior nesse grupo para esse processo de exploração e familiarização com o instrumento e a técnica da entrevista, ficamos praticamente um mês, até o encerramento do semestre, fazendo várias experimentações de entrevista, principalmente com o gravador. As crianças o manusearam livremente e se expressaram também livremente, escolhendo os próprios assuntos a serem gravados. Isso sucedeu às vezes de forma individual e outras de forma coletiva. Outras vezes reunia-me com elas, geralmente em pequenos grupos, a fim de orientar um momento da entrevista, mas, mesmo com uma proposta lúdica e coletiva, a "fissura" para brincar com o aparelho fez com que algumas tentativas de conversas dirigidas com o fim de tocar em alguns assuntos de interesse constantes do roteiro da entrevista fossem sempre tumultuadas pelo interesse maior das crianças que ainda era de brincar com o gravador. O sentido deste transitava entre instrumento de pesquisa para mim e brinquedo para elas.

Percebendo isso, considerei importante respeitar esse tempo de exploração do aparelho sem a inserção dele numa situação de entrevista dirigida, mas pela vivência de variadas situações propostas pelas próprias crianças[33]. Essas gravações livres também foram transcritas, uma vez que bastante reveladoras de suas realidades e interesses.

No semestre seguinte, aos poucos, as crianças foram se acostumando com o gravador, mas sem, no entanto, demonstrarem desinteresse. Até o final da pesquisa, elas ainda solicitavam o gravador com o qual faziam suas experiências. Mas já não era somente isso que as motivava a querer participar desses momentos.

---

33. Tais como: entrevistas entre si pela utilização da brincadeira de repórter; contação de histórias envolvendo a família, animais, festas de aniversário; opiniões sobre a natureza; cantorias, entre outros assuntos.

Algumas experiências com entrevista coletiva me levaram a perceber a necessidade de garantir momentos de entrevista individual. Isso porque algumas crianças quase não conseguiam se manifestar devido ao fato de outras centralizarem em torno de si a conversa e imporem essa centralidade. Assim, fomos criando algumas estratégias coletivas[34] de entrevista, ao mesmo tempo em que as entrevistas individuais também foram sendo realizadas.

Já no grupo de crianças da favela, as crianças também receberam com muito entusiasmo a ideia da realização de entrevistas. No entanto, diferentemente da escola do castelo, percebi que, nesse grupo, as entrevistas coletivas é que favoreciam a expressão mais autêntica das crianças. Em algumas experiências de entrevistas individuais as crianças, mesmo as mais extrovertidas, revelaram um corpo retraído, uma voz fraca e em suas respostas pareciam estar mais preocupadas em me agradar, respondendo "corretamente", como se eu as estivesse colocando em prova sobre algo.

Acredito que, a par da diferença geracional e da verticalização de poder intrínseca no modo de construção das relações adulto-criança (o que é bastante acentuado nesse contexto), é preciso destacar a diferença de raça e a desigualdade de classe entre pesquisador e entrevistados, enfim, os fatores socioestruturais que influenciam essa relação. É necessário então considerar a somatização de desvantagens que essas crianças têm em relação ao meu lugar social de classe média, de raça branca e de adulta. Era comum entre as crianças me pedirem dinheiro, perguntar sobre minhas posses, minhas experiências de lazer e valorizar o fato de ser loira, com cabelos lisos e olhos claros, justamente o oposto do que elas são[35]. Contudo, acredito que a cultura adultocêntrica ou essencialmente autoritária que marca o modo de relação dos adultos com as crianças nesse contexto, tenha sido ainda mais determinante no fato de elas se colocarem numa posição de "inferioridade" ou retraimento em relação a mim.

Para buscar superar esses limites, principalmente o de ordem geracional (no qual era mais possível intervir) e construir um espaço de relação simétrica em que as crianças se sentissem confortáveis e fortalecidas perante seu próprio estatuto, considerei que algumas ações poderiam contribuir. Ações que tornassem esse momento mais interativo e lúdico (mais próximo das lógicas e interesses das crianças) e menos formal e escolarizado, como na relação professor-aluno, pergunta-resposta (mais próximo da lógica escolar).

Assim, as entrevistas, entremeadas por brincadeiras, passaram a ser, a maioria, por duplas, cujos componentes entrevistavam-se mutuamente: as crianças entre si, a pesquisadora entrevistava as crianças e estas a pesquisadora. O fato da pesquisadora, adulta, se "abrir" também para deixar-se conhecer pelas crianças foi importante

---

34. Além da brincadeira de repórter proposta por mim, as crianças sugeriram uma espécie de "jogo da verdade", que consistia em girar uma garrafa no centro da roda, e as pessoas (o repórter ou o entrevistado) que estivessem na direção de onde apontassem as extremidades da garrafa no momento em que ela parasse de girar, seriam as envolvidas naquela jogada.

35. No capítulo 3 abordo melhor essa questão.

para a construção da simetria e alteridade desejada. Além disso, esse espaço deveria se construir de outro modo, distinto do da cultura escolar, para que as crianças também me vissem de outro jeito, distinto do papel da professora. O evento a seguir demonstra um pouco como as crianças foram vivendo e, ao mesmo tempo, me indicando as possibilidades que esse momento da entrevista lhes oferecia:

> Maria Clara e Tainá me mostraram ter visto aquele espaço em que as retiro da sala e as levo para outro espaço – sala de informática – em que as duas estão individualizadas e desfrutando de um tempo, um espaço e uma atenção especial, como uma oportunidade de liberdade e de brincadeira. Assim que chegamos à sala de informática, já vão dando ideias do que podemos fazer: mexer no computador, brincar nas cadeiras de rodinha... Assim, brincam nessas cadeiras como se fossem carros, se deslocando com elas. Brincam um pouco e depois passamos a fazer a entrevista. Nela, o tom de brincadeira com as palavras, com a invenção de algumas respostas, com o tom colocado estava presente. Percebo que, quando passo a realizar a entrevista a partir de um contexto lúdico, fazendo-me de repórter, elas demonstram maior interesse na situação da interação comigo. Antes, estavam pedindo para explorar o ambiente e sair da proposta do diálogo. Percebo que elas estavam encarando aquele momento como uma possibilidade de brincar e, portanto, dever-se-ia nele incluir essa necessidade e esse indicativo. Assim, depois que fizemos nossa entrevista pedem para fazer show, de modo que cantamos, dançamos e usamos o gravador como microfone. Tanta liberdade e expressividade foram desfrutadas com muita empolgação e sensação de privilégio. Quando voltei à sala com as duas, várias crianças pediram para irem também comigo... (Diário de campo. Escola da favela, 24/09/2010).

Portanto, as crianças começaram a mostrar grande interesse para estar comigo porque, além de poder falar de si a alguém que está disposto a ouvir, nesse grupo, talvez o mais importante era poder viver experiências que geralmente não estavam garantidas na rotina escolar: ter um tempo para sair do espaço da sala; ter atenção privilegiada e a possibilidade de interação com colegas e um adulto; poder brincar com o amigo, com o gravador, com o espaço, com a entrevista; poder mexer o corpo, cantar, se expressar... ou seja, poder ser criança mais que aluno.

A relação desse grupo com o gravador também foi de grande interesse, mas não tão acentuado como no grupo do castelo ou, pelo menos, não chegou a se construir como o principal interesse que motivava as crianças para as entrevistas. Assim, estas também o manusearam, mas esse manuseio ficou mais limitado aos espaços-tempos da entrevista, quando o utilizaram tanto para se autoentrevistarem como para me entrevistarem ou para fazerem experimentações de cantorias, gritos, vozes diferenciadas que eram motivos de diversão quando passavam a se ouvir.

A entrevista também se revelou como um momento em que as crianças, se exercendo como crianças, mostraram-me suas formas próprias de expressão. Assim, tanto a brincadeira como a linguagem do corpo, manifestações que se mostraram centrais nas culturas infantis dos grupos de crianças abordados (cf. cap. 3 e 4) estavam presentes, caracterizando os modos de as crianças serem e se portarem nesses momentos. Se a brincadeira já foi evidenciada em episódios anteriores, agora passo a destacar como o corpo também foi percebido como portador de linguagem e um recurso muito presente nas expressões das crianças:

> Percebo que um modo bastante comum entre as crianças entrevistadas (de ambos os grupos) é de me responderem com o corpo, o que não é captado pelo gravador de áudio. Enquanto falam, levantam, dramatizam, usam de gestos, sons e movimentos para se comunicar; como se não bastasse falar, tem que ser mostrado, encenado, visto, e é o corpo capaz de comunicar essa complexidade. Então, as crianças respondem muito com o corpo e parece que nessa linguagem articulam enredos e mesclam dados da realidade com seus desejos expressos pela imaginação (Diário de campo. Escola da favela, 19/10/2010).

O corpo também anuncia a subjetividade do entrevistado, quando, muitas vezes, expressa sentimentos que nem sempre aparecem nas falas dos sujeitos ou que até contradizem o discurso oral. Por isso, estar atento aos não ditos ou aos ditos pela linguagem do corpo é tão importante quanto considerar a palavra.

A esse propósito, faço uma autocrítica reconhecendo minha ansiedade por tentar dar conta do roteiro e, muitas vezes, não saber esperar e "ler" as pausas, os silêncios, as expressões corporais, as mudanças no rumo da conversa ou as outras lógicas e modos linguísticos de expressão. Adentrar mais fundo no conhecimento sobre as crianças, ouvi-las ao gravador e me ouvir na interação com a entrevista permitiu localizar meus ímpetos "adultocêntricos" e me tornar mais atenta aos diversos modos de expressão da alteridade das crianças.

Por isso, há de se ter humildade e reconhecer que, em se tratando de pesquisa com pessoas e, especialmente, com crianças, o *Outro* é sempre muito mais do que podemos apreender; e o processo da pesquisa é, acima de tudo uma aprendizagem sobre nós mesmos.

d) Fotografia e troca de fotografias

O uso da fotografia começou a ser feito passado um semestre do início da pesquisa (março de 2010). Seu principal objetivo foi utilizá-la como recurso para as crianças se verem, reconstruírem fatos, ações, explicitarem significados, preferências, sentimentos com base em seu autorretrato e em suas experiências na escola. Assim, a fotografia é apresentada como um recurso que gera a participação das crianças, facultando a apreensão de suas experiências e da realidade em que vivem. Cumpre, assim, seu papel no processo pedagógico, reflexivo e sociológico.

Além disso, o uso desse recurso possibilitou que as crianças dos dois grupos da pesquisa pudessem se "conhecer" (uma vez que expressavam essa curiosidade) e me dissessem sobre suas impressões do *Outro*. Queria que as crianças, pela visualização do corpo das outras crianças inseridas em outra realidade, com experiências talvez opostas à sua, me ajudassem a responder à própria pergunta da pesquisa:

Afinal, o que veem de diferente e de semelhante entre sua realidade e a dessas crianças apresentadas nas fotos?

Para tanto, construí momentos de troca de fotografias, cuja dinâmica assim se desdobrou: num primeiro momento, viram as fotografias de seu grupo[36] e comentaram livremente sobre elas. Depois, num segundo momento, viram as fotos do outro grupo. Em ambos os momentos, primeiramente deixava-as fazer seus comentários espontâneos e, num segundo, fazia intervenções com perguntas relacionadas aos meus interesses de pesquisa e, sobretudo, de apreensão da visão que iam construindo sobre si, sobre o Outro e ainda sobre o Outro do outro grupo.

Considerei que esses momentos, além de serem encarados como estratégias de recolha de dados para a pesquisa, se configuraram também numa espécie de devolução dos dados às crianças. Isso porque estas se mostravam muito curiosas para saber o que acontecia na outra escola e como eram as outras crianças, de modo que, pela mediação da fotografia, fui relatando sobre o que eu aprendera com elas e com as outras crianças.

Esses relatos ou a socialização de alguns dados foram recebidos com curiosidade e, às vezes, espanto das crianças com as diferenças entre elas, sobretudo em relação às experiências que poderiam ou não ser vividas no interior de cada escola. Uma vez que se trata de contextos de desigualdade, algumas vezes percebi que esses momentos deflagravam nas crianças sentimentos e mesmo a consciência em relação às vantagens ou desvantagens de um grupo sobre o outro. Percebi, principalmente pelo silêncio manifesto por algumas crianças da favela, indícios de tristeza, o que fez com que, às vezes, esses momentos fossem vividos de forma conflituosa tanto por parte de algumas crianças como por mim que me via no lugar de escancarar processos de desigualdades sociais.

Porém, de forma geral, percebi que o olhar das crianças sobre as imagens não estava tão emaranhado pela comparação, mas sim, pela empolgação de ver-se nas fotografias e ver suas experiências de criança "de fora", prolongando-se no tempo e no espaço. Assim, em ambos os grupos, o entusiasmo maior se dava no momento de socializar as fotos do próprio grupo, comemoradas como presentes que permitiam testemunhar suas experiências no interior da escola.

A socialização se expandiu quando, ao final do processo da pesquisa de campo e a pedido das crianças, em ambas as escolas foram mostradas todas as fotografias relativas ao tempo da pesquisa, tomando o cuidado para que todos pudessem se enxergar nas fotos. Esse momento de socialização e diálogo com as fotografias no decorrer do processo permitiu também às crianças se manifestarem no caso de algum desagrado sobre alguma foto e sobre o desejo ou não de sua possível publicação no trabalho escrito da pesquisadora.

---

36. Essas fotos foram pré-selecionadas por mim, cujo critério para a seleção era de evidenciar os espaços físicos das escolas, as crianças em diferentes situações da rotina, as experiências mais significativas que envolviam as crianças, aspectos comuns e diferenciadores de cada escola, entre outros.

2
ENTRE A FAVELA E O CASTELO: APRESENTANDO AS CRIANÇAS E SEUS CONTEXTOS DE VIDA

A intenção deste capítulo é apresentar os contextos de vida em que estão inseridas as crianças, sujeitos deste livro. Para tanto e, abordando separadamente cada contexto, busco situar, num primeiro momento, as condições socioculturais das famílias e as experiências que derivam dessa condição para as crianças. Num segundo momento, buscando perceber como as crianças vivem a condição infantil no interior de cada escola, procuro evidenciar como cada uma (por meio de suas concepções e práticas) pode favorecer ou limitar processos de interação entre pares, de autoria e produção cultural por parte das crianças.

A INFÂNCIA NA/DA FAVELA

Antes de passar a apresentar as experiências relacionadas à infância nesse contexto, considero oportuno esclarecer porque estou assumindo o termo "favela" e como ele se define conceitualmente.

Existem várias conceituações de favela e representações sociais sobre elas, que foram se construindo ao longo das transformações históricas relacionadas às cidades e a ocupação do espaço urbano. Não é minha intenção realizar discussão aprofundada sobre esse tema, mas, antes, indicar algumas bases em que me apoio quando me refiro à favela. Para tanto, estou me valendo de alguns conceitos e reflexões construídas pelo Observatório de Favelas (2009)[1], por compreendê-las como coerentes na defesa do respeito à cidadania e no reconhecimento dos direitos humanos nos espaços populares, com vistas à construção de políticas públicas voltadas à superação das desigualdades sociais.

---

1. O Observatório se autodefine como uma organização social de pesquisa, consultoria e ação pública dedicada à produção de conhecimento e de proposições políticas sobre as favelas e os fenômenos urbanos. Criado em 2001, em 2003 tornou-se uma organização da sociedade civil de interesse público (Oscip), com sede na favela da Maré, no Rio de Janeiro.

Uma ideia que esse observatório defende, com base na análise do fenômeno social e histórico da favela, que considero importante para iniciar esta discussão é a de que a favela é parte substancial da composição social, cultural e política das cidades, especialmente, dos grandes centros urbanos brasileiros[2]. No entanto, ainda assim, historicamente, sempre foi vista como algo à parte da cidade, relegada à ilegalidade, ao abandono por parte do poder público[3] e vítima de estigmatizações que "[...] tomam como significante aquilo que a favela não é em comparação a um modelo idealizado de cidade" (OBSERVATÓRIO DE FAVELAS, 2009, p. 21).

Reconhecendo que o termo "favela" seja uma generalização, existindo, na verdade, grande heterogeneidade "inter e intra" favelas (cf. CAVALLIERI, 2009) a necessidade de que a favela tenha regulação própria baseada em sua materialidade histórica (tipos de ocupação, características morfológicas, composição social etc.), o Observatório (p. 22, 23) caracteriza "favela" com base nas seguintes referências:

> a) insuficiência histórica de investimento do Estado e do mercado formal, principalmente o imobiliário, financeiro e de serviços;
>
> b) forte estigmatização socioespacial, especialmente inferida por moradores de outras áreas da cidade;
>
> c) edificações predominantemente caracterizadas pela autoconstrução, que não se orientam pelos parâmetros definidos pelo Estado;
>
> d) apropriação social do território com uso predominante para fins de moradia;
>
> e) ocupação marcada pela alta densidade de habitações;
>
> f) indicadores educacionais, econômicos e ambientais abaixo da média do conjunto da cidade;
>
> g) níveis elevados de subempregos e informalidade nas relações de trabalho;
>
> h) taxa de densidade demográfica acima da média do conjunto da cidade;
>
> i) ocupação de sítios urbanos marcados por um alto grau de vulnerabilidade ambiental;
>
> j) alta concentração de negros (pardos e pretos) e descendentes de indígenas, de acordo com a região brasileira;
>
> k) grau de soberania por parte do Estado inferior à média do conjunto da cidade;

---

2. Surgindo no Rio de Janeiro há pouco mais de um século como assentamentos precários e irregulares de famílias de baixa renda que procuravam a grande cidade em vista de trabalho, as favelas foram se alastrando para outras grandes cidades do país (São Paulo, Belo Horizonte, Brasília) e se multiplicando de tal forma, a partir da segunda metade do século XX, que passaram a caracterizar o desenho urbano da maioria das grandes cidades brasileiras.

3. Segundo Cavallieri (2009), somente em meados dos anos de 1980 as favelas começam a aparecer na cartografia oficial do município do Rio de Janeiro e, consequentemente, a haver programas do governo visando sua legislação e urbanização. Em termos de legislação, em 1990 a Lei Orgânica Municipal do Rio de Janeiro estabelece o princípio da não remoção das favelas e o Plano Diretor de 1992 aprofunda o princípio de melhorar em vez de remover, estabelecendo uma política habitacional para as favelas e diversos planos de ação. Dentre esses, tem-se pela primeira vez, uma definição legal de favela inscrita no Plano Diretor da cidade e, em 1996, cria-se a Secretaria Municipal de Habitação, que se encarrega de implementar os programas definidos no Plano Diretor, enfatizando, especialmente, o Programa Favela-Bairro, dedicado à melhoria das favelas de médio porte.

l) alta incidência de situações de violência, sobretudo a letal, acima da média das cidades;

m) relações de vizinhança marcadas por intensa sociabilidade, com forte valorização dos espaços comuns como lugares de convivência.

Essas características, ainda que se apresentem com variações entre uma favela e outra, a meu ver, dão conta de expressar um conceito em torno de favela que a distingue de outros modos habitacionais de populações de baixa renda, como loteamentos populares, conjuntos habitacionais, entre outros[4], apesar de terem várias referências comuns.

A opção pelo uso do termo "favela" para designar um dos campos onde se desenvolveu a pesquisa que originou este livro, a despeito do sentido depreciativo a ele vinculado e a existência de outros termos sugeridos em seu lugar, como é o caso do termo "comunidade", está atrelado à consideração de que ele expressa e afirma identidade: histórica, social e cultural. Segundo Cavallieri (2009, p. 27), ainda que a terminologia usada para esse tipo de ocupação habitacional possa variar de região para região, não há dúvida de que "[...] o termo e a forma urbana se nacionalizaram (e internacionalizaram) a partir dos morros cariocas por sua originalidade histórica, visibilidade, pujança cultural e precariedades". Portanto, chamar de "comunidade"[5], como sugere a cultura técnico-administrativa atual da cidade do Rio de Janeiro, a meu ver, significa encobrir os reais problemas responsáveis pela representação negativa das favelas (como a miserabilidade, a falta de saneamento, a precariedade dos terrenos, habitações, ruas, serviços públicos, o narcotráfico etc.), efetuando uma troca semântica e não de transformação das condições de vida que, efetivamente, produzem a estigmatização. Significa, além disso, desconsiderar as variadas expressões – sociais, políticas, artísticas, culturais – que se engendram no interior da favela como fruto de pertencimento identitário[6].

Parto do pressuposto de que as crianças desse grupo da pesquisa são fortemente influenciadas pelas condições materiais e socioculturais do tipo de vida que se engendra na favela, o que requer que se considere esta importante variável (morar na favela) na análise da infância e das culturas que emergem das crianças que nela vivem.

---

4. Segundo Cavallieri (2009), uma diferença fundamental das favelas para outros loteamentos populares é marcada pela forma de acesso à terra: nas favelas, por ocupação de terra de propriedade alheia; nos loteamentos, por compra de lote. Outras diferenças são decorrentes dessa origem, como a forma de ocupação do espaço, o padrão construtivo das casas e o arruamento implantado.

5. Toda favela é também uma comunidade, mas nem toda comunidade é favela. Por isso, algumas vezes, também farei uso do termo "comunidade" no texto quando for mais cabível, mas sempre me referindo à comunidade da favela.

6. Segundo Cavallieri (2009), há cerca de 30 anos, os dirigentes da Prefeitura do Rio de Janeiro, tentando ser corretos, chamavam as favelas de "aglomerações de baixa-renda". O grupo Jovem do Instituto Pereira Passos (IPP) da época decidiu que deviam ser chamadas pelo nome como eram reconhecidas: favelas, já que essa designação era aceita e usada pela população, moradores, lideranças e todas as federações de associações de favelas.

As duas favelas cariocas[7] em que mora a maioria das crianças desse grupo são de médio e pequeno porte; juntas, formam um único aglomerado, o que me faz usar a expressão "favela" (no singular), ao longo do texto. Como a maioria das favelas cariocas, localiza-se num dos morros da cidade, em região de mata atlântica e próxima de um dos principais pontos turísticos do Rio de Janeiro, o Cristo Redentor. Suas habitações seguem os aglomerados em casas de alvenaria, típicas das "novas favelas"[8] cariocas (cf. VALADARES, 1999). Apesar de haver consumo e venda de drogas, não existe nessa favela o tráfico de drogas organizado, o que faz com que a incidência de conflitos violentos entre facções criminais ou dessas com as forças de segurança do estado não seja uma constante[9]. Outras características dessa favela serão descritas e analisadas no tópico a seguir, no qual me proponho a apresentar e analisar as condições sociais e as principais experiências das crianças relacionadas à origem social, a família, e, no caso, o lugar de moradia, a favela.

As experiências das crianças na família

Para aproximar-me do conhecimento acerca das condições socioeconômicas e culturais que, em grande parte, determinam as experiências de vida das crianças desse grupo para além dos muros da creche e da escola, realizei entrevistas com algumas mães, pais ou responsáveis pelas crianças. Das oito entrevistas realizadas, seis foram com mães, uma com o pai e uma com a avó, sendo que a participação foi deliberada por eles; das oito entrevistas, seis foram com algum familiar de meninos e dois de meninas.

Como já justifiquei em capítulo anterior, a opção por fazer entrevista e não questionário com esse grupo foi feita para garantir a participação dos familiares na pesquisa e obter melhor compreensão sobre os dados, uma vez considerando a distância social, cultural e escolar existente entre pesquisadora e famílias. Tanto eles poderiam não se sentir à vontade com o preenchimento de um questionário,

---

7. Seguindo o critério de não personalizar o estudo e preservar a identidade das escolas, também não nomearei as favelas, mas descreverei suas características no que isso interessa para entender o contexto de vida das crianças.

8. Valadares (1999, apud LEITÃO, 2009) usa o termo "nova favela" para se referir a fenômenos de mudanças nas favelas cariocas decorrentes de alterações sociais e políticas que ocorreram na década de 1990, tais como: o empobrecimento da classe média e a ocupação das favelas por uma fração mais pauperizada desse segmento; o surgimento de um mercado imobiliário informal; melhorias na infraestrutura como postos de saúde, escolas, bancos, comércio em geral; melhoria na estrutura dos barracos etc.

9. Quando se anda na favela, aparentemente percebe-se nela uma atmosfera tranquila, visto que não é comum ver pessoas armadas. Contudo, as crianças e professoras relataram-me vários conflitos com consequências fatais, dentre os quais muitos envolvendo familiares das crianças. Esses se relacionam, principalmente, ao tráfico de drogas e tentativas de assaltos.

devido a possíveis limitações ou constrangimentos, haja vista a pouca escolarização de alguns pais, bem como a minha compreensão sobre sua cultura e experiências de vida poderiam ficar limitadas, em razão de meu desconhecimento de muitas práticas que, para eles, lhes são familiares.

Contudo, apesar de reconhecer a importância dessa participação e dos dados obtidos nas entrevistas para melhor me aproximar da realidade das crianças desse grupo, reconheço também que eles não revelam uma totalidade ou não fornecem um desenho geral pelo qual se pode caracterizar esse grupo. Na creche, das 16 famílias responsáveis pelas crianças, quatro mães se propuseram a participar de entrevista e, na escola, das 23 famílias que integram esse grupo, foram quatro também a participar, dentre essas duas mães, um pai e uma avó. Se somarmos o total de crianças, considerando que quatro permaneceram no grupo de um ano para o outro, teremos um total de 38 famílias, sendo que oito dessas foram ouvidas.

A dificuldade de contatar com as famílias das crianças deu-se por várias razões: primeiro, são poucos os pais ou adultos responsáveis que vão à escola ou à creche para levar ou buscar a criança. A maioria das crianças vai e volta da creche acompanhada por irmãos, parentes ou vizinhos, existindo ainda casos de crianças do grupo da escola que vão sozinhas ou ainda são responsáveis por acompanhar o irmão menor que frequenta a creche. A participação dos pais e mães em reuniões da escola também é muito baixa. Aproveitei uma reunião da escola com as famílias[10] para contatá-los. Das 22 crianças do grupo da pesquisa, havia seis familiares na reunião. A maioria das entrevistas que consegui marcar se deu por meio desse encontro. Além disso, há também de considerar que a maioria dos familiares que se propuseram a participar, são também os que oferecem melhores condições de vida para as crianças, no que concerne à provisão, à proteção, ao acompanhamento na escola etc.

As informações obtidas por meio das entrevistas com os familiares foram categorizadas em alguns eixos temáticos, assim agrupados: escolaridade e profissão dos pais; família: composição e formas de lazer; experiências das crianças: brincadeiras, programas de TV e computador; livros, personagens e música. Acrescento às informações obtidas por meio das entrevistas, expostas nos quadros abaixo, dados obtidos com as crianças, as professoras e outros construídos pelas observações em campo, dentro e fora da escola.

---

10. Essa reunião foi convocada pela escola com o objetivo principal de repassar informes gerais, como ações dos projetos, folga dos professores que trabalharam nas eleições, problema do piolho e devolução dos trabalhos realizados pelas crianças.

Quadro 1 Escolaridade e profissão dos pais (favela)

Família	Escolaridade pai	Escolaridade mãe	Profissão pai	Profissão mãe
1	4º ano Ensino Fundamental	6º ano Ensino Fundamental	Gari	Do lar
2	Não revelada	5º ano Ensino Fundamental	Serviços gerais	Empregada doméstica
3	Não revelada[11].	2º grau incompleto	Não revelada	Não está empregada[12]
4	Não revelada[13]	2º grau incompleto	Não revelada	Não está empregada
5	7º ano Ensino Fundamental	Não revelada[14]	Corretor de seguros	Não revelada
6	Fundamental completo	Ensino Médio completo	Balconista	Oficineira voluntária na escola
7	Ensino Médio completo	Ensino Médio completo	Não revelada. Pai é falecido.	Empregada doméstica
8	5º ano Ensino Fundamental	Cursando Ensino Médio	Pedreiro	Lactarista na creche

Fonte: Dados de entrevista com familiares, 2009-2010.

Quadro 2 Família: composição e formas de lazer (favela)

Família	Pessoas que moram na residência	Formas de lazer da família
1	Pai, mãe, um filho	Praia, *McDonald's*, pracinha
2	Pai, mãe, irmão da mãe, duas filhas	Televisão e passeio final de semana: parque, cinema, cachoeira
3	Mãe, um filho, avó (mãe da mãe)	Televisão, passeio final de semana
4	Casa de três andares em que mora a família[15]. Moram no terceiro andar: mãe, dois filhos e dois irmãos da mãe (tios da criança)	Diz que na comunidade não tem lazer. Quando saem, vão ao samba, pagode e praia
5	Mãe e dois filhos	Televisão, passeios, *lan house*
6	Mãe, pai e três filhos	Visita a parentes
7	Mãe, dois filhos e avó (mãe da mãe)	Igreja, praia, brincadeiras, televisão
8	Mãe, pai e seis filhos	Televisão, passeios no parque

Fonte: Dados de entrevista com familiares, 2009-2010.

---

11. Não vive com o pai da criança, não sabia responder e não tem companheiro atualmente.

12. Apesar de, no momento, essa mãe estar trabalhando como "doméstica ou do lar", ela não se assume assim, visto que está procurando trabalho. Por isso, nesses casos, assumi a resposta que me foi dada (não estou empregada) por considerar que ela representa melhor a condição profissional da entrevistada.

13. Também não vive com o pai da criança, é separada e não tem companheiro.

14. Não vive com a mãe da criança e se considera solteiro.

15. No primeiro andar mora a tia e o esposo; no segundo mora o pai (avô da criança); no terceiro mora a criança, com o irmão, a mãe e os dois tios (como descrito acima) e, do outro lado, mora a tia.

Os dados indicam agrupamentos variados de arranjos familiares, havendo somente em um caso em que a criança é filho único. Morar junto com tios e avós também aparece com frequência; estes, em alguns casos, assumem o papel do pai e ajudam nos proventos da família e no cuidado das crianças.

Pude observar também heterogeneidade relativa aos modos de educação, no que tange ao convívio da criança com vizinhos ou outras crianças da comunidade. Em geral, a própria característica de aglomerados habitacionais na favela faz com que a socialização seja mais coletiva do que comumente é nos condomínios nas grandes cidades. A maioria das crianças relatou que, quando não está em casa, brinca com outras crianças da vizinhança ou parentes, geralmente nos espaços das casas, nos becos ou servidões que, nessa forma de habitação, se constituem nos quintais das casas das crianças. Contudo, alguns entrevistados manifestaram preocupação em relação ao contato das crianças com a rua, bem como com as más influências e os perigos que esta possa trazer, por exemplo, comportamentos agressivos de outras crianças. Assim, três mães disseram que o(a) filho(a) geralmente brinca mais dentro de casa, com irmãos ou com primos. Portanto, nesse contexto há desde crianças que "correm o morro" (conforme afirmou Michel Jackson, criança da escola) até os que são mantidos sob maior controle e mais restritos à socialização do espaço doméstico.

É importante também salientar que a proteção das crianças do contato com a rua também foi manifesta por duas mães que, na época, tinham crianças na creche e uma que era mãe de uma menina que estudava na escola. Parece que a maior vulnerabilidade inerente a pouca idade e ao sexo feminino também pode acarretar a necessidade de maior controle e proteção.

Ademais, tanto as entrevistas, as conversas com as crianças como as minhas observações ao transitar nos espaços da favela, evidenciaram que as crianças possuem bastante domínio do espaço onde vivem, percorrendo com grande desenvoltura e autonomia o caminho da creche/escola até a casa. Nesse trajeto, também pude percebê-las interagindo com os moradores, adultos e crianças, uma vez que suas casas geralmente estão abertas para os caminhos pelos quais passam as crianças. Além disso, a experiência do brincar no espaço doméstico parece ser favorecida pela possibilidade do convívio com outras crianças. Portanto, esse estilo de vida mais coletivizado próprio de pequenas comunidades e das favelas permite uma experiência de infância em que a autonomia, a interação e a brincadeira ao ar livre e junto com outras crianças sejam favorecidas.

As crianças indicaram três espaços coletivos na favela como os mais frequentados: a igreja, um campinho de futebol e três brinquedos de parque num pátio em frente à creche (instalados em 2010), abertos ao uso público das crianças da comunidade. Contudo, uma reclamação comum dos entrevistados diz respeito ao fato de não haver opções de lazer dentro da favela. Isso faz com que as crianças tenham pouco acesso ao lazer e cultura diversificados, pois, apesar de, nas entrevistas, os passeios serem caracterizados como uma prática de lazer, a maioria condicionou isso à condição financeira. Assim, sempre se referiram a "quando dá, a gente passeia". Em suma, deixaram entrever que por um lado é preciso sair porque a favela nada oferece, por outro, é quase impossível sair porque a condição financeira não permite.

As professoras entrevistadas, em seus relatos, também caracterizam a condição social das crianças dessa favela como muito "carente", segundo elas, em vários aspectos.

> Essas crianças aqui são muito prejudicadas. Eu até comento isso com a diretora e com as meninas que aqui é onde eu vejo mais carência. Apesar de ser uma comunidade da zona sul aqui eu vi miséria, aqui eu vi abandono; apesar de não ser uma comunidade violenta, de ter tráfico, troca de tiros, é uma comunidade muito carente. Eles não têm nada de lazer e não saem daqui pra nada. Eles não têm um parque, não têm uma atividade cultural, o que eles têm de referência é a escola, que é uma entidade pública, tem o hospital Silvestre, não tem um jornaleiro, não tem um **outdoor** com letras, eles não convivem com o mundo letrado. O que eles veem aqui? Tijolo, casa e mato. É até uma área privilegiada, mas é muito precário. E eu sinto que é um ciclo porque os pais aqui poucos são alfabetizados. A profissão dos pais aqui dentro são domésticas, são alguns porteiros, não desmerecendo, claro que não, qualquer profissão digna tem que ser honrada. Mas eles não têm dentro de casa pais com hábitos de leitura, não tem. Eles saem daqui da escola e não tem ninguém dentro de casa como sua mãe pra fazer uma jantinha, pra brincar. Eles estão no morro, soltos, não tem nada aqui. Acho aqui um abandono total. Você vai na Rocinha, por exemplo, lá tem uma infinidade de trabalhadores, de todos os tipos, mas têm atividade cultural, tem praça, tem parques, aqui não tem nada, nada. Começou tendo uma atividade aqui de capoeira, mas que logo acabou e não tem nada. O mundinho deles é aqui dentro. O que tem aqui é o Cristo, que é o maior ponto turístico do Rio de Janeiro, mas que, para eles, não significa nada, nada. Tem uma igreja que alguns vão ali embaixo – São Judas Tadeu – mas aqui dentro mesmo não tem nada, nada (Ana, professora de Educação Infantil)[16].

Sair e viver para além do espaço de moradia, no caso específico dessa favela, fica ainda mais difícil pela sua própria localização geográfica. O bairro ao qual a favela pertence não apresenta quase opções de praças, parques, gastronomia, comércio. A distância a ser percorrida para ter acesso a esses espaços e serviços, associado à idade das crianças (ainda pequenas), exige o uso de automóvel ou transporte público, o que também é contabilizado pelas famílias ao planejar um passeio. Somam-se ao custo do transporte os valores altos atribuídos aos produtos em geral

---

16. Seguindo o mesmo critério usado com as crianças e pais/responsáveis, os profissionais das escolas também serão identificados por nomes fictícios.

vendidos na zona sul da cidade do Rio de Janeiro, o que faz com que qualquer sorvete ou lanche tenha um custo elevado se comparado a regiões mais periféricas da cidade: "Muitas vezes elas tomam sorvete e eu fico olhando porque a grana é curta, né, e a preferência é delas" (Ivone[17], mãe – família 2).

Desse modo, percebe-se que as crianças ficam bastante limitadas à vivência dentro do espaço de moradia; tanto as entrevistas como as falas das professoras e das próprias crianças revelaram esse dado. Ainda que a cidade do Rio de Janeiro seja privilegiada quanto aos espaços públicos de lazer, como as praias e os parques, a condição social das crianças as exclui do direito à cidade, ao lazer e à cultura. Assim, ver televisão em vez de ir ao cinema, ao teatro, por exemplo, não é uma escolha consciente das famílias, como diz Bourdieu, mas uma disposição adquirida pelo seu *habitus* de classe, o qual está diretamente ligado à avaliação das oportunidades possíveis dentro da condição social posta. Não se trata, pois, somente de diferenças em relação às formas de lazer e cultura nas diferentes classes, mas, sobretudo, do direito ou não direito, da inclusão ou não inclusão de todos ao acesso a bens, práticas, produtos reconhecidos coletivamente como desejáveis e valoráveis (cf. LAHIRE, 2003).

Sendo assim, penso ser inadmissível que crianças cresçam numa cidade internacionalmente conhecida como polo turístico e cultural sem saber o que é um cinema, um teatro, um *show* musical, sem conhecer outra cidade, sem conhecer a própria cidade, sem experimentar o deleite da praia, sem entrar numa livraria, num parque de diversões, numa galeria de artes etc. Se a cultura e o lazer, nas suas mais diversas expressões, são bens reconhecidamente valoráveis em nossa sociedade, todos devem ter o direito de acesso a esses bens. Se, partindo do mesmo direito, as pessoas e grupos façam escolhas variadas, estaremos então falando de diferença; caso contrário, trata-se de desigualdade. Infelizmente, a marca da desigualdade define em grande parte a relação com a cultura e o lazer das crianças desse grupo.

O contato com as crianças levou-me a perceber que elas, ao mesmo tempo em que, pela imaginação, buscam superar os limites de sua realidade social transportando-se para espaços e experiências desejadas e as afirmando como verdadeiras, também têm clara percepção dos limites postos para viver certas experiências que sua condição social não permite. Isso se evidencia no evento a seguir:

> *Gustavo está comendo pipoca e me oferece, mas digo que não gosto de comer pipoca antes do almoço, que gosto de comer à tarde, de preferência, vendo filme. Juliana diz: "No cinema né? Você já foi no cinema?" Digo-lhe que sim. E ela responde: "Eu também". E Gustavo retruca a colega: "Você não foi não". E, furioso, briga com a colega e a chama de mentirosa, como se tivesse certeza de que ela não poderia ter ido ao cinema* (Diário de campo, 07/07/2010).

---

17. Estou usando também nomes fictícios para me referir aos pais ou responsáveis entrevistados.

Quadro 3 Experiências das crianças: brincadeiras, programas de TV e computador (favela)

Família	Brincadeiras/brinquedos	Programas televisivos	Uso de computador
1	Bicicleta, carrinhos, moto	Desenhos: Pica-Pau, BEN 10, Homem Aranha, Tarzan; jornal e novela	Não tem computador em casa e não acessa
2	Boneca, casinha, escolinha, livros infantis	Desenhos em geral	Idem
3	Bola, bicicleta, lutinha, pipa, avião, desenhar	Record, Globo e SBT. Pica-Pau	Idem
4	Baralho, dominó, lutinha, bicicleta	Novela e Pica-Pau	Idem
5	Bola, pipa, arma de água, peão	BEN 10, *Cartoon Network*, desenhos em geral	Não tem computador em casa, mas acessa na *lan house*
6	Bonecos, videogame, quebra-cabeça e jogos de tabuleiro em geral	Desenho	Não tem computador em casa e não acessa
7	Bonecos de luta, videogame, bola, jogos	Desenho, filmes de terror e Pica-Pau	Idem
8	Bonecas, fogão, panelinhas, cozinha, carrinho de neném	Desenho, Xuxa, Raul Gil	Idem

Fonte: Dados de entrevista com familiares, 2009-2010

Nota-se, com base nesses dados, que, em geral, as brincadeiras das crianças giram em torno de brinquedos que visam explorações corporais e jogos desafiadores, para os meninos, enquanto que as meninas brincam mais com bonecas, ligadas ao universo doméstico e ao faz de conta. Contudo, em entrevista com as crianças, duas me relataram não ter nenhum brinquedo e uma disse ter sido presenteada com uma boneca, mas a mãe a pegou para si, dizendo ser sua[18]. Portanto, dentro do grupo, temos desde os que têm brinquedos mais caros e sofisticados como aqueles que não possuem absolutamente nada.

Os programas televisivos a que as famílias em foco mais assistem são os veiculados pelos canais abertos, como Globo, Record e SBT. Somente um entrevistado relatou que o filho tem acesso, em casa, a canais pagos. Ainda que a maioria indique os desenhos animados como a preferência das crianças, tanto esses dados como os depoimentos das crianças mostram que elas também

---

18. Segundo uma professora, há casos em que as mães ou pais vendem os brinquedos dos filhos para comprar droga.

assistem televisão junto de seus pais, demonstrando bastante conhecimento sobre episódios e personagens de novelas e programas de auditório. As crianças desse grupo, tanto pelos dados das entrevistas, como pelos seus relatos, não demonstram familiaridade com computador; por isso, os computadores da escola são objeto de grande desejo e curiosidade.

Quadro 4 Experiências das crianças: livros, personagens e músicas (favela)

Família	Relação c/ livros	Personagens/super-heróis preferidos	Músicas que ouve e gosta
1	Não tem livros infantis	Homem-Aranha e BEN 10	Funk, hip-hop e Maikon Jackson
2	Livros infantis	Nenhum em especial	Pagode e forró
3	Não tem livros infantis	BEN 10 e Homem-aranha	Funk, pagode, hip-hop, forró. Músicas que a mãe ouve em geral
4	Vê os livros dos irmãos	BEN 10 e Homem-Aranha	Funk e samba
5	Não sabe responder	BEN 10	Funk
6	Não tem livros infantis	BEN 10	Pagode e funk
7	Não tem livros	Homem Aranha	(não foi perguntado)
8	(Não foi perguntado)	Pequena Sereia	Músicas da Igreja e da Aline Barros

Fonte: Dados de entrevista com familiares, 2009-2010.

Os dados indicam o que também pude perceber junto às crianças: quase não têm contato com livros no espaço familiar, os super-heróis são os mais veiculados pela cultura de massa e as músicas a que têm acesso são as ouvidas e cantadas pelos adultos.

Em geral, o que se destaca nesse grupo da pesquisa é que as experiências das crianças estão fortemente mediadas pelas experiências dos adultos. Isso faz com que elas não estejam tão protegidas de experiências e saberes a que, na norma geracional moderna[19], somente deveriam ter acesso mais tarde, quando adultos.

Para minha surpresa, a maioria das crianças, principalmente os meninos, indicaram ter conhecimento sobre o ato sexual, demonstrando corporalmente

---

19. Sempre quando utilizar a expressão "norma geracional moderna" ou "norma moderna" estou fazendo referência aos lugares sociais que a concepção moderna de infância construiu para as crianças e as variadas prescrições, interdições e normativizações decorrentes dessa concepção. Essa discussão está melhor colocada no primeiro capítulo.

gestos que incitavam ao sexo e relatando episódios em que eles ou outros meninos estavam a "pegar" (na linguagem utilizada por eles) as meninas. Essas experiências tidas como próprias do mundo adulto parece serem adquiridas por meio do contato com os produtos midiáticos destinados ao público adulto (como os programas de televisão e as músicas, como vimos) até, acredito, principalmente, pelos modos de socialização que, nesse contexto, parecem se dar de forma mais diluída, menos separada, entre crianças e adultos. Observa-se que muitas das casas das crianças não comportam um quarto separado para os pais, de modo que, provavelmente, práticas sexuais sejam realizadas no mesmo espaço em que elas dormem. Foi possível ainda perceber a presença de crianças em festas da comunidade com forte apelo ao erotismo, incitado por músicas (geralmente o *funk*) que provocavam modos de dançar dos adultos que insinuavam a prática do ato sexual.

Outra experiência que indica proximidade com o mundo adulto é a responsabilidade com o trabalho no espaço doméstico. Em seus relatos, algumas crianças disseram ajudar nos serviços domésticos e no cuidado com os irmãos menores. Acompanhando Paulo (seis anos) no retorno para casa – esse menino é responsável por levar e buscar seu irmão menor (três anos) na creche diariamente – pude perceber que, além de executar essa tarefa, ele ainda toma conta do irmão, todos os dias, das 16:30h até por volta das 20:00h. Assim, como gente grande, Paulo mostra uma autonomia construída pela necessidade e pelo não direito à proteção. Ao mesmo tempo, quando lhe perguntei até que idade se é criança, deu indícios de que seu irmão, por ser menor e mais vulnerável, é mais criança do que ele: "O meu irmão é criança, todo mundo chama ele de fofinho, ele é pequeno ainda, só tem três anos" (Paulo).

Portanto, os modos de relação com a infância nesse contexto evidenciam distanciamento da norma moderna construída sob a égide da infância protegida, pura, inocente, vulnerável. Indica, por exemplo, que mesmo sendo a vulnerabilidade um atributo biológico inerente a todas as crianças, a condição social faz com que nem sempre essa característica comum desencadeie a mesma normatividade social. A partir dessa inferência, penso que um desdobramento interessante para futuras pesquisas seria investigar, comparando contextos diferenciados, até que idade se é criança e quais as experiências determinantes para o fim da infância em cada contexto.

Quadro 5 Creche/Escola: motivo da escolha e aspectos que a criança gosta (favela)

Família	Motivos da escolha pela creche/escola	De que a criança mais gosta na creche/escola
1	Creche: por ter que trabalhar, por ser mais próxima e conhecer alguém que trabalhava na creche	Do pandeiro, brincar de motoca e no escorregador
2	Creche: por ser próxima e confiar nas pessoas que lá trabalham	Ama a professora e gosta de tudo
3	Creche: pela necessidade de ter que trabalhar e por ser próxima	De cantar e dos amigos
4	Creche: por ser próxima e ter uma referência de parente que nela trabalha	Ele não conta nada de positivo da creche, somente das brigas
5	Escola: por ser próximo de casa	(não foi perguntado)
6	Escola: Por ser próximo de casa	Ama a professora
7	Escola: Por ser próxima e não precisar gastar com passagem	Não costuma falar da escola: só do que comeu, de um filme diferente que alguém levou
8	Escola: Por ser mais próxima e fácil para conciliar com o trabalho	De ir ao parque, fazer educação física, mexer no computador

Fonte: Dados de entrevista com familiares, 2009-2010.

Os dados revelam que a proximidade da creche ou da escola com relação à moradia é o que domina os motivos de escolha. Contudo, a maioria dos entrevistados da creche também indicou motivos ligados à confiança nos profissionais que nela atuam. Essa preocupação não foi explicitada pelos entrevistados da escola. Poderíamos pensar que talvez essa diferença esteja relacionada ao fato de a creche ser a primeira instituição socializadora a compartilhar o cuidado e a educação das crianças com a família. Assim sendo, também é nesse ingresso que ocorre a primeira ruptura entre mãe e filho. Considerando que a teoria do apego foi amplamente divulgada nos anos 80[20], talvez possamos compreender porque a preocupação das famílias se sobressai na fase em que os(as) filhos(as) estão na creche. Parece que a preocupação maior é com o bem-estar da criança, como o cuidado àqueles que ainda são tão pequeninos. Ao contrário disso, as entrevistas indicaram que, ao estarem um pouco maiores e iniciarem no pré-escolar na escola fundamental, a preocupação maior dos pais se volta para com a aprendizagem do letramento e o

---

20. A crença no suposto apego entre mãe e filho foi amplamente difundida pela teoria do apego, a qual, nos anos de 1980, teve grande repercussão popular e levou a suposta crença de que a creche seria maléfica à criança. Essa teoria foi desenvolvida pelo psiquiatra americano John Bolwlby (1984) e ressalta a dependência afetiva entre mãe e bebês, alegando, assim, que o rompimento desse laço traz consequências negativas no desenvolvimento psicológico da criança.

domínio dos saberes escolares. Assim, algumas famílias das crianças que frequentavam a creche procuraram outras escolas fora da comunidade para matricular os filhos; os que permaneceram na favela, no entanto, não indicaram outros motivos da permanência senão a proximidade. Portanto, esses dados parecem indicar possíveis relações entre a visão que as famílias têm das crianças (diretamente ligadas à questão da idade), os papéis atribuídos à creche, a pré-escola e à escola e a existência de diferentes perspectivas e estratégias familiares com relação à escolarização dentro de uma mesma classe social.

Quanto ao que os entrevistados revelaram sobre o que as crianças gostam na creche e na escola, as respostas variam, havendo desde aqueles que não revelam nada de positivo (tanto com relação à creche como com relação à escola) até os que indicaram com mais precisão as experiências dominantemente ligadas à brincadeira e a ludicidade (brinquedos, música, movimento) e à relação afetiva com a professora (que apareceu em ambas as instituições educativas).

Observando as crianças na creche, pude perceber que as experiências que mais as empolgavam estavam, de fato, ligadas a ludicidade: brincar, movimentar-se, cantar, tocar instrumentos. Do mesmo modo, na escola, as crianças também revelaram predileção pelas experiências ligadas ao corpo e à brincadeira: brincar no parque, no pátio externo e fazer educação física. No entanto, várias crianças do grupo da escola também revelaram não gostar de ficar de castigo e de que as professoras deixem a escola: "Eu não gosto que as professoras vão embora. Eu gostava da tia Sandra, mas ela foi embora por causa do Gustavo e do André" (Luan, 5 anos). Tanto o brincar quanto a relação afetiva com a professora parecem ser de grande significado para as crianças. Porém, estas também aprendem que a brincadeira e o afeto – esse último, nesse caso, relacionado à permanência da professora – não são garantias dadas, mas depende de como elas, crianças, conquistam esses direitos por seus comportamentos.

No próximo tópico, passarei a abordar como as duas instituições em questão – a creche a escola básica – concebem e travam suas relações com as crianças e o quanto essas práticas escolares condicionam as experiências de viver a infância e construir cultura infantil no interior desses espaços.

A condição de ser criança na escola

Para desenvolver esta seção, apresentarei, inicialmente, alguns dados que caracterizam as duas instituições nas quais o estudo se desenvolveu na favela: a creche a escola básica. Na apresentação desses dois lugares, destacarei, principalmente, as concepções e práticas que embasam o trabalho desenvolvido com as crianças. A partir disso, darei visibilidade aos modos como as crianças lidam com a experiência educativa e a vivenciam no interior das duas instituições. Farei isso apresentando, separadamente, cada instituição e dialogando com elas quando for pertinente.

As crianças na creche

A creche municipal aqui abordada pertence à rede pública municipal de educação do Rio de Janeiro; foi inaugurada em 1991, vinculando-se à Secretaria Municipal de Assistência Social. Segundo sua diretora, ela surgiu como a maioria das creches: como resultado de um movimento comunitário em prol de um lugar para os pais deixarem seus filhos. Funcionando, desde 1998 até hoje, num prédio readaptado, somente em 2002 a creche passou a ser vinculada à Secretaria Municipal de Educação do Rio de Janeiro.

Sua estrutura física comporta um prédio de três andares distribuído em quatro salas de aula, três banheiros infantis, sala de multiuso (com brinquedos grandes como escorregador, casinha, piscina de bolinhas etc.), refeitório, cozinha, lavanderia, dois banheiros de funcionários, sala de direção, sala de leitura e almoxarifado. Uma vez que se trata de um prédio adaptado, as crianças não têm acesso à visualização da área externa (devido às janelas serem muito altas) e também não contam com pátio externo para brincarem.

O público atendido pela creche pertence, em sua maioria, às favelas que constituem o aglomerado. Funcionando em período integral (matutino e vespertino), atualmente atende cerca de cem crianças, distribuídas em quatro turmas: berçário II (1 ano), maternal I (2 anos), e duas turmas de maternal II (três a quatro anos)[21].

Os profissionais que atuam na creche são considerados, pela prefeitura, como agentes educativos. Portanto, nem todos são professores, uma vez que o concurso para ingresso nessa carreira exige apenas o Ensino Fundamental, não havendo exigência nem mesmo do curso de magistério[22]. Dessa forma, a creche conta com duas profissionais formadas em Pedagogia, denominadas de professoras regentes articuladoras, cuja função é acompanhar o trabalho desses agentes[23]. "Por sorte", como considera a diretora, a creche dispõe de duas agentes educativas que também têm formação em Pedagogia[24].

Em entrevista, a diretora menciona que, pedagogicamente, a creche vem lutando para superar o ranço assistencialista que acompanha seu histórico. Segundo as diretrizes da própria Secretaria Municipal de Educação, a perspectiva é trabalhar de forma articulada tanto o cuidar como o educar. Desse modo, admite que

---

21. A diretora esclarece que os critérios para conseguir vaga seguem as normas de portaria emitida pela Secretaria Municipal de Educação, mas ressalta que o número de vagas geralmente excede à procura.
22. Nota-se que essa situação se refere ao período da pesquisa (2009 e 2010). Em 2011, o município do Rio de Janeiro realizou seu primeiro concurso público para o cargo de professor de Educação Infantil. Atualmente, temos professores e agentes auxiliares de creche atuando conjuntamente nas instituições cariocas.
23. Dentre os agentes educativos, há até advogados, administradores que, segundo a diretora, fizeram o concurso em busca de estabilidade profissional.
24. Segundo a LDB/96, o professor de Educação Infantil deve ter formação em Pedagogia. Essa lei prevê um prazo de dez anos após sua promulgação para que os municípios viabilizem a formação dos profissionais já contratados, sendo que os editais de concursos lançados após essa data também deveriam estar de acordo com essa norma. Porém, somente em 2010, o município do Rio de Janeiro lançou concurso de professor de Educação Infantil, exigindo, para o cargo, a formação em Pedagogia.

ainda há muito por ser feito para que os profissionais compreendam o papel da Educação Infantil.

Segundo a diretora, a busca por superar a visão assistencialista e encontrar sentido educativo para o trabalho na creche produziu outro equívoco: o excesso de escolarização. Percebe-se que a creche está num caminho comum a muitas outras instituições de Educação Infantil, porque arraigadas a uma mesma história que vem acompanhando o processo de constituição de uma especificidade para a área: nem somente cuidado, no sentido assistencialista do termo e nem escolarização, no sentido de compreender a educação como mera instrução[25]. Não obstante, concordo com Aquino (2008), ao defender que a consolidação de práticas que respeitem as crianças como sujeitos de direitos e atores culturais exige que os professores também sejam considerados como tais: "[...] sujeitos de cultura, produtores de conhecimento e agentes de sua própria formação" (p. 170). As condições de trabalho e a formação continuada devem, pois, ser condizentes com esse princípio.

O Projeto Político Pedagógico (PPP) da creche tem como base o Referencial Curricular Nacional para a Educação Infantil (1998)[26] e as diretrizes emanadas da Secretaria Municipal de Educação do Rio de Janeiro[27]. Assim, o trabalho é orientado a partir de alguns conteúdos programáticos, a saber: linguagens, linguagem matemática, conhecimento da sociedade e conhecimento da natureza. A diretora destaca, no entanto, que o PPP está sempre sendo refeito, tomando por base as reflexões dos centros de estudo. Enfatiza ainda que nesses centros – que se constituem em reuniões mensais em que todos os profissionais da creche se reúnem para estudar – a equipe técnico-pedagógica (direção geral, adjunta e articuladoras) tem buscado estimular que os agentes educativos se aproximem de sua "dimensão brincalhona" e aumentem seu repertório em torno das múltiplas linguagens.

Ao lado dos desafios que envolvem a construção de um trabalho mais voltado à especificidade das crianças pequenas, como salienta a diretora, também se localiza a necessidade de mudar a concepção das famílias sobre a creche. Segundo ela, esta sempre foi vista pelos pais como depósito para liberar as mães do cuidado dos filhos, permitindo-lhes condições de trabalho e como garantia de alimentação adequada às crianças. Em razão do intenso trabalho da equipe de profissionais bus-

---

25. Para aprofundar o debate acerca da construção de uma especificidade para a área da Educação Infantil que considere simultaneamente as duas dimensões "cuidado e educação", cf. Rocha, 1999; Kramer, 2003; Kuhlmann Jr., 1998; Rosemberg, 1989.

26. O Referencial Curricular Nacional para a Educação Infantil (1998) motivou intensos debates e críticas entre os pesquisadores, professores e militantes pela Educação Infantil, sob a alegação principal de ser um documento elaborado de forma não democrática e que desconsidera a diversidade social, cultural e econômica que caracteriza as condições em que vivem as crianças e em que se inserem as instituições de Educação Infantil em nosso país. Para aprofundar o debate, cf.: Faria e Palhares 1999; Aquino e Vasconcellos, 2005.

27. A diretora destaca dois documentos como os principais que embasam o PPP da creche: "Abraço a infância" (2007) – do qual participa da elaboração – e um mais recente intitulado "Orientações curriculares – Educação Infantil" (2009).

cando construir um novo olhar das famílias sobre a creche, parece que essa visão está mudando para algumas delas. No entanto, ressalta a dificuldade encontrada devido ao fato de a maioria das mães da favela ser excessivamente jovem, o que dificulta, em muito, os diálogos. Ressalta que a participação dos pais nas reuniões da creche é ainda muito fraca, exceto nos momentos de festa.

O grupo em que centrei a pesquisa nessa creche é formado por 17 crianças (dez meninos e sete meninas). Na época da pesquisa (agosto a dezembro de 2009) as crianças encontravam-se na faixa etária entre três e quatro anos, sendo que a grande maioria delas era negra ou parda[28].

Em minhas observações sobre o fazer pedagógico, pude evidenciar claramente uma perspectiva acentuadamente escolarizante com atividades que, como descreve a diretora, visam à produção, a qual, por sua vez, parece ser a prova da existência de algum trabalho educativo. Dessa forma, as crianças passam a maior parte do tempo envolvidas com atividades dirigidas pelo adulto e quase não lhes é permitido o brincar governado por elas próprias. Produção e obediência são quesitos bastante valorizados pelos professores na condução de suas relações e práticas com as crianças.

Desse modo, a organização do tempo, do espaço e das atividades, no interior da turma pesquisada, dá poucas chances de as crianças se exercerem como produtoras de saberes, de competências e culturas que são aprendidas e ensinadas entre elas e com os adultos através de interações e brincadeiras. Dessa forma, a rotina está estruturada de modo que as experiências das crianças ficam dependentes da permissão do adulto, o qual, por sua vez, demonstra grande preocupação em preencher o tempo das crianças com atividades que, na sua concepção, sejam produtivas e educativas.

Após a observação das crianças na creche por um dia inteiro, seguido de outras observações realizadas em momentos diferentes da rotina, percebi que esta segue a seguinte organização: 7:00h/7:40h: entrada das crianças. Recebidas pela professora na sala organizada com livros infantis sobre a mesa, as crianças os manuseiam enquanto aguardam a hora do café da manhã; 7:40h/8:00h, quando as crianças são levadas ao refeitório, onde as merendeiras servem, geralmente, achocolatado, vitamina, bolo, biscoito ou fruta; 8:10h/8:40h: rodinha para a chamada. As crianças, embaladas por uma dinâmica coordenada pela professora, realizam a chamada para reconhecer quem está presente, identificar seu nome na tarjeta e anexá-lo no mural de frequência. Ainda na rodinha, a professora propõe cantigas ou lhes conta uma história; 8:40h/10:30h: atividade pedagógica[29]. Na rodinha, a

---

28. Classificação feita pela própria pesquisadora conforme fenótipo percebido nas crianças. O uso das nomenclaturas (negros e pardos) é conforme classificação do IBGE.

29. Estou usando a denominação utilizada pelas professoras. Mesmo reconhecendo que todas as atividades desenvolvidas na creche são educativas e deveriam ter intencionalidade pedagógica, somente as que se aproximam das práticas ditas escolares são denominadas, pelas professoras, como "atividade pedagógica".

professora propõe a atividade, que geralmente se refere a alguma produção plástica (recorte, colagem, desenho, pintura...) e acaba tomando maior parte do tempo da manhã; 10:30h/11:00h: preparação para o almoço. As crianças são levadas ao corredor, no qual permanecem em fila sentadas no chão, aguardando a vez de serem chamadas pela professora para lavar as mãos. No caso de sobrar tempo, antes de irem ao refeitório, se reúnem na roda e geralmente cantam, muitas vezes juntamente com instrumentos musicais; 11:00h/11:30h: almoço. As crianças são levadas ao refeitório onde aguardam, nas mesas, serem servidas pelas merendeiras; 11:30h/11:45h: organizam-se novamente no corredor para fazerem a escovação dos dentes; 11:50h/14:00h: momento do sono. As crianças recebem a sala preparada para descanso e já vão deitando nos colchonetes para dormir; 14:00h/14:20h: é o momento de ir acordando, ir ao banheiro, tomar água e comer o lanche que é servido no corredor; 14:20h/15:30h: atividade pedagógica. À tarde, geralmente as atividades dirigidas são mais relacionadas ao corpo, à música ou a vídeo, mas não deixam de ser dirigidas pelo professor; 15:30h: higiene para o jantar; 15:40h: hora de se dirigirem ao refeitório onde aguardam o jantar ser servido; 16:10h: as crianças se posicionam no corredor, aguardando ser chamadas para fazer a higiene; 16:10h/16:30h: preparação para ir embora. As crianças guardam suas agendas na mochila e ficam na expectativa de serem buscadas por familiar ou vizinho que as chama na porta da sala. Geralmente, nesse momento, o professor coloca um vídeo, canta em roda ou disponibiliza livros para as crianças manusearem.

Escapam dessa rotina atividades em que as crianças são levadas, na primeira parte da manhã, para o espaço externo em frente à creche, no qual os professores propõem atividades corporais com jogos, brincadeiras e exploração de objetos como bambolês, bolas e cordas, bonecas e louças. Porém, na maior parte do tempo, essas brincadeiras são dirigidas pelos adultos.

Cabe ainda mencionar que a organização do espaço físico da sala desse grupo quase não favorece a autonomia e a iniciativa para brincar. O espaço dispõe de cinco mesinhas com cadeiras, armário fechado, estante com alguns poucos brinquedos e livros que ficam ao alcance das crianças, duas estantes altas com brinquedos que não ficam ao acesso das crianças, tanque, caixa com brinquedos, móbile de cozinha (pia) em miniatura. Ainda que existam alguns brinquedos ao alcance das crianças, estes não estão disponibilizados de tal maneira que incitem ao faz de conta. Pelo contrário, estão guardados numa estante ou dentro de uma caixa, sob o controle dos adultos que determinam se as crianças podem ou não ter a eles acesso e em que momentos.

Subjacente a essas práticas, certamente carregadas de boas intenções por parte dos professores, parece estar implícita a crença de que, sem a intervenção e o dirigismo constante destes cujo compromisso é ensinar àqueles que nada sabem, as crianças estariam ali perdendo tempo e oportunidade de aprender. O excesso de dirigismo adulto, a obediência, a disciplina e a padronização dos gestos e comportamentos podem ser percebidos nos eventos que destaco a seguir:

> *No corredor: As crianças vão sendo chamadas de duas em duas para a atividade de pintar rolo de papel higiênico. Quando chegam, o professor pede para escolherem um rolinho e cada uma escolhe e começa a pintar com o pincel o rolo, sem saber do que se trata. Jorge pede outra cor (a cor verde) e o professor fala que é de uma cor só. Jorge pergunta: "Cadê a tesoura?" E o professor responde: "Hoje não tem tesoura não". Jorge começa a pintar por dentro e o professor o orienta dizendo que é só por fora. Jorge insiste: "Verde também". E o professor pega o pincel dele e enche de tinta azul. O professor pede a Jorge: "Acabou?" Ele responde: "Acabei". O professor: "Vai lá lavar a mão e depois você vem e pega sua camisa". Jorge: "Não, eu quero verde". O professor: "Vai lá lavar a mão e depois pega a sua camisa". Jorge: "Eu quero verde. É verde". E o professor mantém a mesma ordem até que Jorge vai ao banheiro, muito contrariado* (Diário de campo. Creche da favela, 06/10/2009).

> *Depois da roda, a professora organiza todos encostados na parede enquanto vai amarrando barbantes como que fazendo uma teia de aranha. Enquanto a professora constrói essa teia, as crianças tentam se lançar, se jogar sob a teia, no que são repreendidas pela professora. Depois de feita a teia, a professora orienta para que, primeiro, as meninas passem rolando por debaixo da teia e, quando chegam ao final, uma a uma, devem ir voltando passando por cima da teia, sem encostar-se ao fio. Enquanto isso, as outras meninas ficam sentadas no chão esperando a sua vez e os meninos ficam do outro lado, na parede, em pé, esperando sua vez de iniciarem a brincadeira. As crianças demonstram estar muito empolgadas com a atividade, ansiosas à espera da vez de passar sob ou sobre a teia. Porém, quando os meninos se juntam todos do outro lado, não ficam quietos e imóveis como quer a professora (se mexem, conversam, dançam) e, por isso, perdem todos o direito de continuar na brincadeira. Ronaldo, indignado, diz para a professora: "Minha mãe vai te bater, eu vou contar tudo pra ela". André diz: "Mas nós vamos ficar quietinhos". Os meninos ficam perplexos, olhando sério, em silêncio, cabisbaixos. André fica sem ação, demora a reagir ao ser chamado para ir ao banheiro lavar as mãos. Eu fico muito triste também...* (Diário de campo. Creche da favela, 21/10/2009).

Se a cultura infantil prescinde de uma experiência coletiva e compartilhada no interior do grupo de pares, fiquei me perguntando, dadas as limitações que a cultura escolar imputa às crianças nessa instituição para compartilhar ações comuns e governadas por elas, se seria possível reconhecer ali processos socializadores que se gestassem como fruto das relações entre as crianças. E mais, se esses processos teriam espaço e força para se constituírem rotineiramente como cultura do grupo de pares.

No entanto, ao focar o olhar nas reações das crianças frente às imposições dos adultos, elas revelaram-me, sobretudo, que não é passivamente que o ajuste às normas institucionais e sociais ocorre. Na condição de atores sociais, resistem e lutam cotidianamente para se exercer como sujeitos e como crianças, com vontades, necessidades e percepções singulares (visto que são indivíduos) e distintas da cultura adulta e escolar (visto que são crianças). Assim, fui seguindo a pista das resistências e das transgressões como indícios que apontavam interesses, significados e modos de ação das crianças como grupo coletivo, geracional, uma vez sendo distintos dos interesses dos adultos e da cultura escolar. Fui aprendendo, pois, que as culturas infantis não necessariamente prescindem do espaço/tempo do brincar, mas também podem ser reconhecidas nas estratégias comuns que as crianças criam para conseguir viver a condição infantil quando ameaçada. Essa "pista" ou esse aprendizado foi sendo exercitado e aprimorado na relação com as crianças da escola (grupo pré-escolar), sobre a qual passo a abordar a seguir.

As crianças da pré-escola na escola

Fundada em 1965, desde 2006 a escola aqui abordada vem atendendo turmas de Educação Infantil, mais especificamente, o segmento da pré-escola que, segundo a LDB/96, engloba crianças em idade pré-escolar – 4 aos 5/6 anos[30]. No total, a escola atende, atualmente, cinco turmas e cerca de 120 crianças. Três turmas correspondem aos anos iniciais do Ensino Fundamental – 1º, 2º e 3º ano – e, na Educação Infantil existem dois grupos: um com crianças de quatro a cinco anos e outro com crianças de cinco a seis anos, sendo esse último correspondente ao grupo de sujeitos deste livro. Essas duas turmas de Educação Infantil passaram a existir na escola desde a vinculação da creche supracitada à Secretaria Municipal de Educação, com o objetivo de atender as crianças que dela saíam.

Apesar de a escola ser municipal, o prédio continua não pertencendo ao município, o que, segundo a diretora, impede que se faça qualquer tipo de obra visando alterações em sua estrutura. A escola conta com cinco salas de aula, biblioteca, sala de informática e vídeo, sala de direção, almoxarifado, pátio externo no *hall* de entrada e em frente ao refeitório, brinquedos de parque (escorregador, balanços, vai e vem, argolas e bastão para dependurar-se) cercados e fechados a cadeado, cozinha e refeitório. Na mesma situação da creche, uma vez que o prédio não foi planejado para ser escola, as crianças, quando em sala, não conseguem ter visão do espaço externo, visto que as janelas são demasiadamente altas para o tamanho das crianças. O terreno também não possui amplitude para comportar uma quadra de esporte ou para que se possa ampliar o espaço do parque.

Considerada de médio porte, segundo a diretora, a escola possui a seguinte equipe de profissionais: diretora, adjunta, coordenadora pedagógica, professora de

---

30. A LDB/96 determina a Educação Infantil como o primeiro nível da educação básica e se organiza em dois segmentos, definidos em função da faixa etária: creche – crianças de 0 a 3 anos e pré-escola: crianças de 4 a 5/6 anos.

sala de leitura, professora de educação física, seis professoras de turma (sendo que duas delas fazem regência dupla), duas cozinheiras. Todos os profissionais são admitidos em concurso público e todos os professores possuem formação superior.

Pedagogicamente, tanto minhas observações quanto os depoimentos da diretora e das professoras deixam claro que os objetivos da escola como um todo e, nela, os da Educação Infantil, voltam-se para duas dimensões principais: 1) a aprendizagem de normas, regras de comportamento, disciplina, obediência, modos de se portar, de se relacionar coletivamente, enfim, a aprendizagem de valores ligados à socialização; e 2) a instrumentalização voltada, principalmente, para a alfabetização. Esses dois objetivos centrais, segundo a direção e as professoras, são construídos tendo como parâmetro a realidade das crianças. Vejamos como isso se expressa nos depoimentos das professoras:

> A gente organiza nosso PPP em cima do currículo preestabelecido pela Prefeitura. Ai a gente faz adequações de acordo com nossa necessidade. Mas basicamente essa escola é uma escola de alfabetização. Essas crianças têm inúmeras dificuldades, tanto físicas, como emocionais, culturais, sociais e aí a nossa solicitação maior de ajuda junto à Secretaria foi para atender as demandas desse contexto. Tanto que, este ano, estamos trabalhando com um projeto no qual nós temos o acompanhamento de uma psicóloga, uma assistente social e uma pedagoga que fazem uma supervisão das crianças e sugerem situações que possam favorecer e melhorar nosso desempenho (Diretora da escola).

Mediante esses desafios, principalmente o do domínio da alfabetização em um contexto em que as crianças apresentam, segundo as professoras, defasagens de todos os níveis (cognitivas, culturais, afetivas, sociais, entre outras), a Educação Infantil, para essas profissionais, adquire um papel central por ser a preparação para as etapas posteriores a que as crianças alcançarão na escola. Vejamos:

> Eu acho que a Educação Infantil é primordial porque é o início de tudo quando a criança ainda está com a cabeça dela com poucas experiências, poucas coisas, pouca cultura e aí você vai moldando ela, vai dando início à formação dela como ser humano, dando os valores, ajudando ao que já vem de casa. Porque tem gente que acha que a escola é o primordial, eu acho que não, acho que a escola é continuidade daquilo que já vem de casa. Aí você começa com os valores de higiene, com a educação que aqui nessa escola é muito precária e a organização, pra ir preparando eles pra alfabetização que também é o segundo passo pra descobrir o mundo (Miriam, professora de Educação Infantil).

> Quando eu vim para cá como coordenadora pedagógica você tem que apresentar uma proposta pra CRE[31] e você tem que ter uma meta. A minha meta foi de investimento maior na Educação Infantil porque eu

---

31. CRE é a sigla da Coordenadoria Regional de Educação, vinculada à Secretaria Municipal de Educação do município do Rio de Janeiro.

acho que é a base. As crianças que fazem uma boa Educação Infantil, elas, com certeza, quando chegarem no primeiro ano elas se alfabetizam melhor e têm uma vida escolar mais tranquila. Então eu encaro a Educação Infantil como a etapa mais importante da vida escolar, como uma base. Porque eu acho que aquilo que eles adquirem na Educação Infantil – não só cognitivamente, mas também com relação a hábitos, atitudes, não só com relação ao respeito às pessoas, mas de saber sentar, saber ouvir, ouvir uma história – eles vão levar isso para o resto da vida. Se você souber estimular as crianças nessa idade, independente de onde eles forem, ninguém tira deles. Eu encaro dessa forma, aquele trabalho de base mesmo. Você deve observar que eu invisto bastante em jogos com eles, não só por causa da cognição, mas para aprender a trabalhar com regras, o saber ganhar, saber perder, saber dividir. Eu vejo dessa forma (Ana, professora de Educação Infantil)[32].

Percebe-se, portanto, que a concepção e as práticas pedagógicas da escola estão diretamente relacionadas à origem social das crianças. Aqui, a teoria da privação cultural que justifica em grande medida a função da pré-escola para as camadas populares tem bastante procedência. Baseada nela, nos anos de 1970, a pré-escola se popularizou com a intenção de preparar as crianças de baixa-renda para a alfabetização, evitando, desse modo, o fracasso escolar no Ensino Fundamental.

Compreendo a legitimidade dessa preocupação e a importância da escola na democratização do conhecimento e da cultura, condição essa necessária para que as pessoas possam ultrapassar os limites de sua condição social. Por isso, quero deixar claro que, mesmo me contrapondo a muitas práticas escolarizantes e redutoras das possibilidades de as crianças se constituírem como sujeitos culturais no interior dessa escola (como também na creche), não desconsidero a importância do papel da escola e o empenho das professoras por buscar superar as privações que sofrem as crianças vítimas da desigualdade levada ao extremo. Não se trata, portanto, da crítica às escolas da pesquisa em específico, mas de como a educação pública no Brasil (que atende, em sua grande maioria, crianças das classes populares) vem sendo, historicamente, escamoteada e negligenciada pelo poder público. A falta de valorização do professor expressa nos baixos salários, na formação precária, na desvalorização do estatuto social, nas péssimas condições de trabalho etc. é um exemplo desse processo e repercute na qualidade do trabalho desenvolvido com as crianças. Com efeito, também não se trata de isolar a escola e considerá-la a principal vilã do fato de as crianças serem ou não respeitadas como crianças. Bem mais profundo que isso, essas crianças que vivem em processos extremos de empobrecimento, são desrespeitadas em sua condição humana, sobretudo, pelo efeito que a condição de miserabilidade produz no que diz respeito à garantia do

---

32. Quando iniciei a pesquisa nessa escola, essa professora atuava como coordenadora pedagógica. Na saída de uma professora da escola, ela abandonou o cargo de coordenadora para passar a assumir a turma da Educação Infantil E.I. 10 (no caso, o grupo desta pesquisa) que ficara sem professora por um período.

alimento, da saúde, do afeto, da proteção, do respeito, da dignidade, da autoestima etc. Portanto, é a lógica social classista e desigual por essência, na qual a escola se insere, que deve ser superada.

No entanto, partindo do ponto de vista de que as crianças, independente da classe social, devem ser todas igualmente respeitadas em sua condição infantil e preocupada com as possibilidades que a sociedade constrói para que as crianças se exerçam como sujeitos culturais, cabe também indicar os limites que algumas práticas escolares instauram para a garantia desse direito na escola. Nesse caso, nas duas instituições em foco, foi possível perceber uma concepção com base na qual as crianças são vistas somente pelo que elas apresentam como falta ou carência. Se a visão "adultocêntrica" já é dominante nos modos de tratar as relações com as crianças na escola, em contextos de extrema pobreza parece que esse olhar de negatividade se amplia, limitando, ainda mais, as possibilidades de as crianças se exercerem como atores sociais. É, pois, um olhar, que, ao contrário do acima descrito, busca perceber o que as crianças são e fazem em sua potencialidade humana e em sua alteridade infantil que proponho neste livro.

Estreitando o foco para o grupo específico da pesquisa nessa escola, cabe primeiramente caracterizá-lo: é composto de 22 crianças; destas, 14 são meninos e oito meninas. No decurso da pesquisa, as crianças se encontravam na faixa etária entre cinco e seis anos. Assim como na creche, a maioria das crianças nesse grupo é negra ou parda.

Permanecendo em período integral na escola, o grupo é coordenado por duas professoras: uma que atua no período matutino e outra no período vespertino. Além destas, as crianças têm contato com a professora de educação física duas vezes por semana e, algumas vezes, com uma professora que atua como contadora de histórias. No que diz respeito à rotina do grupo, somente algumas atividades são fixas, tais como: a chamada (feita no início da manhã); atividade dirigida (envolvendo letras, números, pintura, desenho, massinha etc.), ou vídeo; almoço (servido aproximadamente às 11:00h); brincadeira no pátio ou parque (15 a 20 minutos, mas não diariamente); 12:00h: troca de professora; atividade dirigida ou vídeo; jantar (servido por volta das 15:00h); 16:00h: encerramento do horário letivo e retorno das crianças às casas.

Minhas observações no interior dessa escola me levaram a perceber que, nela, se restringem ainda mais as possibilidades de as crianças estabelecerem relações autogovernadas entre pares e brincar. Se na creche as atividades eram extremamente dirigidas, visando à produção, ainda assim as crianças entravam em contato com atividades que se aproximavam mais da cultura lúdica infantil, como músicas, histórias, pintura, brincadeiras dirigidas, instrumentos, jogos teatrais etc. Já na escola, além do constante dirigismo adulto, as práticas pedagógicas desenvolvidas com as crianças estão mais distanciadas da ludicidade e mais próximas à lógica do trabalho, dando assim primazia às atividades ligadas à alfabetização, denominadas pelos professores e pelas próprias crianças como deveres.

> Depois de a professora contar uma história na sala de leitura, as crianças voltam para a sala e a professora diz que agora vão fazer dever. Nisso e, na mesma hora, Paulo e outros colegas exclamam: "Ah não! Um pouco antes disso, Paulo havia reclamado para mim que a escola era muito chata, porque tinha muito dever e quase não dava para brincar" (Diário de campo, 25/08/2010).

Ainda maior que a preocupação com o desenvolvimento de atividades ligadas à preparação para a alfabetização é a necessidade de ensinar a obediência e conter o corpo das crianças. Para tanto, as estratégias mais usadas como punição aos que desobedecem e a recompensa aos que se comportam dentro das regras são as que se relacionam aos interesses das crianças. Dentre estes, o direito ou não ao parque, geralmente, é o mais usado como recurso das professoras para conseguir obediência das crianças.

> Saio da sala de vídeo com a turma que retorna para sua sala. A professora logo tenta fazer o calendário, mas as crianças ficam alheias ao que ela está fazendo. A professora dá bronca nas crianças e diz achar que elas não sabem o que é respeito. Nisso, as crianças começam a falar: Gustavo: "Eu não sei o que é respeito". André: "Respeitar para ser respeitado". Lucas: "É ficar de castigo". A professora diz: "É obedecer as ordens das pessoas". E complementa: "Vocês sabem por que não vão para o parquinho?" Tainá responde: "Porque não obedecemos" (Diário de campo. Escola da favela, 01/07/2010).

> Durante a sessão de vídeo: Paulo pergunta o que estou escrevendo e lhe digo que é sobre o que estão fazendo. Pergunto-lhe se ele quer que eu escreva alguma coisa em meu diário e ele pede para eu escrever que hoje ele não foi ao parquinho. Diz que a turma foi, mas ele não porque ficou de castigo, visto que bateu na Maria Clara. Percebendo que as crianças já se agitavam durante o vídeo, a professora fala: "Quem se comportar eu vou dar um prêmio". E as crianças ficam um pouco mais quietas. Elas interagem com o filme, contando e antecipando ações. A professora se incomoda com isso e diz: "Para, não precisa ficar contando o filme". A professora vai anotando os nomes de quem faz bagunça e diz que esses não vão ganhar surpresa. Várias crianças continuam querendo escrever em meu caderno e assim vão, mas fico preocupada em prejudicá-las já que a professora está punindo quem não permanece quieto com o olhar no filme. Parece que as crianças vão buscando estratégias para se individualizar e ter a atenção do adulto. Depois de 40 minutos de vídeo, há 11 crianças dormindo. Outras resistem mexendo no teclado do computador e deitando embaixo da mesa. Um grupo de meninas brinca de passar embaixo das mesas, cuidando para não serem notadas pela professora. Dois amigos da segunda série encontram uma casinha de madeira no canto da sala e começam a brincar com ela (Diário de campo. Escola da favela, 24/09/2010).

Como podemos ver nos episódios acima, a escola opera com a pedagogia do prêmio para obter obediência das crianças, enquanto estas buscam driblar as regras por meio de subterfúgios encontrados para poder viver seus interesses. Por isso, ainda que as crianças desse grupo da pesquisa (incluindo a creche e a escola) expressem comportamentos nem sempre conformes à cultura escolar e os quais têm a ver com sua origem de classe, o que abordarei no próximo capítulo, olhar para suas manifestações transgressoras considerando-as como estratégias para poder viver seus interesses de crianças na escola, colabora para desmistificar a preconceituosa ideia segundo a qual o comportamento das crianças que vivem em contextos de marginalidade, como a favela, é facilmente associado a uma natureza indisciplinada, *antissocial* ou *potencialmente delinquente*[33].

Como essas crianças constroem cultura a partir das condições postas no espaço escolar e o que elas indicam sobre seu pertencimento social ficará explícito nos próximos capítulos. Antes disso, porém, passo a abordar a condição social das crianças no interior da escola de classe média/alta: o castelo.

A INFÂNCIA NO/DO CASTELO

Diferentemente do grupo da favela, nesse contexto, as crianças não convivem em comunidade, portanto, seus lugares de moradia não se convertem em espaços comuns de socialização que as crianças compartilham quando não estão na escola. Neste caso, os efeitos de uma cultura local referente ao lugar de moradia comum das crianças, não existem para ser avaliados. Outrossim, cabe considerar, de modo genérico, o pertencimento de classe e a cultura urbana contemporânea como condições sociais comuns à experiência da infância nesse contexto. Típico dos modos de vida das classes médias, em sua grande maioria, as crianças moram em apartamentos localizados em diversos bairros da cidade, principalmente da zona sul, zona norte e região central. Assim, sua condição social as coloca, evidentemente, em condições e experiências bem diferenciadas das crianças da favela. Passo a abordá-las a seguir.

As experiências das crianças na família

Esse grupo da pesquisa, em 2009, era constituído por 15 crianças, destas, 11 meninas e 4 meninos. Em 2010, esse grupo passou a ter 16 crianças: 12 meninas e 4 meninos. Situando-se, no período da pesquisa, na faixa etária entre 4 e 6 anos de idade, a maioria das crianças é branca, apenas duas são pardas.

---

33. Galeano (1999) critica esses termos que, segundo ele, são recorrentes para designar os meninos pobres em geral nos congressos panamericanos sobre infância desde 1963.

Em 2010, foi enviado um questionário a ser preenchido por algum membro da família das crianças, com o objetivo de buscar algumas informações sobre as condições socioeconômicas e culturais da criança no âmbito familiar. Das 16 crianças que constituíram esse grupo no referido ano[34], 14 devolveram o questionário respondido. Ainda que nesse contexto a participação dos familiares no preenchimento do questionário tenha sido quase unânime, o que possibilita ter uma visão mais geral sobre as características desse grupo, sempre que possível e necessário, irei também complementar essas informações com o que me indicaram as crianças e as professoras. Assim, farei uso da mesma metodologia usada para expor os dados do grupo da favela, quer seja, o agrupamento por eixos temáticos – os quais são os mesmos – e a exposição por meio de tabelas.

Quadro 6 Escolaridade e profissão dos pais (castelo)

Família	Escolaridade pai	Escolaridade mãe	Profissão pai	Profissão mãe
1	Pós-graduação	Ensino Médio	Economista	TD (*travel desk*)
2	Superior	Pós-graduação	Advogado	Advogada
3	Superior	Pós-graduação	Ator/bailarino	Atriz/bailarina
4	Pós-graduação	Pós-graduação	Advogado	Enfermeira
5	Superior	Pós-graduação	Agrônomo	Agrônoma
6	Superior	Pós-graduação	Fotógrafo	Jornalista
7	Pós-graduação	Pós-graduação	Professor	Médica
8	Fundamental	Ensino Médio	Caseiro	Técnico em enfermagem
9[35]	Fundamental	Ensino Médio	Autônomo	Aux. Secretária
10[36]	Desconhecida	Superior	Desconhecida	Jornalista
11	Ensino Médio	Ensino Médio	Analista de planejamento	Analista judiciário
12	Superior	Ensino Médio	Chefe de cozinha	Funcionária pública
13	Pós-graduação	Fundamental	Médico	Sem resposta
14[37]	Ensino Médio	Fundamental	Taxista	Babá (zeladora) ed. Infantil

Fonte: Questionário respondido pelos familiares, 2010.

---

34. Entre 2009 e 2010 saíram do grupo duas crianças (meninos) e entraram três crianças (dois meninos e uma menina). Essa última é residente em uma favela próxima ao bairro onde se localiza a escola e conta com bolsa integral, que isenta sua família de pagamento de mensalidade.
35 Essa família recebe bolsa integral da escola. É de classe popular e residente numa favela vizinha à escola.
36. Trata-se de pai desconhecido, pois a criança é filha de mãe adotiva.
37. A mãe trabalha na escola, o que lhe dá direito à vaga gratuita para a filha. Todos os professores e funcionários da escola têm garantia de vaga e gratuidade na mesma.

Quadro 7 Família: composição e formas de lazer (castelo)

Família	Pessoas que moram na residência	Formas de lazer da família
1	Mãe, uma filha, tia, primo, avó	Praia, passeios, teatro, bicicleta
2	Pai, mãe, uma filha, babá	Cinema, passeios, teatro etc.
3	Pai, mãe, filho, empregada	Teatro, cinema, passeios, andar a cavalo
4	Pai, mãe, 3 filhas	Passeios, piscina, parque, sair com amigos, andar com cachorros
5[38]	Sem resposta	Sem resposta
6	Pai, mãe, uma filha, empregada	Cinema, livrarias, teatro, viagens, esportes
7	Pai, mãe, um filho	Brincar na praça e aterro, praia, Paineiras, cinema, clube
8	Pai, mãe, um filho	Visitar avós
9	Pai, mãe, uma filha	Visitar família, parque, passeios, *shopping*
10	Mãe e seis filhos	Natação no clube, viagens, museus, *shopping*, parque, cinema, visita a amigos
11	Pai, mãe, dois filhos	Viagens, cinema, passeios
12	Pai, mãe, filha	Viagens, praia, cachoeira, natureza, cinema
13	Pai, mãe, filho	Cinema, TV, leitura, teatro, ócio
14	Pai, mãe, filha	Visita a familiares, praia, viagens, praça, *shopping*, parque, cinema, festas, piscina

Fonte: Questionário respondido pelos familiares, 2010.

Os dados demonstram que a maioria das crianças mora com os pais. Algumas famílias possuem a figura da babá ou empregada que mora na residência, fato não visto e praticamente improvável de ser identificado nas famílias das crianças moradoras na favela. Das 14 famílias, nove delas indicam que somente mora uma criança na residência, revelando que, possivelmente, muitas dessas crianças sejam filhos únicos.

Às formas de lazer habituais das famílias desse grupo, como passeios e praia, são incorporadas atividades culturais como cinema, teatro e viagens, típicas do *habitus* de classe de grupos com grande capital cultural. Pelos relatos empolgantes das crianças, percebe-se que a maioria das famílias organiza, aos finais de semana, programas de lazer direcionados aos interesses das crianças, como passeios em parques e atividades culturais voltadas ao público infantil. Tais programas, muitas vezes, são feitos juntamente com algum(a) amigo(a) da turma, Assim, nota-se que

---

38. A página inteira do verso da folha voltou em branco, indicando que, provavelmente, não tenha sido percebido que havia questões nesse espaço. Desse modo, três dessas questões ficaram sem ser respondidas por esta família.

as famílias ajudam a alimentar as relações de amizade das crianças com os colegas para além do tempo/espaço da escola.

No entanto, durante a semana, algumas crianças demonstram não escapar de uma condição comum à infância de classe média/alta que vive em grandes centros urbanos: o enclausuramento ou a institucionalização.

Como vimos no quadro acima, metade das crianças frequenta atividades extracurriculares no período oposto à escola, enquanto que outras ficam com babás ou empregadas[39] da família. O enclausuramento provocado pela composição urbana dos centos urbanos, que se caracteriza pela falta de espaço e pelo perigo que a rua representa à integridade das crianças (trânsito intenso e violência), as tem relegado ao confinamento em apartamentos e a manter contato cada vez maior com a televisão e os jogos eletrônicos. Diante dessa realidade, pode-se compreender uma reclamação comum manifesta por algumas crianças desse grupo: a solidão para brincar.

> *Quase todo dia eu peço pra minha irmã brincar comigo e ela nunca brinca. Aí eu peço pra minha mãe e ela diz que tá sempre ocupada. Aí todo mundo fica ocupado e eu vou para o meu quarto triste pra assistir televisão sozinha* (Lola, 5 anos).

> *Pesquisadora: "Você brinca com quem em sua casa?" "Com ninguém. Eu sou a única que gosta de brincar. A minha mãe não gosta porque ela fica fazendo trabalho e meu pai sempre fica no computador vendo qualquer coisa nos brinquedinhos dele"* (Maili, 5 anos).

Como alternativa para escapar dessa situação, várias crianças acabam frequentando a escola em período integral na qual realizam, no período oposto à escolarização regular, atividades variadas (como mostra tabela adiante) ou frequentam outros espaços como academias, clubes, escolas.

As professoras da escola assim analisam as condições postas para a infância nesse contexto:

> *Olha, quando eu penso na infância dessas crianças de hoje eu penso na minha como referência. Eu brinquei de todas as brincadeiras possíveis e imagináveis que existiram e que existem, eu brinquei muito, muito, muito... Pensando nessa infância, eu digo que as crianças de hoje, coitadas, a infância delas se resume a computador, ao play, televisão, filmes. Elas precisam ficar presas à televisão porque muitas ficam com a babá, com a vó, aí enquanto a vó cozinha a criança tem que ficar ocupada com alguma coisa, aí vai ver televisão, ou então está no computador, no videogame. Eu acho que as crianças daqui, as que moram em Santa Tereza,*

---

39. Nota-se que a babá ou a empregada surgiu como resposta no questionário quando perguntado quem morava na residência. Assim, há casos de crianças que também ficam com babás, porém, essas não moram na residência, o que impossibilita uma informação mais precisa sobre isso.

eu ouço muito elas falarem do Parque das Ruínas, elas falam muito que vão. Acho que final de semana eles saem mais e fazem coisas com o pai e a mãe. E durante a semana é muita natação, muito futebol, muito judô, capoeira. Tem criança que fica na escola o dia todo. Então, a mãe tem a preocupação de não deixar em casa pra não ficar só na televisão ou no computador e vem para cá que tem culinária, expressão corporal, capoeira... outras atividades que ocupam as crianças. Mas, comparando a minha infância, em que a gente tinha toda a liberdade de brincar na rua, nossa, mudou muito! (Geovana, professora de Educação Infantil).

Eu acho que essas crianças daqui têm muitas informações. Elas trazem muitas informações. Eu acho que são crianças que têm o dia muito cheio. Eu tive contato com algumas crianças daqui que pedem para ficar em casa porque às vezes não ficam tanto em casa. É natação, é balé, é inglês, sabe, essas coisas do dia a dia. Eu acho que são crianças que têm muitas informações e às vezes elas não conseguem nem curtir o próprio quarto, sabe? (Joana, professora de Educação Infantil).

Esse fenômeno, recorrente na infância contemporânea, em que a família e a escola perdem espaço como únicas ou principais instituições socializadoras e outras começam a emergir com maior força, como a mídia, a internet, as escolas de inglês, de informática, de natação etc. Sarmento (2004) o designa como *reinstitucionalização* da infância. Segundo Pereira e Souza (1998), essa infância de agenda lotada tem como consequência o apressamento cada vez maior da idade adulta, uma vez que muito das atividades infantis visam à preparação para o futuro em detrimento do tempo presente e livre para brincar.

Quadro 8 Experiências das crianças: brincadeiras, programas de TV e computador (castelo)

Família	Brincadeiras/brinquedos	Programas televisivos	Uso de computador
1	Correr, andar de bicicleta, nadar, boneca, fantasiar-se, brincar com a gata	Desenho e Mix TV	Usa para assistir DVD
2	Jogos, filmes e brincadeiras ao ar livre	Discovery Kids	Não usa.
3	Cavalos, bonecos em geral, bichos, aventuras, criar histórias	Discovery Kids	Usa para jogar
4	Bonecas, barbies, desenhar, fantasiar-se, brincar com as irmãs	Discovery Kids ou um DVD	Usa para brincar, jogar e desenhar
5	Casinha, bonecos, bichos. Monta diálogos com bonecos	Discovery Kids: *Beckardigans*, Charles e Lola, Castelo Ratimbum	Usa pouco. Jogos na site da Monica e Discovery Kids

→

Família	Brincadeiras/brinquedos	Programas televisivos	Uso de computador
6	Diversificadas. Tiara de princesa é companheira diária	Desenhos da Disney e Discovery Kids.	Usa muito para brincar.
7	Desenhar, pintar, trabalhos de reciclagem, jogos, relógio do BEN 10	Discovery Kids e Cartoon Network	Usa para jogar e fazer pesquisas
8	Jogos, boneca, amarelinha	TV Globinho e Chaves	Usa para jogar e aprender as letras
9	Boneca, casinha e *laptop* de brinquedo	Discovery Kids e Pica-Pau	Usa para jogar
10	Brincar na árvore, banho de mangueira, piscina, amarelinha, *gameboy*, computador, videogame	Desenhos animados e Chaves	Usa para escrever, desenhar e jogar
11	Desenhar, pintar, boneca, assistir a filmes	Discovery Kids	Usa para assistir filmes e desenhar
12	Boneca, desenhar e jogos	Discovery Kids, Mister, Maker e filmes	Usa para jogar e ver Disc. Kids
13	Futebol de botão, álbum de figurinhas	SPORTV, Disney – TV	Usa para jogar
14	Desenhar, contar e ouvir histórias, criar coisas (fazer bonecos etc.)	Discovery kids, desenhos, filmes infantis	Usa para jogar e desenhar

Fonte: Questionário respondido pelos familiares, 2010.

Os dados acima demonstram, em geral, que as brincadeiras das crianças giram em torno dos brinquedos que alimentam o faz de conta (bonecas, bichos, fantasias), dos jogos, da exploração do corpo e das artes. A maioria tem acesso ao computador e dele faz uso para jogar; os programas televisivos a que assistem são os mais voltados para o público infantil, principalmente os veiculados pela Discovery Kids. Nota-se, pelo quadro acima, que os canais mais citados são os de assinatura paga, o que acaba possibilitando às crianças terem acesso a uma programação alternativa à veiculada pelas emissoras de canal aberto, que dominam a audiência no Brasil, no caso, a Rede Globo, SBT e Record, indicadas como as mais vistas pelas crianças do grupo da favela.

Quadro 9 Experiências das crianças: livros, personagens e músicas (favela)

Família	Relação com livros	Personagens/super-heróis preferidos	Músicas que ouve e gosta
1	Livros infantis, como Cinderela, Trumbelina	As princesas: Cinderela, Bela Adormecida e Branca de neve	Música brasileira, samba e também americanas, dançantes
2	Livros infantis em geral	Princesas da Disney	Gênero infantil em geral
3	Todos relacionados a bichos	Cowboys, Mickey, Toy Story, Noad	Dançantes, sem gênero definido
4	Livros infantis em holandês e português	Princesa e bailarina	Músicas infantis
5	Livros infantis em geral	Lola	Músicas infantis
6	Adora livros, mas ainda não tem predileção	Princesas	Saltimbancos, Palavra Cantada etc.
7	Vários infantis	BEN 10, Astro Boy	Variadas
8	Livros infantis	Princesa Cinderela	Adora música
9	Livros infantis	Polly (boneca de desenho animado)	Dalila, Ivete Sangalo, axé da Bahia
10	Livros infantis de contos de fadas e animais	Barbie e Pequena Sereia	Samba
11	Livros infantis	Não se identifica	Bia Bedram
12	Livros infantis	Moranguinho	Músicas infantis e MPB
13	Livros infantis	(resposta não legível)	Beatles
14	Livros infantis	Princesa, Barbie, Hello Kytti	Músicas infantis, MPB, *rock*

Fonte: Questionário respondido pelos familiares, 2010.

Os dados indicam que as crianças têm bastante contato com livros e músicas voltadas ao público infantil, sobressaindo predileção por personagens dos contos clássicos como as princesas da *Disney* (uma vez que a maioria é menina) e outros, com bem menos expressão, veiculados pelos canais televisivos infantis. Percebe-se, também, que os gêneros musicais, nesse grupo, se diferenciam dos da favela, sendo o *rock* e MPB (associados ao mundo adulto) os preferidos pelas crianças.

Ao contrário das crianças do grupo da favela, nesse grupo, tanto os dados revelados pelas famílias expostos nos três quadros anteriores como o contato com as crianças levou-me à percepção de que existe maior separação entre as experiências dos adultos e das crianças, havendo um conjunto de dispositivos culturais específicos para o público infantil que as crianças, nesse grupo, conhecem e com os quais se relacionam.

No entanto, também foi possível perceber nas crianças, principalmente nas meninas, uma predileção por cantoras e personagens voltados ao público adolescente (como Hanna Montana e personagens do filme Crepúsculo). Elas, em geral, se referiam a aspectos que esses personagens veiculam, como namoro, paixão, conquista, sucesso, beleza etc. Isso indica que, mesmo em contextos em que predomina uma normatividade que procura proteger a infância do apressamento às experiências adultas, elas não estão imunes a esses efeitos da sociedade globalizada. Nesse contexto, esses efeitos aparecem, principalmente, pela vida institucionalizada ou confinada de algumas crianças e pela relação inevitável com os produtos da indústria cultural.

Quadro 10 Escola: motivos da escolha, turnos e atividades que a criança participa e aspectos que a criança gosta (castelo)

Família	Motivos da escolha pela escola	Atividades ligadas ao período integral desenvolvidas na escola	De que a criança mais gosta na escola
1	Afinidade com a proposta pedagógica e a mãe ser ex-aluna	Participa do integral e adora	Do seu meio social; de ficar com os(as) amigos(as)
2	O pai ser ex-aluno	Não desenvolve	Das brincadeiras na quadra de aventuras
3	Pela proposta educacional (valorização da cultura; inclusão das diferenças)	Não desenvolve	Dos amigos, das atividades ao ar livre, das aulas de música
4	Pela localização e pela proposta educacional	Natação	Desenhar
5	Pela localização e pela proposta pedagógica	Natação, inglês e aula de corpo	Do platô e da quadra de aventuras
6	Pela proposta pedagógica e pelo pai ser ex-aluno	Natação, inglês, culinária, outros	Tudo
7	Identidade com o projeto pedagógico, espaço físico, conhecer alguns profissionais da escola	Não desenvolve	Da quadra e de "tudo que é muito divertido"
8	Por ser ótima escola	Não desenvolve	Biblioteca, quadra, sala de música e corpo e o platô
9	Pela qualidade da escola	Não desenvolve	Biblioteca, platô e quadra
10	Pela boa experiência da irmã e por ser ótima escola	Não desenvolve	Dançar samba, ler, ser ajudante, desenhar e abraçar a coordenadora.

→

11	Pela metodologia de ensino e por indicação de amigos	Natação e inglês	Brincar com os coleguinhas
12	Pela proposta pedagógica, pela proximidade e pai ser ex-aluno	Inglês	Aula de corpo, platô e os amigos
13	Por ter amigos que estudaram na escola e pela localização	Futebol	Lanche
14	Por receber bolsa da escola	Não desenvolve	Aprender a escrever e ler, brincar, música

Fonte: Questionário respondido pelos familiares, 2010.

Os dados revelam que a afinidade pela proposta pedagógica domina os motivos da escolha dessa escola, seguida do fato de ter algum familiar (pai ou mãe) que já tenha estudado nela e pela proximidade com a moradia. Portanto, diferente dos motivos dominantes na favela, as famílias têm maior poder de escolha e elegem a escola com base no projeto educacional que ela representa. Mais adiante, passarei a abordar esse projeto; aqui, cabe indicar que a escola é uma escolha consciente e estratégica das famílias na perpetuação de valores e ideologias cultivados por esta, estratégia esta embasada em expectativas de dimensão identitária[40].

Os dados ainda indicam que metade das crianças participa de atividades em período oposto à escolarização regular, sendo que duas que não participam do integral, recebem bolsa, o que lhes dá o direito a frequentar somente o período da escolarização regular. Tanto as entrevistas com as famílias como com as crianças indicaram que o que elas mais gostam na escola gira em torno do brincar em espaços ao ar livre (quadra e platô), explorar as linguagens do corpo, da música, do desenho e estar com os amigos. Tanto a brincadeira, a exploração do corpo e a afetividade compartilhada na escola (das crianças entre si e com os adultos) se mostraram como valores importantes das crianças dos dois grupos da pesquisa, o que parece atribuir um sentido comum e positivo para a experiência escolar. Sobre como essa escola concebe a Educação Infantil e, com base nisso, desenvolve as práticas com as crianças, é o que passarei a abordar no próximo tópico.

---

40. Paixão (2007), buscando perceber as expectativas de famílias de grupos sociais que se encontram nos extremos da hierarquia social – camadas populares e elite – em relação à escolarização, identifica que essas são variadas e nem sempre consoantes com os objetivos da escola. Mostra, p. ex., que as camadas populares apresentam relações mais conflitantes e ambíguas com a escola. Em geral, elas esperam que a escola socialize no sentido de educar para saber portar-se na sociedade, mas a escola acredita que essa é função da família, devendo a ela o dever de ensinar. Ao contrário disso, a autora evidencia que os modos de socialização e as expectativas das camadas médias e da elite são mais consoantes com a escola. Os grupos de famílias da elite teriam na escola a expectativa de socialização relacionada a um sentido identitário e de distinção social. Ainda que esse grupo não possa ser visto como um grupo de elite, sua relação com a escola é determinada, em grande medida, por expectativas ligadas à dimensão identitária. Nesse caso, identidade não com o *ethos* da elite, mas de uma camada de classe média/alta intelectualizada.

A condição de ser criança na escola

A escola desse grupo atende a todos os níveis da educação básica: Educação Infantil, Ensino Fundamental e Ensino Médio e se localiza num bairro central e turístico do Rio de Janeiro[41], próximo geograficamente da favela estudada, mas muito distante socialmente, como veremos a seguir. Inaugurada em 1969, atendendo turmas de Educação Infantil e séries iniciais, atualmente essa escola funciona como uma associação de funcionários e professores[42], totalizando, em 2010, cerca de 50 sócios[43].

No que diz respeito à organização do tempo pedagógico, a escola, além do período regular, disponibiliza, como opção, a frequência em período integral. O integral engloba meio período do ensino regular e meio período em que a criança participa de atividades como: oficina de nutrição, artes, inglês, capoeira, acrobacia, *yoga*, coral, teclado e futsal. Dessa forma, em meio período as crianças frequentam a escola regular e no outro período, que é opcional, desenvolvem atividades que a escola oferece com fins de complementar a formação[44].

Na perspectiva de educar as crianças para o desenvolvimento de todas as suas potencialidades[45], tem-lhes garantido o contato com as várias linguagens artísticas (teatro, dança, música, artes plásticas, lutas e jogos), tanto pela inserção na escola regular como pela experiência com as oficinas disponibilizadas no período integral. Isso se efetiva ainda pelo constante acesso das crianças/adolescentes a espetáculos de dança, teatro, música, centros culturais ou mesmo pelos eventos que a própria escola organiza abertos à comunidade[46]. Segundo a diretora da escola, a formação para e pela arte é o carro-chefe do currículo escolar.

---

41. O bairro é bastante procurado por turistas e habitado por artistas, artesãos, intelectuais por possibilitar um estilo de vida tranquilo, mais próximo da natureza e alternativo frente às condições urbanas de vida. A escola localiza-se numa parte alta do bairro e bastante afastada de seu centro.

42. Essa escola teve início em 1969 como filial de uma escola de excelência de São Paulo, que atendia parte da elite paulistana. Contudo, com o tempo, foi se afastando dos princípios políticos e ideológicos de sua matriz e acabou, em 1980, se separando dessa e assumindo nova razão social, com nova proposta pedagógica e forma de gestão. Essas diferenças se localizam pela dominância de princípios humanistas e democráticos de sua filial e pelo público que atendia não ser caracterizado como uma elite econômica, mas como uma classe média que buscava na escola uma identificação com um projeto humanista e democrático de educação.

43. O critério para ser sócio é a identificação com o projeto de escola e a associação conta com uma diretoria que é eleita e quatro coordenações pedagógicas, cada uma responsável por um nível educacional, as quais também são eleitas pelos associados.

44. A escola regular funciona em três turnos: o período matutino que atende do 5º ao 9º ano e o Ensino Médio; o período vespertino atende a Educação Infantil e as séries iniciais; e o período noturno que atende o pré-vestibular comunitário. A escola se mantém pela cobrança de mensalidades e, para alunos de baixa renda, dispõe de vários planos de descontos e bolsas de estudo com isenção de mensalidades.

45. O principal educador brasileiro que inspira a proposta da escola é Anísio Teixeira, por coadunar-se com os princípios de educação integral e democrática defendidos por ele em sua trajetória como intectual, educador e gestor da educação pública no Brasil.

46. Alguns eventos culturais são fixos e ocorrem anualmente, como o Flist (Festa Literária de Santa Tereza), que é realizado em vários pontos do bairro, envolvendo contação de histórias, palestras, lançamentos de livros, saraus poéticos, *performances*, música, dança, gastronomia. Outro evento anual que ocorre na escola, com forte aspecto cultural, é a festa junina, também aberta a toda a comunidade.

Pude perceber em minhas incursões no cotidiano da escola que, ainda convivendo com a contradição de não ser uma escola pública e aberta a todos, ela desenvolve uma proposta com clareza de projeto educativo e social. Assim, a perspectiva crítica, humanista e democrática embasa as relações pedagógicas e expressa a existência de um projeto claro de educação, projeto que a faz ser reconhecida como uma escola alternativa, uma vez que escapa do papel de mera formação para qualificação profissional.

Desse modo, um dos principais critérios na contratação dos professores, além de formação, é a identificação com o projeto da escola. Na Educação Infantil, cada turma conta com um(a) professor(a), o(a) qual possui formação mínima em Pedagogia com habilitação em Educação Infantil e um(a) auxiliar, o(a) qual participa da formação em serviço promovida pela própria escola[47].

Estruturalmente, essa escola conta com as instalações do castelo[48] – onde funciona o 5º ao 9º ano e o Ensino Médio – e dois anexos nos quais ficam as crianças dos segmentos da Educação Infantil e das séries iniciais. O segmento da Educação Infantil se localiza logo atrás do castelo, como um anexo à parte e é margeado pela Floresta da Tijuca. Diferente das escolas da favela, o espaço externo é bastante amplo e favorece em muito o contato com natureza. A Educação Infantil conta com cinco salas de "aula"[49], sala de corpo (na qual se realizam atividades corporais), sala de música, quadra de esportes (nomeada como espaço aventura) platô, sala de jogos, biblioteca e sala da coordenação pedagógica. Todas as salas da Educação Infantil contam com varanda externa e tem abertura para um pátio concêntrico. Na organização do cotidiano das crianças da Educação Infantil lhes é garantido o acesso diário ao platô ou às quadras de esporte e, com menos frequência, mas, semanalmente, à biblioteca, sala de jogos, de corpo e de música.

A condição estrutural aliada à concepção pedagógica que embasa as práticas educativas da escola e, nela, da Educação Infantil, garante condições para as crianças vivenciarem plenamente o brincar. A brincadeira é, para a proposta pedagógica da Educação Infantil, um dos pilares do trabalho com crianças pequenas, sendo vista como a forma pela qual as crianças elaboram e se apropriam do mundo à sua

---

47. A equipe gestora da escola é composta por: diretora geral, coordenadora do Ensino Médio, duas coordenadoras do 5º ao 9º ano, coordenadora da fase I do Ensino Fundamental (séries iniciais) e coordenadora da Educação Infantil.

48. No castelo se concentram salas de aulas, salas da direção e das coordenações pedagógicas, biblioteca, sala de expressão corporal, de artes plásticas e música, laboratório de informática e de ciência, secretaria, xerox, *hall* de entrada e a torre, local com vista privilegiada para a Baía de Guanabara e utilizada para aulas ao ar livre e eventos festivos. O castelo é cercado por ampla área externa, coberta por jardins com quiosque, laguinho, uma quadra de esportes, cantina e uma sala de artes.

49. Uso o termo entre aspas por discordar dessa designação comumente utilizada pela Educação Infantil por influência do uso no Ensino Fundamental, uma vez que comungo com as indicações de Rocha (1999) de que é preciso construir uma pedagogia da Educação Infantil que marque a especificidade da área e sua diferença com relação ao Ensino Fundamental. Assim, na Educação Infantil, não se tem aula, nem alunos, mas situações educativas e crianças.

volta (cf. Documento da Escola, p. 1). Minhas observações levaram-me a constatar que as crianças têm garantido, de fato, tempo e espaço apropriados e estimulantes para governarem brincadeiras e interações no interior de seus grupos de pares.

No grupo em que foquei a pesquisa (grupo 4/5) pude evidenciar que os espaços e tempos mais próprios e organizados para brincadeiras de faz de conta são o espaço da sala (o qual é todo organizado por cantos de brincadeiras, explorados continuamente pelas crianças); o espaço externo, principalmente o platô (o qual as crianças vão todos os dias) e a sala de jogos (uma sala rica em fantasias e jogos) que as crianças frequentam uma vez por semana.

A Educação Infantil funciona no período vespertino, das 13:00h às 17:30h, atendendo crianças de um a seis anos, num total de cinco turmas (em 2010), assim denominadas: grupo 1 e 2, grupo 3, grupo 4(a), grupo 4(b) e grupo 5. As crianças da pesquisa formavam em 2009, o grupo 4[50] e, em 2010, o grupo 5. Parte do currículo da Educação Infantil nessa escola gira em torno das áreas de conhecimento, assim referenciadas em seu projeto político pedagógico: língua portuguesa, estudos sociais, matemática, ciências, artes visuais e corpo. Considerando a natureza do nível de ensino (Educação Infantil) e a ênfase nas artes que a escola tem procurado dar em sua proposta e prática pedagógica, a brincadeira e as múltiplas linguagens são eixos que orientam a forma de colocar as crianças em contato com essas áreas de conhecimento.

A aposta no brincar e nas interações das crianças entre si é acompanhada também de um modo de travar as relações pedagógicas com as crianças que busca o diálogo, a participação destas nas decisões do cotidiano: aposta em suas capacidades de resolverem conflitos, emitirem opiniões e construírem suas teorias. Essas práticas evidenciam uma concepção de crianças como sujeitos competentes e atores culturais. Abaixo, o depoimento de uma professora que indica essa visão:

> Olha aqui, eu acho que a gente tem essa busca e esse entendimento no sentido de estar deixando que eles tenham um lugar, um lugar para a infância. Então a questão da brincadeira é muito respeitada na escola, é muito valorizada. Então, aqui, tem lugar para a experiência vivida. Porque são crianças que experimentam muito. Aula de música, não é aquilo: agora eu vou sentar e vou ouvir a professora. Mas é: agora nós vamos ouvir esse som, vamos experimentar tocar, e aí tem espaço para a criação da criança; tem espaço para eles estarem experimentando, tendo a experiência. Então, isso é voltado o tempo todo. Eu te dei o exemplo da aula de música, mas, se eu for pensar um projeto, por exemplo, que infância eu vou estar privilegiando quando eu penso nesse projeto. Então eu vou pensar em artes e de que forma a criança vai lidar com aquilo; estar oferecendo a criança elementos diferenciados e dar a chance deles

---

50. Nota-se que, em 2009, existia somente um grupo 4.

participar de escolhas... Aqui, elas vivem muito a experiência de cada dia, tem lugar para elas se manifestarem como criança (Eliana, professora de Educação Infantil).

Considerando, pois, que fora da escola não está tão garantido o contato com outras crianças, condição fundamental para vivenciar o brincar, a escola acaba sendo um espaço privilegiado para a experiência da infância. Essa importância não se deve somente ao fato de ela propiciar o encontro das crianças com seus pares, mas, sobretudo, possibilitar a *manifestação da infância*, fazendo uso da expressão usada pela professora.

Nos dois próximos capítulos, tratarei de evidenciar as manifestações culturais construídas pelo grupo das crianças (de ambos os contextos) com base nas condições encontradas na escola e nos referentes socioculturais de que cada grupo dispõe, considerando-se, principalmente, os da família e os da escola.

3
CORPO-CRIANÇA: O QUE SE VÊ QUANDO SE OLHA

Neste capítulo, dedico-me a analisar um dos aspectos centrais que se sobressaíram acerca das manifestações culturais das crianças. Assim, juntamente com a brincadeira, tema que irei discutir no próximo capítulo, o corpo se mostrou como um elemento e recurso definidor, identificador e diferenciador das culturas das crianças, tanto no que revela sua alteridade frente à cultura adulta quanto em relação a elas mesmas.

Desse modo, as relações das crianças com seu corpo e sua corporeidade são analisadas considerando, primeiro, os indicativos que revelam um modo próprio e distinto dos modos de relação corporal dos adultos, o que denota marcas do pertencimento geracional, ou seja, da cultura designadamente infantil. Em segundo lugar, mas concomitantemente, faço o exercício de identificar e analisar como essas relações, em princípio comuns entre as crianças e diferentes dos adultos, também revelam a posição social das crianças e sua condição de diferença e desigualdade. Em outros termos, busco, na análise, realizar o duplo movimento que considero profícuo para o estudo das culturas da infância: por um lado, sua identidade como grupo geracional e sua alteridade em relação aos adultos e, por outro, a sua heterogeneidade advinda das diferentes inserções de classe, cultura, raça/etnia, gênero etc.

Tendo sempre em vista essa dupla perspectiva para orientação de meu olhar e centralizando-a na categoria de classe para a análise da heterogeneidade, identifico, ainda, como as várias instâncias de socialização no interior de cada classe dão base para as manifestações culturais das crianças e, ainda, como estas reproduzem interpretativamente as referências culturais constituintes de seus mundos de vida. Ou seja, busco evidenciar aqui, especialmente, como os diferentes lugares sociais em que as crianças se inserem dão base para a interpretação e construção de suas representações e modos de relações com o corpo, uma vez reconhecendo-o como constituidor e mobilizador das culturas da infância.

A ALTERIDADE DAS CULTURAS INFANTIS QUE SE REVELA PELO CORPO

O corpo, na atualidade, tem sido alvo de estudo e preocupação de diversas áreas, tanto das Ciências Biológicas como das Ciências Humanas e Sociais. O crescimento dos estudos sobre o corpo, principalmente nas Ciências Sociais (Sociologia, Filosofia, Antropologia, História, Pedagogia etc.) tem se dado à medida que o corpo vem ganhando grande centralidade como objeto de preocupação da sociedade atual, uma vez que estão emergindo novos modos de conceber e travar as relações com ele. As diversas abordagens que o cercam têm se ancorado na compreensão de que ele é um fio condutor para a compreensão do novo corpo social (SILVA, 2010) e da sociologia do corpo (LE BRETON, 2007).

Dentre as abordagens sobre o corpo, uma das que considero profícuas para pensar a relação entre corpo e infância é a apontada por Prout (2000). Esse autor, bastante atento aos dualismos pelos quais se construiu a sociologia moderna, chama a atenção para a necessidade de considerarmos a materialidade do corpo, ou seja, sua dimensão natural, como dado importante e que está intimamente articulado à dimensão cultural[1]. Atenta ao alerta desse autor e, ainda que minha preocupação esteja centrada nos processos sociológicos de produção das culturas infantis e, nelas, da relação das crianças com seus corpos, buscarei tomar o corpo tanto na sua dimensão natural e/ou biológica como cultural, uma vez que ambas as dimensões se determinam e se produzem mutuamente.

Outra noção que é importante esclarecer, apoiando-me em Silva (2003), é a de que o corpo aqui é representado pela noção de sujeito. Assim, me aproprio também da expressão desse autor de *sujeito-corpo* para buscar traduzir as múltiplas facetas de que se constitui a vida das crianças e as formam como sujeitos (a família, a escola, o bairro, os grupos de pares, a mídia, a religiosidade, a sexualidade), como essas se materializam e se expressam em seu corpo. Nessa direção estou tomando *o corpo* como "[...] essa superfície da natureza humana que se traduz na materialidade do ser social perante o mundo" (SILVA, 2003, p. 273).

Essas noções se articulam a outro conceito fundamental de ser explicitado, que também conduz meu olhar e entendimento acerca do corpo e suas relações com os processos de humanização do sujeito. Refiro-me ao conceito filosófico de *corporeidade*, pelo qual se busca traduzir a integralidade entre sujeito, consciência e corpo. A corporeidade, assim, é o testemunho da existência do sujeito, uma vez que não só se tem um corpo, como se vive e se sente como sujeito humano porque somos corpo. Ou seja, "todo indivíduo se percebe e se sente como corporeidade. É na corporeidade que o homem se faz presente" (SANTIN, 1987, p. 50). Por isso, olhar para as crianças como corporeidades é buscar entendê-las para além da visão mecanicista e dualista do senso comum que comumente nos ensina que cada pessoa tem um corpo, como se este fosse um suporte material a serviço da

---

1. Nesse sentido, Prout (2000), baseado em Shilling (1993), propõe uma perspectiva de corpo social e biologicamente inacabado, uma vez que este vai se alterando por processos que são, simultaneamente, biológicos e sociais. Propõe essa abordagem em alternativa às perspectivas funcionalistas e antifuncionalistas que operam o estudo do corpo caindo ou num reducionismo biológico ou num reducionismo cultural.

mente; a noção de *corporeidade*, bem como a de *sujeito-corpo* e a de *hibridez entre natureza e cultura* ajudam e têm em comum a compreensão do corpo numa perspectiva mais complexa, pela qual este é produto e, ao mesmo tempo, gerador de processos biológicos, psicológicos, sociais, culturais etc.

Pois bem, "descobrir" o corpo neste estudo foi algo muito revelador para reconhecer as múltiplas ações possíveis que se construíram no diálogo corporal das crianças justamente quando eu acreditava que a impossibilidade da linguagem, do brincar e da interação aniquilaria as possibilidades de as crianças construírem formas autônomas e próprias de ação e significação na rotina de seus grupos de pares no interior da escola infantil.

Paradoxalmente, enquanto, por vezes, meu olhar estava limitado a perceber as crianças como vítimas da opressão e da cultura escolar, o corpo infantil e sua insistente expressividade me instigavam ao reconhecimento de que, por ele, se revelavam formas de produção de linguagem, de interação, de brincadeira e de ação das crianças que revelavam um jeito muito próprio de viver o corpo e expressar uma outra cultura, distinta da cultura adulta e da cultura escolar que se sobrepunha na regulação dos comportamentos infantis.

Portanto, foi justamente em situações em que o corpo e sua expressividade estavam mais oprimidos pelos processos regulatórios no interior das escolas da favela que as crianças me revelaram uma relação com o corpo viva e fundante dos processos de interação e linguagem com seus pares. Assim, passei a ficar mais atenta às manifestações de resistência, de transgressão e de criatividade das crianças frente às imposições adultas e ao que poderiam me comunicar aqueles corpos sobre seus desejos, seus diálogos, suas interações, suas potencialidades, seus códigos no grupo de pares que me revelassem a alteridade infantil frente à cultura e ao modo de relação do adulto com seu corpo. Além disso, uma vez que o corpo e a corporeidade não são dados meramente fisiológicos e a própria alteridade não se define somente por esse critério, mas é, ao mesmo tempo, produto da natureza e da cultura, fui buscando perceber como a corporeidade das crianças poderia me revelar sobre seu pertencimento e sua cultura de classe. A questão propulsora para a reflexividade sobre a corporeidade como uma manifestação constitutiva das culturas infantis pode ser expressa nos seguintes termos: Como o corpo e a corporeidade infantil se exprimem diferenciadamente dos adultos, em primeiro lugar, e em segundo, entre as crianças dos diferentes contextos aqui estudados?

A presença geracional entendida, aqui, principalmente pela expressão da alteridade infantil do corpo e da corporeidade das crianças com relação aos adultos, pode ser identificada tanto numa dimensão biológica, ou seja, as crianças se distinguem dos adultos por terem um corpo diferente destes – menor tamanho, menor força, maior vulnerabilidade, maior energia, capacidade motora e expressiva etc.

como cultural – pela forma diferente com que vivem o corpo e constroem significados (sobre e com o corpo) e os partilham no interior de seus grupos de pares.

Assim, foi na observação dos processos de ação social das crianças nos dois grupos infantis que o corpo surgiu como elemento recursivo comum que dava possibilidades de interação e produção de cultura de pares. Uma vez sendo comum entre elas uma relação com seus corpos (e corporeidades) geradora de várias possibilidades comunicativas, interativas, lúdicas e interventivas, passei a entender que havia ali a presença de um traço geracional, ou seja, uma marca de identidade da infância e de alteridade infantil frente aos adultos. Essas evidências empíricas sobre a percepção dessa alteridade do corpo e da corporeidade corroboram o que defende Prout (2000, p. 2). Para esse autor,

> [...] A compreensão do corpo das crianças não pode ser tratada como uma versão imperfeita ou incompleta do adulto. Em vez disso, as crianças compreendem e usam seus corpos de forma, muitas vezes, diversas dos adultos. E, portanto, entrar em seus mundos é um passo essencial para uma adequada sociologia dos corpos da infância (tradução minha).

Contudo, adentrando em seus mundos sociais e buscando refinar meu olhar para compreender os sinais da alteridade tanto em relação aos adultos quanto em relação a elas próprias (olhando, portanto, tantos as diferenças geracionais como as produzidas pela classe social) foi ficando evidente que o corpo e a corporeidade, no interior do grupo da favela, se destacava como principal mecanismo que produz e expressa a presença da cultura infantil naquele grupo. Assim, a seguir, passarei a abordar as quatro dimensões que pude perceber como características das formas de relações das crianças com o corpo. Ainda que essas dimensões tenham se sobressaído no grupo da favela, buscarei fazer o exercício de identificar, sempre que possível, como estas aparecem nos dois contextos, de modo a operacionalizar o pressuposto teórico-metodológico da dupla alteridade apontado anteriormente.

Percebendo, pois, uma relação das crianças com o corpo como *fonte ou recurso para a agência* (FINGERSON, 2009; PROUT, 2000) pude perceber que esse era mobilizado como: 1) linguagem e interação; 2) resistência e transgressão; 3) experiência lúdica; 4) fonte de agência e poder.

O corpo como linguagem e interação

Atualmente, o campo da Sociologia da Infância também vem dando maior atenção ao corpo e a corporeidade infantil como uma marca da alteridade das culturas infantis (JAMES, 2000; PROUT, 2000; FINGERSON, 2009; COUTINHO, 2010). E essa alteridade é evidenciada, principalmente, pela forma como as crianças em geral e, sobretudo, as bem pequenas, vivenciam seus corpos, ou seja, estabelecendo uma relação marcada pelo grande potencial interativo e comunicativo do corpo.

O corpo, assim, tem sido reconhecido como portador de linguagem e, na infância, é um dos principais recursos pelos quais as crianças expressam seus sentimentos, suas emoções, compartilham significados e intenções.

O corpo como linguagem pode ter como fundamentação a ideia de que ele emite signos, a base, segundo Bakhtin (1992) pela qual é possível o estabelecimento da linguagem. Esse autor, apesar de centralizar sua teoria na compreensão da linguagem oral como material semiótico privilegiado do psiquismo, não desconsidera que o corpo, o gesto, a mímica também são signos, possuem linguagem semiótica porque expressam significados. Além disso, esse autor reconhece que, dependendo do horizonte social, a palavra nem sempre é central.

Bakhtin refere-se ao signo como a materialidade que contém significados construídos socialmente. Por isso, a construção de um signo só é possível na interação. Como frutos da interação social, os signos podem ter sentidos polivalentes. Por isso, para que haja comunicação pelos signos, é importante que os sujeitos da interação tenham algo em comum, ou seja, signos incomuns para partilhar. A compreensão, assim, é obtida por meio da aproximação entre o signo interior (com os significados que o sujeito já tem) com o signo exterior; é uma resposta ao signo a partir de outro signo.

A ideia de enunciado proposta por Bakhtin ainda ajuda a esclarecer melhor essa noção de relação entre quem anuncia fazendo uso de signos e quem interpreta o enunciado e corresponde, por meio de outros signos. Tendo-se enunciados, tem-se compartilhamento de significados, de signos, gerando-se um processo de produção de linguagem.

Talvez a ideia de Bakhtin de que todo signo é ideológico nos permita pensar sobre as repercussões que advêm do fato de as crianças, de modo geral, utilizarem-se mais do corpo como linguagem semiótica do que os adultos. Ideologicamente, pelo menos nas sociedades ocidentais, a palavra é tida como manifestação privilegiada da comunicação e que expressa o grau de evolução do ser humano. Não é por acaso que a categoria que designa as crianças – consideradas por muitos evolucionistas como o estágio primitivo da evolução humana – é nomeada por *in-fans* (aquele que não fala). Como já me referi em capítulo anterior, essa designação está carregada de significado ideológico que exprimiu e ainda exprime concepções sobre as crianças e a infância marcadas pela negatividade.

Ao contrário disso, as crianças me revelaram que falam muito por meio do corpo. As crianças observadas, ainda que já tenham desenvolvido a linguagem oral, mostram formas muito criativas de responderem interpretativamente através do corpo aos limites e cerceamento da linguagem, da interação e do movimento impostos institucionalmente. Insistentemente, elas dizem que não só têm um corpo, como também são um corpo: um corpo vivo, brincante, contestador;

um corpo capaz de enunciar valores, críticas e proposições diante da realidade, essas nem sempre compreendidas pelos adultos.

Percebi, no entanto, que uma dimensão especial da relação das crianças com o corpo é construída pelo movimento. É o corpo em movimento que as crianças lançam, de forma genuína, para interagir e se comunicar com o outro e, por transgredir a norma do controle e da disciplina, é o corpo em movimento que tanto incomoda, desarruma e não se adapta à forma escolar, precisando ser contido e disciplinado.

A relação entre corpo e movimento, especialmente no interior da escola, é assunto de ampla reflexão pelo campo da Educação Física. Essa área, tendo como objeto de estudo e intervenção o movimento corporal humano, organiza seu campo em torno de algumas teorias que buscam compreender seu objeto com base em várias matrizes epistemológicas, como o materialismo histórico-dialético, a fenomenologia, o positivismo etc. Dentre elas, afino-me com a teoria crítico-superadora elaborada pelo Coletivo de Autores (1992). Essa teoria, de base materialista histórica dialética, compreende que existe uma "cultura corporal" construída historicamente, materializada e expressa pelo corpo que constitui os modos de se movimentar, brincar, jogar, andar, se postar; ou seja, a expressão do corpo é produto dos signos sociais incorporados e, por ele, manifestos dialeticamente. Por isso, na perspectiva da teoria crítico-superadora, a expressão corporal é a incorporação e expressão da cultura. Sendo assim, penso que essa perspectiva se aproxima de minha proposição do corpo como linguagem, porque comunica e expressa códigos culturais construídos e partilhados socialmente, como também defende Bakhtin.

As crianças deste estudo, principalmente pelo movimento, pelo gesto, pela mímica, pelo olhar, mostraram formas sutis e, ao mesmo tempo, "poderosas" de diálogo corporal, pelo que travam várias comunicações à revelia da permissividade adulta. O evento a seguir denota essa dimensão – do corpo como linguagem e interação – ao mesmo tempo em que revela o corpo como possibilidade de manifestação lúdica e de resistência e transgressão, outras dimensões que passarei a abordar em seguida.

> *As crianças chegam alvoroçadas do café da manhã. Conversam, gritam, se batem, cantam e contam coisas. A professora faz uma conversa muito séria com elas, chamando a atenção e dizendo que quem não ficasse quietinho não assistiria ao filme. No decorrer do filme, as crianças vão falando o tempo todo, no que são caladas pela professora que pede que assistam em silêncio. Depois de uns dez minutos, já começam a mover muito o corpo, principalmente quando a professora sai da sala. Carlos brinca com as mãos e Fernanda, com os pés. Miriam parece que constrói uma história paralela com Patricia. Não para de falar com a amiga e gesticular. A professora chama atenção e ela para, fica um tempo em silêncio e depois retorna a conversa com a amiga. Agora, as duas começam uma brincadeira juntas, totalmente alheias ao filme: "Choco, choco..."*

A professora chama a atenção e separa as duas. Patricia fica se mexendo, deslizando o corpo no chão. Agora, outras crianças também mexem muito o corpo: Edmundo, Ronaldo, Patricia, Amanda e Carlos. Agora, as crianças todas já mudaram de lugar, várias se sentaram na cadeira e quatro apoiaram-se sobre mim. Amanda, Aline e Patricia brincam com a cabeça, gestos e sons. Carlos brinca com o cadarço do tênis como se este fosse a direção de um carro: "bibibibi". Fernanda e Patricia tentam brincar com Amanda e Aline, fazendo gestos como se fossem animais grandes, com garras, mas estas as ignoram, ficando de segredinhos entre elas, numa comunicação travada pelo olhar e pelo riso, uma vez que lhes era proibido falar. Patricia se incomoda com isso e agride Amanda. Amanda e Aline se afastam. Patricia continua insistindo de longe na aproximação e, quando parece que é aceita, a professora chama e as separa. Patricia vai para o local em que a professora manda e Fernanda, percebendo, aproxima sua cadeira de Patricia. As duas começam a interagir, com um objeto na mão. Não dura muito até que a professora separa as duas. As duas começam uma brincadeira com a boca e Patricia vai para perto de Fernanda novamente. Nesse momento, só há três crianças vendo o filme, todos os demais estão brincando, brigando, interagindo e movimentando muito o corpo. A professora percebe o desinteresse e troca o filme. Fernanda, há tempo, está querendo ir ao banheiro. Assim que Fernanda vai, várias crianças pedem para ir ao banheiro e a professora percebe que é só para sair da sala e não permite mais. Começa o mesmo movimento do filme anterior: brincadeiras, brigas, interações, tentativas de mexer o corpo. Em meio a essas interações, as crianças, às vezes, olham para o filme (Diário de campo, creche da favela, 24/09/2009).

Ao rever em meu caderno de campo o registro desse evento veio-me logo à mente a sensação de canseira das crianças frente à imposição da vontade do adulto que insistia em mantê-las com o corpo sob controle através da proposta do filme. A observação sobre todos esses movimentos paralelos que as crianças manifestam no desenrolar do filme, me levou à percepção de que as crianças parecem estar o tempo todo aprendendo, em suas "interações marginais"[2], a construir uma cultura de resistência em face da opressão do corpo, da linguagem, da brincadeira e da interação.

As crianças até demonstram, algumas vezes, interesse pela trama e personagens veiculados no filme, mas se negam a interagir com ele de modo passivo e destituídas de seus corpos; levam para essa relação os seus modos de interação que são caracterizados pela interatividade, pela ludicidade e pela linguagem corporal como formas de reação às emoções ou à falta de emoção que o filme provocara. O corpo, aqui, é a linguagem possível e marginal que as crianças mobilizam para fazer valer seus outros interesses. Dentre estes, considero que o maior seja o de

---

2. Cunho o termo "interações marginais" por perceber que estas eram construídas pelas crianças à revelia das regras proibitivas. Por isso, era na contraordem, às margens do institucionalmente permitido que elas ocorriam; quase sempre sem que o adulto percebesse.

direito ao próprio corpo, esse que se deseja anulado e disciplinado a todo custo pela utilização de estratégias de controle disciplinares que, nesse caso, se exprimem pelo vídeo, o qual pressupõe uma cultura de passividade das crianças frente à ação dos protagonistas que são exibidos na tela. As crianças, manifestando uma corporeidade ativa, dão sinais de resistência a essa forma de controle e transgridem a norma da passividade.

Nota-se que esse evento ocorreu na creche da favela, cuja tem um projeto pedagógico altamente centrado no controle e na disciplina. Com ele (com o evento), quis mostrar como o corpo é enunciador de linguagem nas culturas infantis, aspecto esse que pôde ser reconhecido também no grupo de crianças da escola do outro contexto. Nela, também foi possível observar o corpo comunicando desacordos, cansaço, desinteresse, motivações e representações:

> [...] Na roda, enquanto a professora lê trechos de um livro sobre as obras da ceramista Sandra Guinle e do pintor Portinari, as crianças começam a se mexer muito, a tentar encontrar lugar de conforto, a trocar olhares entre si e procurar o colega ao lado para conversar e brincar com o corpo. A professora repreende-as pelo barulho e desatenção e troca algumas crianças de lugar. Depois dessa leitura na roda, a professora convida-as para irem ao laboratório de informática a fim de conhecerem as obras dos dois artistas. As crianças comemoram o convite com pulos e saltos de euforia. Já no laboratório, a professora vai lendo novamente alguns trechos sobre a vida e obra dos artistas e, enquanto isso, várias crianças mexem-se na cadeira e bocejam bastante, dando sinais de cansaço ou desinteresse. O sono é dispersa com o início de um jogo de memória, feito com base nas obras de Portinari, o qual coloca as crianças numa posição mais ativa e desafiadora. Estas respondem corporalmente com posturas que revelam prontidão e interesse: pulinhos na cadeira, suspiros e olhares que comemoravam alguma vitória no jogo (Diário de campo. Escola do castelo, 23/09/2010).

> [...] Observo que o corpo é um recurso de linguagem bastante presente nas conversas com as crianças. O "assim ó" tem sido uma constante nas entrevistas. O gravador não capta o gesto, e, no entanto, ele (o gesto) está presente o tempo todo como linguagem bastante recursiva usada pelas crianças (em ambos os grupos pesquisados). Elas respondem muito sobre suas experiências através da demonstração corporal; explicam menos e fazem mais; se pretendem retratar a relação com os adultos, constroem papéis e reproduzem a fala, o jeito e o tom de voz de cada um. Assim, não permanecem sempre sentadas nas entrevistas, mas levantam-se, fazem acrobacias, mostram brincadeiras, posturas, personagens. O corpo é um recurso privilegiado das crianças e, por isso, exige também o registro do que ele informa... (Diário de campo. Escola do castelo, 28/10/2010).

A relação do corpo como mecanismo privilegiado de linguagem, interação e experimentação do mundo é muito revelador de uma forma genuína e própria das culturas das crianças. Os adultos, por um processo de disciplinamento e controle dessa linguagem corporal, não têm mais o corpo como mediação privilegiada de contato com a realidade, uma vez que a cultura adulta privilegia a linguagem oral e escrita e valoriza os comportamentos que emitem ajustes do corpo ao que a sociedade capitalista espera e valoriza, como posturas, valores estéticos, disciplina etc. Não que as crianças também não estejam em relação com essas normas de produção do corpo social, mas talvez, por um processo de menos tempo de contato com os mecanismos de conformação do corpo, elas ainda resistam e transgridam para poder viver o corpo como experiência humana geradora de potencialidades de movimento, expressão, emoção, interação, ludicidade, humanização...

É importante esclarecer ainda que o corpo enuncia linguagens por meio de várias expressões, muitas dessas intencionais e elaboradas por um processo de trabalho corporal, como é o caso da dança, da expressão corporal, das artes cênicas etc. Aqui, no entanto, o que interessa é perceber as formas como as crianças se relacionam com o corpo para fazer valer suas interações e seus interesses do grupo de pares, e que estabelecem como prática recursiva e rotineira, constituindo-se em cultura.

Retornando à discussão da percepção do corpo como linguagem considerando a diferença entre as crianças devido à inserção em dois contextos desiguais, nota-se que, ainda que ambos os grupos exprimam o corpo como linguagem devido a sua condição geracional, tanto as formas, os códigos e os modos que expressam sua corporeidade são construídas de forma diferenciada, fruto da relação com as experiências engendradas no grupo social de pertença, o que pode ser identificado pela expressão de uma *hexis* corporal relativa a um *habitus* de classe (BOURDIEU, 1964), conforme abordado no primeiro capítulo.

Para além do efeito do *habitus* e, nele da *hexis* de classe na produção dos corpos e corporeidades das crianças, é fundamental também considerar o efeito institucional que constrói as arenas sobre as quais as crianças constroem suas formas de significação e ação no interior da escola. Desse modo, apesar de haver uma cultura escolar comum e que perpassa por todas as classes, a qual tem como um dos motes principais a prioridade da linguagem oral e escrita e o disciplinamento do corpo, esse efeito também não se manifesta da mesma forma, mas se produz de modo distinto e, eu diria, desigual, com mais ou menos possibilidades de viver o corpo como linguagem, de acordo com as políticas e práticas pedagógicas engendradas no interior de cada escola. Paradoxalmente, é justamente no interior das escolas que mais aniquilam a expressividade corporal – que são as duas escolas do interior da favela – que o corpo mais se destaca como linguagem. O que pude perceber, observando a linguagem corporal, é uma relação ativa e interpretativa das crianças com as normas institucionais, o que fica evidente nos movimentos de resistência e transgressão expressos pelo corpo.

Sobre como as escolas dos dois contextos sociais aqui abordados e seus dispositivos pedagógicos produzem modos de experiência corporal, principalmente no que se refere às formas de resistência e transgressão engendradas pelas crianças dos dois grupos para fazer valer o direito ao corpo na escola é que discorro no tópico a seguir.

O corpo como resistência e transgressão

Como já me referi acima, pensar a centralidade do corpo nas culturas infantis e este como expressão de resistência e transgressão das crianças frente a outra cultura requer, necessariamente, situar sobre qual cultura propriamente elas resistem. Podemos de imediato reconhecer que as crianças resistem à imposição da cultura adulta que, por um processo de construção histórica entre as gerações, constituiu-se, na Modernidade, como a mais legítima, sobrepondo-se à infantil pela disseminação de concepções e práticas "adultocentradas" que desconsideram o que nas crianças foge da semelhança ao adulto. Pois bem, que as culturas da infância se constroem em relação com a cultura adulta, que não é separada desta, mas que, no entanto, é julgada com base em critérios que tomam o adulto como referencial de completude, já é, de certo modo, bastante considerado e estudado na abordagem das culturas infantis.

Entretanto, há, aqui, outra instância a ser considerada quando se pretende analisar o corpo como expressão de uma cultura de resistência e transgressão. Essa instância surge à medida que se passa a considerar a principal instituição socializadora sob a qual (e no interior da qual), rotineiramente, as crianças encontram-se entre pares e mobilizam experiências, significados, saberes e estratégias de ação – na relação entre si e com os adultos – e constituem suas culturas. Naturalmente fala-se aqui da escola que, como detentora de uma cultura própria de caráter universalizante, a qual pode ser reconhecida por aquilo que Vincent (1994) designa como "forma escolar", é tomada nesta pesquisa como principal instituição socializadora a ser levada em conta na busca de compreensão das arenas sobre as quais as crianças se movem e produzem suas culturas, principalmente suas culturas de resistência e transgressão[3]. Outras instâncias de socialização também se hibridizam nos diferentes contextos de classe como a socialização pela rua, pela mídia, pela igreja, pelos vínculos parentescos, pelas atividades extracurriculares como a natação, balé, inglês, capoeira etc. Ainda que a escola seja *locus* privilegiado das análises aqui empreendidas, essas outras instâncias socializadoras deverão estar sempre sendo consideradas e, mais, adiante, darei mais visibilidade a elas.

---

3. Fingerson (2009) também observou em sua pesquisa com crianças e adolescentes nos Estados Unidos, que estes usavam de suas funções corporais e dejetos corporais para resistirem à autoridade dos professores e adultos na escola. Como exemplo, cita que contavam anedotas sujas, desobedeciam aos códigos de vestimenta e utilizavam-se de dejetos corporais para chocar os adultos. Assim, esse autor afirma que, nesse caso, o corpo é usado diretamente como objeto de resistência.

No entanto, voltando à justificativa de dar centralidade à escola, saliento também que, apesar de haver uma forma escolar que perpassa por todas as escolas porque constitui sua identidade e legitimidade no tecido social, historicamente essa instituição foi sendo erigida e estruturada com base em diferentes concepções de educação, infância, conhecimento, projeto de sociedade e por isso apresenta diferentes modos de lidar com os sujeitos escolares, nesse caso, as crianças, como já explicitei bem no capítulo 2. Além disso, conforme também apontam Vincent, Lahire e Thin (1994), essa forma escolar é operacionalizada por meio de modos escolares de socialização que estão mais ou menos em conformidade com a cultura das crianças, a depender da classe social a que pertencem.

Com isso quero dizer que, por um lado, novamente vislumbro a resistência e a transgressão como marca comum dos dois grupos, porque ambos estão inseridos numa instituição chamada escola que tem mecanismos comuns de controle e disciplinamento. Por outro, é preciso reconhecer novamente que essa dimensão é diferentemente mobilizada em ambos os espaços que produzem diferentes intensidades e motivos para que o corpo resista e transgrida.

Se tomarmos o episódio já descrito acima e que se desenvolveu no interior de uma creche da favela (cf. p. 104s.), podemos ver nele vários sinais de resistência e transgressão, identificados pelos movimentos corporais "indevidos" na ótica dos professores, como trocar de lugar; deslizar-se no chão; buscar o corpo do colega para brincar; dialogar através de mímicas, olhares, cochichos; brincar com o próprio corpo e do colega... Nesse contexto da favela, em ambas as instituições estudadas, a cultura de resistência e transgressão mobilizada pelo corpo é fundante dos modos de relação das crianças com os dispositivos disciplinares da escola. O corpo, assim, se torna o protagonista de uma cultura de resistência porque também ele é o principal alvo de domesticação e disciplinamento.

Alguns estudos clássicos como os de Norbert Elias (1990, 1993) e Michel Foucault (1987) apontam o grande interesse, desde a época clássica, pelo disciplinamento do corpo como modo de civilidade (Elias) e como forma de poder (Foucault), tanto no sentido do que ele pode ser rentável em termos econômicos como pelo que pode ser dócil e controlado, em termos políticos.

Ainda que com outros roupantes e interesses, a Modernidade continua a ter no corpo um grande alicerce de dominação, no intuito de construir um corpo que se adapte às necessidades do capital: um corpo produtivo, disciplinado, padronizado, consumidor. E a escola, como instituição legítima de socialização e educação da infância na Modernidade, tem servido de esteira para a *fabricação* (Foucault) desse corpo.

Batista (1998), ao analisar a rotina numa instituição de Educação Infantil, faz uma incursão histórica sobre a origem da escola (nomeadamente a de Ensino Fundamental) e sua expansão após a Revolução Industrial, indicando que essa instituição se baseia nos ritmos temporais da fábrica. Partindo dessa referência, a escola passa a ser o espaço institucional por excelência em que o corpo infantil encontra rotinas fixas e dispositivos de disciplinamento que visam à preparação de um corpo produtivo e adaptado às demandas do trabalho na sociedade capitalista. Encontramos aí a fabricação do *corpo produtivo* (SILVA, 2003), sendo operacionalizada através do controle do corpo em relação ao tempo – pela instituição de ritmos corporais como hora para comer, para trabalhar, para falar, para calar, para brincar, para descansar –, e em relação ao espaço e ao movimento – dimensões que se coadunam, por exemplo, com a contenção do corpo em carteiras na sala de aula, visando ao controle deste e de tudo que venha de suas pulsações para conceder prioridade ao exercício da mente e da dimensão racional cognitiva.

Ainda que a Educação Infantil tente se construir com uma especificidade própria, a qual busca romper com vários dispositivos disciplinares da escola tradicional, ela, historicamente, tem andado a reboque desta e reproduzido muitas práticas ditas "escolarizantes" (ROCHA, 1999), as quais têm o claro objetivo de criar um corpo adaptado às demandas do disciplinamento que o mundo do trabalho capitalista exige. "Deste modo, os sujeitos são treinados, moldados e marcados pelo disciplinamento dos corpos das crianças em tempos e espaços lineares, contínuos e unidimensionais" (SAYÃO, 2004, p. 129-130).

Essas análises indicadas pelos estudos e pesquisas a que acima se fez referência acerca da rotina e controle do corpo na escola ganham muito sentido quando passo a relacioná-las com as realidades encontradas nas escolas em que se desenvolveu este estudo. Nessa direção, indico pelo menos dois fatores que julgo muito pertinentes de serem considerados na análise empírica buscando cruzar escola, corpo e classe social. O primeiro diz respeito à cultura escolar como uma cultura de disciplinamento e que extrapola o pertencimento de classe; o segundo se refere ao grau de controle e disciplinamento do corpo e aos diferentes sentidos da escola conforme a classe social, o que traz mais ou menos limites e possibilidades de viver o corpo na escola e, consequentemente, este é mais ou menos mobilizado como resistência ou transgressão.

Com relação ao primeiro aspecto, as teorias aqui explicitadas, desde os estudos da forma escolar feitos pela Sociologia da Educação, os estudos clássicos de Elias e Foucault, até as pesquisas mais atuais na área da Educação Infantil, ganham grande sentido e atualidade quando passo a perceber que, mesmo na escola do castelo, que prima pela autonomia, criticidade, pela brincadeira e o desenvolvimento das múltiplas linguagens, percebem-se claramente mecanismos pedagógicos – conscientes ou não – que revelam a preocupação com o controle do corpo, conforme abaixo exemplifico:

> *Depois do lanche, na sala: a professora disponibiliza a maquete feita com as crianças sobre o chão da lua com os astronautas para quem se interessar em brincar. Os quatro meninos da turma (Rafael, Lucas, Pedro*

> e Michelângelo) logo mostram interesse. Os quatro brincam com os astronautas em pé, se afastam da maquete e brincam com o corpo todo, como se estivessem guerreando, dando corpo aos astronautas. A professora chega à sala e os orienta para que brinquem sentados e próximos da maquete. Eles brincam um pouco e logo levantam novamente. A professora chama a atenção mais uma vez e eles voltam à maquete. Mas logo se afastam dela novamente, agora mais sentados, mas ainda em movimento (Diário de campo. Escola do castelo, 07/09/2009).

Nota-se que esse evento se desenrolou na sala de "aula" cujo espaço impõe maior limite e controle sobre o corpo. Os tempos e espaços da escola, desde sua criação, se organizam pautando-se no dualismo entre corpo e mente. A sala de aula é, por excelência, o espaço e o tempo da mente, em que o corpo deve ser controlado para que esta se desenvolva, ao passo que o espaço externo e o tempo do parque e/ou da educação física são destinados à expressão do corpo, muito para aliviar as tensões produzidas pelo confinamento e pela superexigência das faculdades cognitivas em sala de aula.

Essa concepção fragmentada entre corpo e mente é própria das sociedades ocidentais, alicerçando os modos de aprendizagem e as relações e percepções dos sujeitos sobre si mesmos nessas sociedades. Porém, as crianças, nas suas resistências e transgressões, são o exemplo claro de que essas dimensões do humano estão integradas; que o corpo tem uma inteligência e a mente expressa uma corporeidade porque está e é o corpo. Por terem menos contato com uma cultura de fragmentação, as crianças ainda operam integradamente essas duas dimensões, unindo o que a sociedade e a cultura insistem em fragmentar.

Além disso, é preciso salientar que, além de lidar com o corpo e a mente fragmentadamente, o tempo e o espaço que a escola privilegia para essas duas dimensões são muito desiguais. Tendo no desenvolvimento da mente e da racionalidade cognitiva seu grande foco, o corpo e as expressões artísticas ficam em segundo plano, geralmente nos interstícios de tempo que sobram depois de cumpridas as atividades mais "nobres".

Como já mencionei no decorrer deste trabalho, na escola onde se passa esse evento, o corpo e as artes ganham maior espaço do que geralmente se dá nas escolas. As crianças têm garantido diariamente tempo e espaço para brincar e se movimentar ao ar livre e em diferentes e amplos espaços, além de irem semanalmente ao "espaço corpo", onde vivenciam atividades orientadas que visam alargar suas experiências corporais e de movimento. Portanto, mesmo operando com uma forma escolar de socialização e situada numa cultura capitalista e ocidental, essa unidade escolar se coloca de forma crítica frente às várias concepções e práticas da escola e busca construir formas alternativas de fazer educação e lidar com a infância. Por isso, mais uma vez, não se pode pensar de forma generalizante a própria escola, uma vez que também ela não está determinada por um modelo único e univerzalizante, pois que se faz pela ação dos sujeitos que, na condição de atores sociais, têm o poder de superar limites, concepções e práticas instituídas (DUBET, 1996).

No entanto, mesmo considerando esse diferencial que esta escola representa comparativamente à grande maioria, o evento evidencia claramente os limites impostos para o corpo na experiência do brincar. Esses limites, certamente, estão circunscritos pelo espaço da sala, o que requer menos movimento e certa organização entre as crianças para que todas possam ter direito ao espaço, evidentemente. Não se trata de questionar, portanto, a legitimidade da conduta da professora que está ajudando as crianças a gerir um espaço limitado e de direito coletivo. Mas, o que é interessante evidenciar aqui são os limites encontrados para uma experiência menos fragmentada entre corpo e mente dentro da instituição escolar, por mais que ela seja crítica e alternativa ao projeto de sociedade que está posto. Na radicalidade da crítica, poderíamos pensar se há possibilidade, dentro da cultura ocidental e capitalista, de a escola se construir na contramão dos dispositivos que operam a fragmentação entre corpo e mente e o privilégio desta última em detrimento do primeiro.

Penso que seria o caso de repensar radicalmente a escola; de transformar na sua gênese os fins, os meios e as formas de ser escola, reinventando os tempos e os espaços para neles caber crianças que não só têm um corpo, mas que são um corpo, na medida em que esse é testemunho de sua existência.

Outro aspecto que o evento evidencia diz respeito ao fato de estar centrado na ação dos meninos. Porém, não desenvolverei a análise desse ponto aqui, visto que no próximo capítulo concentrar-me-ei na abordagem da forma como as crianças fazem uso dos espaços e objetos em suas brincadeiras de forma diferenciada entre meninos e meninas. No entanto, por ora cabe assinalar que, em ambos os contextos, pude perceber distinções de gênero na relação das crianças com o espaço e semelhanças que se agrupavam em torno do gênero, o que evidencia mais um elemento de identidade que extrapola a questão do meio social em que o indivíduo está inserido.

Pois bem, até aqui tenho desenvolvido o primeiro aspecto referente aos indícios da pesquisa no que concerne às relações corpo, escola e classe social. Assim, tentei mostrar, sem cair num determinismo que desconsidera as singularidades e as diferenças, que existe uma forma escolar pautada no controle, disciplinamento e na fragmentação entre corpo e mente que extrapola os contextos de classe, mas que, no entanto, não é vivenciada pelas crianças de forma passiva e destituída de seus corpos, à medida que a resistência e a transgressão anunciam o descompasso entre a cultura infantil (que é corporal) e a cultura escolar.

Já com relação ao segundo aspecto, ou seja, ao grau de controle e aos sentidos que a escola tem para as diferentes classes sociais e como isso repercute nas ações sobre o corpo e a corporeidade das crianças, destaco a análise em torno das relações das escolas situadas no contexto da favela, por ser nesse contexto que pude encontrar, como marca central, a resistência e a transgressão e o corpo como mobilizador dessas manifestações.

Seria simplista ficar num nível de análise que apenas indicasse a marca do corpo e da corporeidade infantil nas culturas construídas pelas crianças, assim como pouco se avançaria apenas indicar que as crianças, na condição de atores sociais, agem de forma interpretativa, sendo capazes, assim, de mobilizar ações não conformes com a cultura dos adultos, constituindo, elas próprias, uma cultura de resistência e transgressão. Não que isso esteja equivocado, ao contrário, esse aspecto que diz muito da reprodução interpretativa tem sido apontado em vários estudos que buscam dar visibilidade às manifestações das crianças e pode ser encontrado nas crianças em geral, independentemente da origem social. Não obstante, penso que o estudo das culturas infantis e nele, da corporeidade na infância, precisa levar em conta a heterogeneidade constitutiva dessas culturas, uma vez que emergem, como venho evidenciado, em contextos produtores de diversidade e desigualdade. Precisa, ainda, ao analisar as condições sociais sobre as quais as crianças agem, buscar indicar em que medida os contextos socais favorecem e/ou limitam a interpretação.

Assim, considerando, como aqui já afirmei, que a resistência e a transgressão aparecem de forma radicalizada no grupo de crianças da favela, fui tentar perceber os fatores que se articulam ou que produzem essas manifestações das crianças.

Vislumbrei que a relação das crianças com a escola e nela, com o corpo, indica uma enorme dissonância entre dois modos, poderia dizer duas culturas, que se conflitam: os modos das crianças que são, em grande parte, construídos por um *habitus* e uma *hexis* relativa à socialização no interior da classe popular e da favela e o modo de socialização escolar que está ancorado em valores e práticas mais consonantes com o *habitus* das classes médias (THIN, 2006). Não se trata, pois, somente do fato de as crianças reagirem a processos disciplinantes e opressores da expressividade do corpo, como é normal de ser encontrado em razão do descompasso entre a cultura adulta/escolar e a cultura das crianças, como venho demonstrando. Nesse grupo, além de dissonâncias geracionais, temos dissonâncias relativas a lógicas e modos de socialização que têm também na origem social seu fator de conflito. Por isso, nesse grupo pesquisado, a resistência e a transgressão se ampliam.

Desse modo, essa *hexis* corporal – no que concerne à relação de resistência das crianças à cultura escolar – é constituída pelas disposições de um "corpo solto", por um lado e oprimido, por outro.

A ideia de "corpo solto" corresponde à quase inexistência de rituais no interior da família que se coadunam com os modos de sentar, falar, escutar, aprender, de se portar em espaços coletivos que passem por uma pedagogização do corpo, como as crianças do castelo supostamente vivenciam no seio da socialização familiar. Essa pedagogização do corpo é construída através da *forma escolar* (VINCENT, 1980, apud THIN, 1996)[4] que normatiza uma maneira de socializar que não é a aprendizagem pela prática e pela relação espontânea com os mais velhos, mas instaura tempos e espaços fixos, regras, hierarquias e métodos destinados a fins educativos. Coadunando-se com as observações de Thin (1996) sobre o contexto das classes populares na França, as famílias desse segmento estão mais distanciadas do que se denomina de *modo escolar de socialização*, o que produz um corpo mais desregrado e menos institucionalizado, um corpo solto.

Ainda que, segundo o mesmo autor, o modo escolar de socialização ou a forma escolar tenha extrapolado as fronteiras da escola e entretece várias instâncias de socialização, instaurando um modo dominante de socialização pautado numa pedagogização das relações sociais e da aprendizagem, esse modo parece não penetrar tanto a vida das crianças moradoras da favela. Ao contrário das crianças da escola do castelo, essas crianças não frequentam *escolas* de natação, de música, de dança; não fazem *aula* de capoeira, de circo, de inglês, de pintura etc. Seus cotidianos são marcados pela socialização no espaço doméstico e da rua, em que usufruem maior liberdade do corpo que se movimenta com menos restrição de tempo e espaço e que tem na prática da observação das experiências engendradas na rua pelos pares ou mais velhos o material para muitas de suas aprendizagens. Assim, seus corpos expressam uma amplitude de movimentos e acrobacias que desafiam seus limites de idade e tamanho e que produzem uma corporeidade bastante ligada à força física e habilidades motoras que passam a ser um patrimônio importante e valorizado no grupo de pares, principalmente nos meninos.

Assim, há um enorme investimento da escola para conter o *corpo solto* das crianças que constantemente se movimenta, interage, brinca, levanta, briga, fala, canta... enquanto que a norma da escola é que a criança fique a maior parte do tempo sentada no mesmo lugar e em silêncio. As estratégias para contenção do corpo são inúmeras e podem ser identificadas, por exemplo, nas constantes e quase diárias sessões de vídeo (de 18 dias de observação num semestre na escola da favela, em 14 desses as crianças foram para o vídeo), no enclausuramento das crianças dentro da "sala de aula", na proibição do parque e do pátio externo, nas sanções constantes sobre os movimentos corporais, nos castigos pautados na imobilidade do corpo, entre outras, como podemos observar nos eventos abaixo:

> Na sala, as crianças ficam em atividade que consiste em identificar o giz de cera de cor vermelha e, com ele, colorir o desenho mimeografado de um urso. Algumas crianças, em meio à tarefa, brincam, conversam, mexem-se, levantam-se. Maikon e Rafael conversam bastante durante a atividade e trocam as folhas, levantam, falam alto e não se atêm a ficar na pintura do desenho. A professora tira a tarefa dos dois e diz: "Acabou a brincadeira". E, zangada com os dois, manda-os ficarem sentados e

---

4. VINCENT, G. *L'ecole primaire française:* etude sociologique. Lyon: Presses Universitaires de Lyon, 1980.

de cabeça baixa sobre a mesa, sem sair dessa posição (Diário de campo. Escola da favela, 28/10/2010).

Pesquisadora: "Marcelo, o que você não gosta que os adultos fazem?"
Marcelo: "Eu não gosto que os adultos brigam".
David: "Eu não gosto de castigo".
Marcelo: "Eu não gosto quando fica criança de castigo".
David: "Outro dia, o Felipe arrebentou o Maikon. Pegou o cabelo dele e trouxe ele de lá até aqui. Ele é meu primo".
Marcelo: "Aí a tia colocou o Felipe de castigo até a hora da saída. Sentado. Quando ele levantava a tia falava: 'Fica sentado'. E ele tinha que ficar sentado toda hora" (Trecho de entrevista com Marcelo e David. Escola da favela).

Uma vez que o modo de socialização familiar nesse segmento da favela é mais caracterizado pela sanção e pelos castigos corporais, o corpo das crianças também revela uma condição de enfrentamento e resistência à dor. Apesar de não haver muitos elementos empíricos para compreender mais a fundo como se dão as práticas socializadoras das famílias e como elas incidem sobre o corpo, produzindo o "corpo oprimido", o próprio corpo das crianças, sua corporeidade e seus relatos deixam claro que elas são, muitas vezes, vítimas de agressividade física, enfrentam confrontos e a tudo resistem.

A dimensão do corpo oprimido, aqui, é a expressão mais genérica das condições de extrema desigualdade social em que estão inseridas essas crianças e suas famílias. Não se trata, portanto, de culpabilizar as práticas familiares porque não se trata de uma questão de mera escolha dessas famílias, mas das possibilidades de ação encontradas pelos sujeitos dentro do limite de seu condicionamento social.

Nesse sentido, é importante ainda salientar que, apesar de estar tratando de segmentos sociais unidos e divididos pela identidade de classe e, assim, apontar pesquisas e indícios no intuito de generalizar certos comportamentos e *habitus* construídos pela origem social, as evidências empíricas e teóricas (cf. MONTANDON, 2005) permitem apontar as diversas estratégias e modos de socialização encontrados dentro da mesma classe social, como já busquei apontar no capítulo anterior. Segundo Lahire (1997), mesmo quando se identificam consonâncias de classe social, existem dissonâncias entre as famílias dessa mesma classe.

Assim, nota-se que as crianças mais "ajustadas" à forma escolar ou ao modo escolar de socialização têm maior investimento da família que credita na escola a possibilidade de os filhos alçarem voos maiores na vida e terem uma formação instrumental e moral adequada para as demandas da sociedade. Não por acaso, a maioria dos pais desse grupo que se propuseram a participar da entrevista na pesquisa, se constitui, na definição das próprias professoras, como os pais que também acompanham mais os filhos na escola, participam das reuniões e conseguem oferecer uma estrutura mais adequada de condições materiais e afetivas no seio familiar. No entanto, esses casos são ínfimos e, mesmo neles, podemos encontrar a repressão física como uma ação normal de educação das crianças.

Thin, buscando compreender esse tipo de ação (dos castigos corporais) nas classes populares na França, assim argumenta:

> Além do fato de que a ação física corresponde melhor à intenção de interromper rapidamente o ato repreensível, seria preciso levar em conta aqui tudo o que os castigos corporais devem à relação com o corpo nas classes populares, que creditam sua existência econômica à sua força física de trabalho (THIN, 2006, p. 36).

Portanto, muito mais distantes da forma escolar, as crianças quase não praticam o diálogo verbal como argumentação, justificativa e comunicação entre seus pares. Muitas vezes, as constantes agressões das crianças entre si também pode ser a única forma ou a principal que conhecem para reagir, transgredir, discordar ou até se comunicar. Vejamos o depoimento da professora a esse respeito:

> Nem eles nem os pais têm noção das regras que é o horário, o uniforme, que é a violência que também é muito grande. Violência dos pais com eles e isso é refletido neles. Qualquer problema que tem dentro da sala de aula é o tempo inteiro um batendo no outro. Eles não conseguem ter diálogo. A sensação que eu tenho é que diálogo não faz parte da vida deles. É só na pancadaria que se resolve. Então é complicado (Profa. Míriam. Escola da favela).

Frente à dificuldade em lidar com os modos de interação das crianças baseadas no confronto físico e buscar discipliná-las, segundo as professoras, a escola passa a assumir, muitas vezes, uma linguagem e um modo de tratar as crianças mais próximos das famílias para se fazer entender por estas, o que justifica as sanções mais duras e sem justificativa e o elevado tom de voz utilizado nas relações com as crianças.

Assim, das crianças são esperados comportamentos adequados conforme a norma escolar, mas as ações escolares para a formação desse corpo adequado nem sempre seguem o modo escolar de socialização pautado no diálogo e na justificativa verbal acompanhada das sanções. Nesse duelo, o corpo em movimento, o corpo em confronto, sinaliza o desajuste das crianças a uma forma escolar que está em descompasso com sua forma de socialização no interior da família. Além disso, a resistência corporal marca uma corporeidade que é construída pela necessidade dessas crianças de resistirem às duras condições de vida que as afetam cotidianamente.

Para fechar este tópico, recorro ao Aurélio (1999) a fim de explicitar o significado socialmente instituído para a resistência e a transgressão. Nesse dicionário, encontramos que a expressão "resistir" pode ser vista como uma "oposição ou reação a uma força opressora ou ainda como uma força que se opõe a um movimento de um sistema", ao passo que "transgredir" pode ser compreendido como um "ato ou efeito de transgredir, desobedecer, infringir ou violar". Considerando tanto o significado expresso no Aurélio como as ações sociais das crianças, percebe-se que resistência e transgressão estão interconectadas, sendo que a transgressão é uma forma explícita de resistência, talvez a mais radical e expressiva de oposição à força repressora. Penso que transgredir como forma de resistir à opressão seja um ato político das crianças na luta pela sua condição de humanização, o que inclui o direito ao próprio corpo como testemunho da criança que é.

O corpo como experiência lúdica

Do corpo produtivo ao corpo brincante: esta é a tese que Silva (2003) defende ao se embrenhar no cotidiano das crianças trabalhadoras nos canaviais pernambucanos para buscar perceber se existiria possibilidade para aquelas crianças – usurpadas do direito à infância porque inseridas em longas e duras jornadas de trabalho no corte da cana – de viverem o lúdico.

Assim é que esse autor, fazendo uma dura crítica à sociedade capitalista e ao que ela produz como mazelas à classe trabalhadora, revela que o *corpo produtivo* é o corpo alienado, objetivado e apropriado pelo capital com vista à sua perpetuação. Nesse sentido, alega que o corpo produtivo das crianças materializa sua condição de exploração e alienação, quando nele estão impressas as marcas do envelhecimento precoce, da fadiga, das cicatrizes do corte da cana, da baixa autoestima, da desnutrição, da tristeza pela infância negada. O corpo produtivo é, pois, o corpo vencido pela exploração capitalista. Por outro lado, numa compreensão não dualista, mas dialética, o autor mostra que sinais de resistência a essa objetivação estão inscritos na existência de um *corpo brincante*, que se faz presente nas crianças quando estas buscam, nas pequenas brechas de seus cotidianos, possibilidades para viver o lúdico e as dimensões que a ele se relacionam: o jogo, a festa, a brincadeira, o riso, o encontro, o à toa, o prazer, a preguiça, a imaginação e o sonho. O corpo brincante é, pois, a materialização de um sujeito-criança que ainda luta pela sua humanização e busca dar sentido à sua experiência de infância.

Entrar em contato com o trabalho desse autor e as profundas reflexões que ele tece no tocante às relações entre infância, corpo e classe social foi fundamental para dar sentido às ações do grupo de crianças abordado neste livro que também vivem condições de extrema desigualdade social e revelam, no corpo, as consequências disso. Apesar de o corpo ser vivido como experiência lúdica em ambos os contextos (mais adiante mostrarei isso) porque, tanto a relação corporal como a ludicidade marcam os sentidos e os modos de ação cultural das crianças, essa dimensão é ampliada no interior do grupo de crianças da favela.

Associo esse fato, tal como aponta Silva (2003) e tal como já mostrei no tópico anterior, ao movimento de resistência das crianças à opressão do corpo e a busca por fazer valer suas necessidades de humanização e experiência lúdica na infância.

Assim, os registros corporais das crianças da favela indicam que sua condição de desigualdade está marcada pela formação de um corpo *oprimido* enquanto que a ação de resistência está marcada pela vivência de um corpo *brincante*. Seguindo o caminho de Silva (2003), poderia dizer que as crianças transitam, dialeticamente, *de um corpo oprimido a um corpo brincante*.

O corpo oprimido acima é marcado pela situação de submissão e opressão por parte de vários segmentos sociais que colocam essas crianças em diversos lugares sociais de desigualdade. Além da geração – a qual é um fator de desigualdade das crianças em relação aos adultos e que atinge as crianças em geral – as crianças desse grupo social sofrem a condição de viverem em situação de extrema pobreza e vulnerabilidade social. Como já explicitei acima, vivem um *ethos* marcado pela necessidade e por modos de socialização engendrados por castigos corporais na família e por repressões e castigos no interior da escola que incidem diretamente sobre o corpo, sobre o direito ao movimento e à brincadeira. Além da família e da escola, outras instituições sociais produzem opressão sobre esses sujeitos-corpos infantis, como a mídia e a indústria cultural que "os insulta oferecendo o que nega" (GALEANO, 1999, p. 19); que vendem modelos de beleza que nada se identificam com a cor de pele, tipo de cabelo, vestimenta e *habitus* da classe popular; que propagam uma imagem das pessoas que vivem na favela como facilmente associadas a bandidos, ladrões, traficantes, prostitutas, vagabundos, sem cultura etc.

Assim, as marcas do corpo oprimido podem ser identificadas nessas crianças pelas suas cicatrizes que denunciam abusos e violência doméstica; pelas doenças mal-curadas; pelos ferimentos ocasionados por condições insalubres de vida ou por falta do direito à proteção; pela expressão retraída; pela baixa autoestima; pela postura corporal defensiva ou ofensiva; pelo olhar tristonho e sem vida; ou pelo olhar pesado de quem carrega responsabilidades para além de sua idade e de quem tem que entender, desde tão pequeno, as injustiças e contradições da sociedade...

> Estou sentada com Paulo ao meu lado no parque e ele me mostra uma cicatriz na perna. Pergunto-lhe o que a provocou e ele começa a falar em tom de desabafo, sem interrupção: "Aquele chato apagou o cigarro aqui (e mostra a cicatriz), aquele chato. Ele fica guardando crake e minha mãe pega e faz besteira e eu bato nele, naquele chato. Ela não leva crake pra casa, só vende. Só que ela tá certa, porque se a gente ficar com fome e ficar só pedindo... Só que ela trabalha lá no apartamento e ela não tá certa, porque aquele chato tá errado..." (Paulo. Escola da favela).

Procurando transpor percalços e a dura realidade tal como a descrita acima, as crianças me mostraram que o corpo como experiência lúdica é o corpo que cria a oportunidade a partir do limite e encontra, nele mesmo, a possibilidade de experienciar-se como brinquedo. Nesse contexto da favela, pude perceber o corpo brincante ou o corpo lúdico, principalmente e novamente, nas ações ou reações e resistências das crianças à impossibilidade de brincar e viver o brinquedo. Na falta do brinquedo, o corpo se revelara como tal, sendo suporte para fantasias, criações, interações, experimentações desafiadoras, descobertas e encantamentos.

O *corpo brincante* é o corpo que se recria da condição de opressão e se experiencia em sua liberdade, em sua festa, em seu encantamento, em seu prazer, em seu enigma, em sua possibilidade de encontro com o outro, de criação e fluidez (SILVA, 2003), de descoberta e desafios, enfim, em sua possibilidade de experiência lúdica.

Eventos abaixo dão uma amostra dessa dialética entre a opressão e a liberdade:

> *A professora coloca um DVD de música e as crianças que, inicialmente estavam sentadas para assistir ao DVD, começam a reagir corporalmente. Alguns olham e dançam as coreografias; Joana e Aline dançam em dupla; Dudu gira; outros cinco correm em círculo; Francisco, Miguel e Michel Jackson fazem acrobacias de capoeira; quatro correm por sobre as cadeiras e a professora interrompe o DVD dizendo que o combinado era assistir o DVD e não fazer bagunça. Pede para que todas as crianças sentem e diz que agora todos vão ver o DVD sentados* (Diário de campo. Creche da favela, 22/09/2009).

> *Chego e as crianças estão novamente no vídeo, juntamente com a turma da primeira série. Percebo que os meninos, a grande maioria, estão envolvidos assistindo, ao passo que algumas meninas estão alheias. Percebo três meninas que conversam, mexem e brincam com os pés umas das outras e a professora, repreendendo-as, coloca-as viradas na direção do vídeo e diz: "O vídeo é aqui e não no pé de vocês"* (Diário de campo. Escola da favela, 28/10/2010).

> *Hoje cheguei e as crianças já vieram animadas me contar que tomariam banho na escola. Assim, alguns já foram logo me mostrando suas sungas e biquínis. Outros falaram que tomariam o banho de cueca e calcinha, mas assim não tiveram o mesmo orgulho de exibir os trajes de banho. O banho é realizado de modo que duas professoras (a professora da turma e a professora de Educação Física) jogam água com regador e balde sobre as crianças e as vão orientando a usarem sabonete para lavar o corpo e a cabeça. A professora orienta um pouco o banho e, em entrevista anterior, disse que o objetivo deste era de ensinar as crianças a lavarem-se direito uma vez que, em casa, têm de tomar banho sozinhas e são pouco orientadas pelos pais para isso. Nota-se que a atividade com banho de mangueira das crianças da escola do castelo teve o objetivo de brincar com a água, de tornar esse contato lúdico e brincante, ao passo que aqui, o objetivo não tem essa gratuidade lúdica, mas sim de instrumentalização para a aprendizagem da higiene. Assim, se num contexto as crianças receberam brinquedos (baldes e brinquedos de plástico) noutro elas receberam sabonete. Porém, mesmo assim, as crianças vivenciaram de forma muito lúdica e prazerosa esse contato com a água e as professoras*

curtiram ver a alegria das crianças. Com o corpo ensaboado, David descobre que consegue fazer bolinha de sabão e faz festa com a descoberta, lançando bolinhas ao ar e chamando minha atenção para seu feito. Um grupo dos meninos, colocando-se um atrás do outro sobre as toalhas, brincam de estar no ônibus: um deles é o motorista que o dirige e os outros vão fazendo sons e curtindo a viagem... (uma criança não participou dessa atividade por estar de castigo) (Diário de campo. Escola da favela, 26/11/2010).

O corpo brincante, para além de se construir como forma de resistência e reação aos limites impostos pela condição social e, aqui, principalmente pela opressão da cultura escolar, também se manifesta na ação comum das crianças (o que pôde ser observado nos dois contextos) de irem além do instituído, de explorarem novas possibilidades de movimentos, de uso dos espaços e artefatos...

Observo que, no platô, as crianças transformam uma pulseira de mola num artefato para brincarem de pular corda, cobra, alturinha e cobrinha. Também utilizam o escorregador de modo que inventam variados modos de escorregar. Inserindo um bambolê, brincam de escorregar por dentro dele de diversas formas: deitado, de barriga e cabeça para baixo; deitado, de barriga para baixo e cabeça para cima; deitado, de costas e cabeça para baixo; deitado, de costas e cabeça para cima; sentado, de frente, segurando e deslizando o bambolê; sentado, de costas, segurando e deslizando o bambolê etc. (Diário de campo. Escola do castelo, 30/06/2010).

No escorregador, Luan fica de perna aberta sobre a parte que escorrega e faz um túnel para os colegas escorregarem por debaixo. Percebo ainda que algumas crianças (meninas e meninos) tentam escalar uma pedra que é uma das paredes do parque e, depois, vão para outro lado do parque e escalam uma cerca de proteção, penduram-se e sobem em cima de uma baliza de ferro, que, aparentemente, não tem função no parque (Diário de campo. Escola da favela, 13/08/2010).

...de desafiarem seus limites e usarem o corpo como instrumento de novos experimentos...

Estou no platô e Vitória me procura para ficar comigo. Vitória é uma criança do grupo 4 que é cadeirante. Locomove-se arrastando-se. Outras crianças estão próximas e começam a pular com uma perna só, dizendo serem o Saci Pererê e me chamam para mostrar como conseguem. Vitória me chama e mostra que também consegue, arrastando-se sobre uma perna só. Logo depois, uma colega de Vitória, parecendo querer desafiá-la, diz que faz balé e fica na ponta dos pés para que eu veja. Vitória olha a colega e eu me incomodo com a provocação. Mas, para minha surpresa, ela não parece se constranger, mas começa a procurar o seu jeito de ficar na ponta dos pés também. E logo vibra e me chama a atenção para que eu a veja na ponta dos pés, em quatro apoios. Vitória começa a brincar de bilboquê e, quando percebe a dificuldade, inventa outro jeito para que consiga acertar, apoiando a bolinha no banco e colocando o cone aberto abaixo do banco, de modo que consegue fazer vários acertos. Em

> *volta, algumas crianças brincam com a cadeira de rodas de Vitória. Um sentado sobre a cadeira e outros empurrando, fazem a maior farra com o novo brinquedo. Ouço risadas e vejo as crianças encantando-se com as folhas de árvores que caem aos montes. As crianças abrem e erguem os braços, mirando-as, rindo e admirando-se. Puro encantamento: delas com as folhas que caem e meu com o encantamento delas... Instante de pura poesia: folhas ao vento, braços ao ar, pontas nos pés e eu bobamente encantada largo o meu caderninho para registrar no coração...* (Diário de campo. Escola do castelo, 16/09/2010).

...de vestirem-se de novos personagens e experimentarem ser outro corpo...

> *Após o almoço, no parque, várias crianças querem me mostrar seus feitos: Lucas se denomina de macaco: "Quer ver como eu sou um macaco? Olha tia, eu sou um macaco!" Ele sobe no brinquedo do parque por caminhos diferentes ao proposto. Ora pelo pneu, ora pela escada e ora vai escalando pela lateral do brinquedo até chegar no alto. Lá, ainda sobe de modo a ficar mais alto que o teto do brinquedo e, chamando minha atenção para que eu o veja, faz gestos e sons de macaco* (Diário de campo. Escola da favela, 13/08/2010).

> *No platô: Cristal, a líder do grupo Estrelinha, vem até mim e diz: "Deise, sabia que a gente é uma estrela? Deixa eu te mostrar: 1, 2, 3, 4, 5". E, com as pernas entre abertas, vai indicando a cabeça, os dois ombros e os dois joelhos, o que forma uma estrela* (Diário de campo. Escola do castelo, 02/12/2010).

Essa capacidade de transfigurarem-se e explorar o corpo como potencial de experiências novas, desafiadoras e lúdicas, portanto, não necessariamente nasce da resistência ou da carência, mas, mesmo na possibilidade, as crianças vão além do que os adultos planejam e oferecem a elas (LOPES, 2009; AGOSTINHO, 2003; BATISTA, 1998). Como os episódios demonstram, esse aspecto pôde ser observável nos dois contextos investigados, o que demarca a dimensão geracional nas culturas infantis no que mostra as crianças como atores e um grupo social com interesses e modos de ação comuns entre elas, interesses esses quase sempre manifestos pela alteridade em relação aos adultos.

Ao contrário dos adultos que tendem a reduzir a experiência corporal à repetição de gestos e movimentos estereotipados, rigidamente desenvolvidos e aprendidos por um processo cultural de aprendizagem das técnicas corporais, as crianças ainda demonstram uma relação com seu corpo mais brincante e, portanto, mais criativa, integrada e menos colonizada e estranha, como o é para os adultos. Na contramão dos dispositivos institucionais que vão (como já mostrei acima) produzindo um corpo disciplinado e apto para o trabalho (o corpo oprimido e produtivo), o que constrói ritmos e modos de se portar corporalmente homogeneizados, as crianças encontram formas alternativas de viverem seu corpo, desafiando limites corporais e institucionais e anunciando possibilidades de produção do sujeito-corpo brincante na escola.

Portanto, o corpo brincante que se forja tanto como resistência e reação ao corpo oprimido e limitado de experiências lúdicas (mais visível no contexto da favela) como também pela ação comum das crianças de ultrapassarem os limites e sentidos já instituídos (encontrada em ambos os contextos), revela a condição das crianças de atores sociais que reproduzem interpretativa e criativamente a realidade para encontrar nela possibilidades de sentido e ação a fim de fazerem viver seu sujeito-corpo infantil na escola.

O corpo como fonte de agência e poder

Apesar de não haver aprofundado meu olhar acerca de buscar compreender com mais profundidade como o corpo se torna fonte de poder na constituição das culturas das crianças envolvidas neste estudo, algumas evidências empíricas, bem como as leituras teóricas me convenceram da importância de não negligenciar esse aspecto ao abordar o corpo na relação com as culturas das crianças.

Por isso, desde já, reconheço a complexidade do tema corpo e infância, o que indica que o mesmo – sobretudo o corpo como elemento constitutivo das culturas infantis – deva ser alvo de investigação em futuras pesquisas.

Sem a intenção de aprofundar esta discussão ao mesmo tempo sem ignorá-la, para realizá-la fui buscar apoio em pesquisas e teóricos – a maioria do campo da Sociologia da Infância – que me possibilitaram uma abordagem mais focada e direta no tocante às relações entre corpo, infância, agência e poder. Foi também nesse campo que encontrei inspiração para identificar com mais propriedade as múltiplas possibilidades que o estudo sobre o corpo infantil e a relação que as crianças estabelecem com seus corpos (e com os de seus pares e adultos) nos indicam sobre seus estatutos, seus modos de interpretar os estereótipos sociais e exercer agência e poder por meio de seus corpos. Nessa direção, esclarece Fingerson (2009, p. 218):

> Ao compreender de que forma as crianças e os adolescentes experienciam socialmente seus corpos, podemos aprender outros aspectos de suas vidas cotidianas. Podemos aprender acerca das alterações de poder nas suas interações sociais, acerca dos recursos a partir dos quais eles ganham poder, os modos pelos quais eles constroem seus mundos sociais e os modos através dos quais eles se definem uns aos outros enquanto gêneros diferentes, enquanto raças diferentes, enquanto idades diferentes. Surpreendentemente, apesar da literatura acerca das vidas sociais das crianças e dos adolescentes ter vindo a crescer significativamente nos últimos 20 anos, há poucas contribuições empíricas ou teóricas relativamente a pesquisas feitas acerca da vida incorporada das crianças e dos adolescentes (tradução minha).

Pois bem, partindo do corpo como essa materialidade em que se inscrevem experiências e estatutos do sujeito (de classe, de gênero, de idade, de raça, etnia etc.) e, uma vez que nossa sociedade se alicerça em valores que sustentam as posições de desigualdade, o corpo também concentra e reflete mais ou menos poder. É, pois, *uma variável na interação social* (FINGERSON, 2009), já que as relações sociais, e nelas também as das crianças, são construídas com base no uso social que fazem do corpo (FERREIRA, 2002). O corpo, assim, é mobilizado nas relações sociais empreendidas pelas crianças na busca por ter aceitação no grupo de pares e consolidar sua posição social no grupo (FERREIRA, 2002). Portanto, o corpo é *fonte de agência e poder* (FINGERSON, 2006, 2009; FERREIRA, 2002).

O poder aqui é entendido tanto como a capacidade para influenciar comportamentos como a capacidade de usar os recursos para alcançar um fim pretendido (FINGERSON, 2009). Ferreira (2002), buscando compreender as *ordens sociais instituintes* que governam as relações entre crianças num jardim de infância em Portugal, ordens sociais essas que as crianças criam e com as quais lidam para conseguir aceitação e afirmação no grupo de pares, afirma que muitas dessas ordens são estabelecidas pelas crianças por intermédio de recursos corporais, quando o corpo atende aos valores sociais do grupo, tais como: aparência, desempenho, habilidade, capacidade comunicativa etc. Segundo a autora, quando o corpo não capitaliza aspectos que são valorizados no grupo, geralmente este tem menos poder e encontra dificuldades de aceitação e afirmação de seu estatuto no grupo.

Já a agência, segundo Fingerson (2009, p. 217, 218),

> [...] envolve um constante assegurar-se do poder individual e/ou coletivo e a escolha dentro das grandes circunstâncias ou estruturas dentro das quais as pessoas se encontram. Poder e agência são ambos negociados e produzidos discursivamente através das relações, das interações sociais e da linguagem em vez de serem um elemento essencial que um indivíduo ou um grupo possua.

A agência, pois, diz respeito às escolhas e às ações que o poder autoriza. Porém, como adverte o autor, tanto o poder como a agência não são dados essenciais que um grupo ou pessoa possua, mas são conquistados e negociados nas interações sociais. Apesar de reconhecer a validade dessa afirmação e reconhecê-la nas manifestações das crianças, como mostrarei adiante, também é importante reconhecer que, ainda que o poder não seja um dado essencial e nem estático, mas é mutável e negociável por processos interativos e condicionados às circunstâncias existenciais dos sujeitos ou grupos, existem atributos e valores sociais que legitimam maior poder a quem os possui. Assim, os processos de negociação e construção de poder no grupo de crianças, segundo Ferreira (2002), estão assentados em estereótipos sociais que, de partida, já demarcam em grande medida o sucesso ou insucesso de uns e de outros. Nesse sentido, a mesma autora indica que as crianças estabelecem suas ordens sociais valendo-se da reprodução de uma série de estereótipos sociais do mundo adulto que são base para fazerem seus julgamentos e classificações.

Munida, pois, do reconhecimento de que o corpo é fonte de agência e poder e que é mobilizado pelas crianças na construção de seus estatutos frente aos pares e aos adultos, algumas questões foram sendo elaboradas quando passei a refletir e problematizar as realidades aqui estudadas: Como o corpo pode ser mobilizado como fonte de agência e poder pelas crianças na construção de suas relações entre pares e com os adultos? Quais recursos as crianças acionam sobre o corpo para fazer valer seu poder de agência em cada contexto? Como as crianças interpretam os valores e estereótipos sociais sobre o corpo e como os mobilizam nas suas relações (de poder) entre seus pares? Como o corpo infantil é diferentemente percebido e mobilizado, primeiramente, pelas crianças dos dois contextos sociais e, segundo, pelos adultos? Quais valores e aspectos corporais dão mais ou menos poder às crianças em cada grupo social?

Não seguirei à risca a necessidade de responder a todas essas questões e muito menos de esgotá-las. Contudo, acredito que o valor do processo investigativo está também na possibilidade que ele apresenta de gerar novas questões, antes nem sequer imaginadas pelo pesquisador, por ainda não estar envolvido num processo permanente de reflexividade que lhe permite ir além do que está dito e perguntado. Perguntas, portanto, não são somente para serem respondidas e esgotadas, mas abertas à reflexão, perseguidas, e, inclusive, questionadas. Não obstante, essas questões irão inspirar meu movimento reflexivo nesse encontro com o que me revelaram as crianças e, ao mesmo tempo, têm a intenção de permanecer em aberto como provocação e, quem sabe, inspiração para futuros trabalhos sobre o tema.

Alçada em minhas perguntas, fui buscando perceber, sobretudo, o que as crianças, inseridas em contextos socialmente diversos e desiguais, me revelavam sobre os valores e representações corporais que designam poder ao corpo e têm repercussão positiva ou negativa em seus processos interativos. Portanto, sem aprofundar sobre como elas mobilizam esse poder em suas interações, uma vez que esse foco não estava dado no tempo da pesquisa empírica e alguns estudos já trazem contribuições a esse respeito[5], minha contribuição se centrará em apresentar algumas evidências e reflexões para pensar como o corpo se constrói como fonte de agência e poder em contextos marcados pela diferença e desigualdade entre si.

Assim, se existem estereótipos sociais dominantes que ditam valores sobre o corpo e os quais as crianças reproduzem para estabelecer suas ordens sociais, afirmarem seu poder de agência e seu estatuto frente aos pares e aos adultos, é interessante perceber como isso se realiza frente à ação dos diferentes valores, regras e representações sobre o corpo que cada contexto social pode (ou não) mobilizar. Além disso, e concomitantemente, é importante perceber como essas relações do corpo como fonte de agência e poder das crianças são diferentemente percebidas e mobilizadas, primeiramente, pelas crianças dos dois grupos e, segundo, pelos adultos.

---

5. Cito: Connell, 1995; James, 2000; Fingerson, 2006; Ferreira, 2002; Martin, 1996; Thorne, 1993.

Iniciando por abordar o último aspecto, a pesquisa indica uma distância entre a percepção dos adultos sobre o poder do corpo infantil e a percepção das crianças dos dois grupos sobre seus próprios corpos. Em ambos os grupos, principalmente no grupo da favela, pude perceber as crianças estabelecendo uma relação com o corpo de forma que este se torna protagonista de manifestações (interativas, comunicativas, resistentes, transgressoras e lúdicas) engendradas dentro do espaço escolar. Por isso, é pelo corpo que as crianças cavam possibilidades frente às impossibilidades para o exercício do poder e agência. Além disso, o corpo traz marcas sociais que, entre as crianças, são mais ou menos valoradas, podendo trazer-lhes mais ou menos benefícios em suas interações de pares e com os adultos, aspecto que mostrarei mais adiante.

Porém, parece que, para os adultos, o poder e a agência do corpo infantil não é tão reconhecida, uma vez que, aos olhos daqueles, o sujeito-corpo infantil é visto, sobretudo, pela sua vulnerabilidade, imaturidade, dependência e incapacidade frente ao adulto. Essa visão diz muito da concepção moderna e ocidental que, de forma geral, rege nossa percepção sobre as crianças. De fato, as crianças são, biologicamente, mais vulneráveis e dependentes, mas isso se reverte em menos-valia por processos sociais que transformam desvantagens naturais/biológicas em desigualdades sociais, sobre as quais se legitima maior poder de um grupo etário sobre o outro.

Essa normativização da infância, de algum modo, pode ser percebida em todos os grupos sociais, apesar de já ser bastante questionada pelo discurso sociológico, pedagógico, político e jurídico que tem buscado difundir uma concepção de criança como sujeito de direitos. Porém, nas práticas com as crianças, os adultos ainda usam de atributos (biológicos e sociais) que lhe conferem maior poder – como tamanho, força, tom de voz, experiência, poder de decisão, de repreensão etc. – para oprimir o poder de agência das crianças.

Mais uma vez visualizo com maior nitidez essas relações de poder conflitantes entre adultos e crianças no interior do espaço da favela. Isso porque, nesse espaço social (aqui me refiro especialmente à escola) os modos de socialização incidem diretamente na contenção do corpo infantil e do seu poder de agência. Assim, por mais que o corpo infantil seja fonte de agência e poder pelas crianças, quando resiste, transgride, se comunica, interage e se experiencia ludicamente nas relações com seus pares (como venho demonstrando até aqui), isso geralmente não se legitima no interior da escola por não ser reconhecido pelos adultos. Uma vez que agência e poder são construídos socialmente, nem sempre as crianças conseguem exercer sua agência e verem-se reconhecidas, tendo algum tipo de poder no interior da escola.

Ainda com relação à visão dominante do adulto de vulnerabilidade do corpo infantil, apresento o exemplo de uma situação já há bastante tempo percebida em minhas relações com as crianças e também apontada por James (2000) em seus estudos sobre as relações das crianças com o corpo numa escola dinamarquesa. Trata-se da atitude comum dessas de chamarem a atenção para seus machucados. James analisa isso considerando que há discrepância entre os significados que as crianças dão para o ato de pedirem atenção do adulto aos seus ferimentos e o modo como este interpreta esses pedidos das crianças. A autora analisa que os adultos, assumindo a vulnerabilidade das crianças, tendem a ensiná-las a não se queixar ou a prontamente oferecer serviços de socorro. No entanto, para as crianças, essa demanda não é no sentido de atenção médica ou ajuda de qualquer gênero. Em vez disso, analisa que as crianças estão a chamar a atenção de forma mais abrangente pedindo aos outros para partilharem com elas as suas experiências corporais. Assim, a autora afirma que, como adulta, aprendeu com as crianças a partilhar o ato de olhar e compartilhar suas experiências corporais, em vez de meramente assumir a vulnerabilidade infantil.

Também nessa direção, Cristensen (2000) esclarece que, ideologicamente, as crianças são separadas dos adultos e são vistas como objetos de preocupação, de ajuda e intervenção e é minimizada a sua capacidade de lidar com seus problemas. Ao mesmo tempo, as suas reais experiências de vulnerabilidade não são muito tomadas em consideração pelos adultos.

Contudo, cabe indicar que a relação entre vulnerabilidade e poder também tem nuanças distintas nos dois contextos aqui abordados. Isso porque a vulnerabilidade, por si só, não necessariamente se traduz em consequências negativas para as crianças, como a desvalorização do seu estatuto e a limitação de sua agência e poder, o que limita o direito ao exercício de participação apontado pela CDC (Convenção dos Direitos da Criança) de 1989. Existe uma dimensão dessa vulnerabilidade que, se tomada em conta pelos adultos, deve garantir outro direito fundamental apontado pela CDC/1989 que é o direito à proteção. As crianças que vivem na favela vivem as repercussões mais negativas da visão da vulnerabilidade, quando pouco são reconhecidas em suas capacidades de exercer a participação nos processos pedagógicos no interior da escola. Além disso, ainda lhes são exigidas atitudes que pouco consideram a vulnerabilidade física, social e psicológica inerente à condição infantil, o que nem sempre lhes garante o direito à proteção.

> *Luan cai e machuca a cabeça. Começa a chorar muito e, sozinho, vai até a torneira que fica no pátio externo para lavar a cabeça. Percebo que ele está sangrando e ofereço ajuda. Comunico à professora que, não dando grande importância ao acontecido, repreende o menino dizendo que ela sempre diz para não ficar pulando na escada. Como percebo que ela não se movimenta na intenção de ajudar a estancar o ferimento, vou logo providenciando gelo e passo a assumir esse cuidado com Luan. Percebo que, em geral, as crianças desse grupo se mostram mais resistentes à dor e fazem menos alarde quando se machucam. Se esse episódio acontecesse na escola do castelo, provavelmente, tanto as crianças como os*

adultos estariam muito mais sentidos pelo ocorrido e envolvidos com o socorro (Diário de campo. Escola da favela, 16/09/2010).

Já para buscar compreender o que me revelavam as crianças dos dois grupos sobre suas percepções e experiências do corpo enquanto agência e poder fui buscando perceber quais aspectos corporais são mais ou menos valorizados pelos dois grupos sociais e mobilizados em suas interações para exercer agência e conquistar poder no grupo de pares.

Um primeiro aspecto que pôde ser percebido em ambos os grupos e que também é reconhecido em várias pesquisas sobre o corpo infantil (JAMES, 2000; CHRISTENSEN, 2000; FINGERSON, 2006) diz respeito ao tamanho/altura e à idade, conforme podemos conferir abaixo.

> *Na mesa de fora, no lanche, observo novamente o grupo das meninas (Estrela, Duda, Lili, Maili) fazendo jogo de ser ou não ser amiga. Observo também uma disputa por ser mais velha entre Estrela e Duda, como se isso conferisse maior poder à mais velha. Duda logo percebe que ela é mais velha que Estrela e pede para a professora confirmar, com base nas datas de aniversário. A professora confirma que Duda é a mais velha e Estrela custa a acreditar, uma vez que é maior em tamanho que a colega. Assim, Estrela responde às duas: "Estou surpresa!"* (Diário de campo. Escola do castelo, 20/10/2009).

Partindo do pressuposto de que o corpo das crianças marca seu estatuto e, dessa forma, as crianças são definidas com base em sua idade e na capacidade de seus corpos (FINGERSON, 2009), o evento acima e o próximo que segue ajudam a identificar as relações entre idade, tamanho, nível de escolaridade e poder. Revelam que quanto mais as crianças se aproximam do estatuto de adulto – corporalmente isso se evidencia pela idade e tamanho/altura –, mais elas vão ganhando poder sobre os que estão mais distantes desse estatuto. Evidentemente que isso mostra o quanto as crianças reproduzem as estruturas de poder que aprendem socialmente. Nesse caso, aprendem que, quanto menores ou mais distantes da possibilidade de serem adultas, mais elas são "despoderadas" frente aos que já têm maior reconhecimento pela sua condição geracional, como é o caso dos adultos. Vejamos que isso procede no próximo evento:

> *As crianças estão vendo DVD e percebo que estão na sala duas meninas, do segundo ano. Elas assumem o papel de ajudante da professora na repressão das crianças e se portam como tal, reproduzindo os mesmos gestos, ordens, expressões, corporeidade: "Marina, vem para o seu lugar". "Tainá, onde você tava? Você tá mentindo, vem para o seu lugar." Na hora da história do Chapeuzinho Amarelo que passa no DVD, todas as crianças assistem, até as duas da segunda série. Uma delas diz: "Essa, até eu quero ver". (Parece que aqui, as meninas que estavam se portando como adultas, agora se identificam com a história infantil e transitam entre os dois lugares: o de exercer o papel e o poder como professora e o de*

querer vivenciar uma proposta que lhes é sedutora do ponto de vista da experiência infantil.) Mais repressões das duas meninas: "Renan, senta aqui". (E pede ao menino para trocar de lugar.) Ele diz que não fez nada, mas ela diz que ele estava conversando. Enquanto isso, a outra fica em pé numa posição e expressão de poderio e pede para ficarem quietos e não deitarem. A professora legitima essas atitudes das meninas e reforça suas ordens, dizendo que elas a ajudam a cuidar dos pequenos (Diário de campo. Escola da favela, 29/06/2010).

As meninas da segunda série, reconhecendo-se e vendo seu poder frente às crianças menores legitimado pelas professoras, incorporam posturas corporais comumente utilizadas por estas para impor poder frente ao grupo mais vulnerável. Essas crianças, revelando a leitura que fazem da *hexis* corporal das professoras, experimentam uma mudança de estatuto pela experiência de outra corporeidade. Passando a exercer o papel das professoras, impõem poder expresso por uma postura corporal que é reconhecida pelas outras crianças como significante de poder.

Recorro novamente a James (2000) para apresentar outra perspectiva de análise sobre esse ponto. Essa autora enumerou cinco aspectos que parecem ter um significado particular para as crianças que ela estudou: a altura, a forma, a aparência, o gênero e o desempenho. Porém, afirma que, apesar dos estereótipos culturais segundo os quais essas cinco características desempenham papel importante, as crianças não são simplesmente absorvidas por eles de forma passiva. O que ela indica é que cada um desses recursos é flexível e se produz em relatividade com as circunstâncias e as experiências sociais que as crianças desenvolvem, as quais vão construir diferentes significados porque colocados em diferentes relações sociais. Como exemplo, James relata que as crianças dos últimos anos da Educação Infantil têm tendência a pensar nelas próprias como sendo grandes; essa identidade é incorporada pela apreensão da diferença que há entre elas e as crianças que estão no berçário mais o significado da transição para a escola primária. Mas logo que a transição for feita e elas iniciarem sua carreira na escola primária[6], voltam novamente a serem colocadas para trás e a se verem como pequenas. Este caráter de relatividade, segundo a autora, produz assim uma fluidez acerca da relação entre tamanho, idade e estatuto.

As crianças do segundo ano demonstraram grande prazer em experienciar o estatuto de maior poder frente aos menores, o que, provavelmente, seria impossível de ser visto se estas estivessem junto a uma turma de crianças mais velhas, como do 3º ou 4º ano. Nesse sentido, para Prout (2000) justamente pelo corpo ser instável e seu significado ser relativo, ele torna-se um recurso crucial para construir e quebrar identidade. Nesse caso, frente às crianças menores, as crianças do

---

6. Anos iniciais, no Brasil.

segundo ano constroem uma identidade de mais velhas e, como tal, experienciam o poder que essa identidade lhes autoriza para mandar e exigir obediência e respeito, o que aprendem quando, subordinadas ao poder dos professores, vivem a identidade de alunos.

Nota-se, pois, que o corpo e seus estereótipos a ele associados, por si mesmos, não garantem poder, mas são as crianças em suas relações sociais que os mobilizam e vão negociando seus significados. Por isso, ao mesmo tempo em que as crianças reproduzem significativamente as estruturas, ordens e estereótipos sociais na construção de sentidos e de suas ordens sociais, elas também interpretam e os significam à medida que colocam esses valores em relação com seus interesses, lógicas de ação e circunstâncias de vida (FERREIRA, 2002).

Outro aspecto que confere maior ou menor poder entre as crianças e que pôde ser identificado principalmente no grupo da favela, refere-se à posse de produtos de consumo destinados ao público infantil: brinquedos, moda infantil, material escolar, guloseimas, programas de vídeo etc.

> *Chego e as crianças vêm logo me abraçar. Eufóricas, a maioria me cerca para mostrar algo que possui: a mochila de princesa, o chinelo de princesa, o tênis com amortecimento, o lápis que escreve em prata, o lápis com borracha. André chora porque não pôde vir pra escola com a bermuda jeans que desejara, mostrando não gostar da bermuda que estava vestindo, a qual era do tipo abrigo de uniforme, como se esta não pudesse ser mostrada como motivo de orgulho para mim* (Diário de campo. Escola da favela, 29/06/2010).

Um dos fatores de construção de identidade e afirmação de poder, numa sociedade que conclama ao consumo e padroniza estereótipos que autorizam o pertencimento à sociedade globalizada, é a posse e, mais do que isso, exibição de produtos veiculados pela mídia. O crescente incremento dos produtos culturais para a infância e sua padronização e expansão sem limites territoriais, culturais e sociais, vêm provocando aquilo que Sarmento (2002) denomina como globalização da infância. Para esse autor, o fato de todas as crianças do mundo, ainda que em condições de acesso desiguais, estarem a consumir os mesmos produtos culturais faz com que, aparentemente, exista uma só infância mundial. Contudo, para o autor, são as crianças, em sua condição de atores sociais e alicerçadas nas referências sociais de que dispõem – as quais são distintas em cada lugar geográfico, em cada classe, cultura, gênero – que impedem a assimilação passiva e homogeneizante desses produtos.

> As crianças de Braga, do Rio de Janeiro, de Dili ou de Los Angeles têm acesso (ainda que desigual) aos mesmos produtos culturais, mas não o fazem pondo de lado os processos simbólicos e culturais que constroem a sociabilidade de forma distinta em cada uma dessas cidades e, sobretudo, no uso desses produtos, põem em acção características próprias inerentes à sua condição infantil (SARMENTO, 2004, p. 18).

Pois bem, esse aspecto da relação das crianças com os produtos da indústria cultural e de consumo é crucial no debate sobre as culturas infantis. No entanto, esse eixo do debate já foi abordado no primeiro capítulo e não é propriamente o enfoque que nos interessa. Aqui, cabe destacar o efeito que essa relação de posse de produtos traz para a afirmação de poder entre as crianças, buscando compreender os significados que essa relação tem para grupos socialmente diversos e desiguais, mas que igualmente se apropriam dos mesmos produtos culturais.

No grupo de crianças do castelo também é significativa a posse de produtos culturais e de consumo infantil, revelando a aderência a esse mercado. Esse fato é percebido numa certa padronização dos adereços, nas vestimentas, materiais escolares, brinquedos, jogos, personagens, heróis etc. que as crianças trazem de casa. Ter os mesmos produtos ou ter algum produto do mesmo personagem admirado por todos (como, p. ex., *Barbie* entre as meninas e BEN 10 entre os meninos) reafirma, sobretudo, o pertencimento geracional e de gênero entre as crianças. Por isso, as meninas afirmam sua posição de ser criança e de ser menina brincando com brinquedos e usando adereços que a indústria vende para reafirmar essa identidade. Assim, não basta ter uma mochila para ir à escola, esta tem que ser rosa para as meninas e azul para os meninos; tem que ser da *Barbie* ou de alguma princesa da *Walt Diney* ou do BEN 10 ou outro super-herói midiático. Essa adesão ao consumo do que a indústria vende como normativa da infância contemporânea parece mesmo se alastrar em todas as classes, independentemente do capital econômico e cultural dos grupos para possuir ou fazer a crítica a esse consumo.

Por isso, aí está uma condição comum que perpassa pelos dois grupos. Porém, no grupo do castelo, em que todas as crianças têm semelhantes condições de posse desses produtos, eles não revelam, por isso, tão fortemente uma condição de poder, mas sim, de pertencimento geracional e de gênero.

O significado de poder que a posse desses produtos passa a ter no interior das relações entre as crianças é mais forte no interior do grupo de crianças da favela, justamente no contexto em que, paradoxalmente, elas vivem sob um *ethos* de privação e necessidade. Aqui, uma vez que esse poder não é para qualquer um, ter ou não ter esses produtos extrapola a afirmação do pertencimento geracional e de gênero, apesar de ele também se definir por isso, mas, além disso, também é álibi para, entre elas, conquistarem e negociarem poder em suas relações. Pude perceber, por exemplo, que um critério para obter sucesso no grupo de pares e conquistar amigos é trazer biscoito para a escola e dividir com os colegas.

Além disso, como demonstrei anteriormente, as crianças buscam se distinguir no grupo através da exibição de materiais escolares, mochilas, roupas, acessórios e brinquedos e usam esses artefatos como se fossem pequenos troféus que autorizam e legitimam relações de superioridade ou inferioridade entre elas. Uma vez que a posse desses produtos também vai variando, a preferência pelos amigos (como,

p. ex., quem é cercado por ter biscoito ou quem é procurado para brincar por ter algum brinquedo interessante) também varia. Mesmo assim, pode-se perceber nitidamente processos de exclusão de algumas crianças que dificilmente conseguem exibir a posse desses produtos. Essas crianças, em geral, apresentam também uma corporeidade retraída que parece denotar baixa autoestima ou ainda são extremamente agressivas com os colegas, o que dificulta ainda mais sua aceitação no grupo de pares. Exemplo disso é um menino que apresenta, corporalmente, condições de extrema pobreza e descuido, uma vez que, além de não exibir produtos novos, limpos e midiáticos, ainda traz marcas e atitudes corporais que provocam aversão ao grupo: "Todo mundo fala que ele mora no lixo e ele é fedorento" (Marcelo. Escola da favela). "Ele não toma banho e bate em todo mundo" (David. Escola da favela). "Ele não dá nada pros outros" (Michel Jackson. Escola da favela).

Assim, algumas crianças no grupo vão acumulando aspectos de exclusão e de desvalia de poder em relação às demais. São crianças que não têm garantido as mesmas condições que o mercado global de produtos infantis promete e tenta alastrar para a infância. Dessa forma, o sentimento de pertença geracional, que, no plano ilusório, é construído pelo acesso a produtos específicos à infância, lhes é negado por esse mesmo sistema que fabrica essa condição de pertença; geram-se os excluídos dentro dos excluídos.

Outro aspecto que foi possível perceber em ambos os grupos e que, de alguma forma, tem a ver com o que foi até aqui exposto, diz respeito à posse de valores ligados à construção da masculinidade e da feminilidade. No tocante à masculinidade, isso ficou muito perceptível – de forma ainda mais forte no grupo da favela – pela dificuldade de um menino em ter sucesso em suas interações. Esse menino diferencia-se da maioria dos outros por se mostrar mais dócil, não ser tão forte e habilidoso fisicamente, não gostar de jogar futebol e preferir, muitas vezes, as brincadeiras ligadas ao universo feminino. Assim, ele sofre preconceito por parte tanto dos meninos quanto das meninas. Pelos primeiros é chamado de "marica, veadinho ou mulherzinha" e pelas meninas é chamado de intrometido, uma vez que, segunda elas, sempre quer se meter nas suas brincadeiras.

A professora disponibiliza alguns jogos coletivos e organiza as crianças em pequenos grupos para jogarem. Percebo que a dificuldade maior é do grupo que precisa montar um castelo coletivo. Enquanto os demais colegas começam a montar coletivamente um castelo, Paulo se separa do grupo e vai pegando peças para fazer sua construção individualmente. Já havia percebido que, na proposta do jogo anterior, Paulo sofreu e foi desrespeitado pelos colegas que não o deixaram jogar na sua vez. Agora, os mesmos colegas reclamam que ele não quer coletivizar as peças e o denunciam para a professora. Quando esta chama sua atenção Paulo começa a chorar muito. Rafael, que está com ele no grupo, o chama de "veadinho" e lembro que já ouvi outras vezes alguns meninos o chamarem com adjetivos próximos a este. Outro dia Michel Jackson me

> disse que Paulo é mulherzinha porque queria ser um personagem num desenho que era mulher e disse que já sabia que ele era mulherzinha e nesse dia teve certeza. Paulo não consegue se fazer respeitar no grupo, talvez por isso prefira brincar e estar entre as meninas. Mais tarde, no pátio, brinca com alguns meninos de disputar corrida e parece se divertir muito, mas sempre perde na disputa (Diário de campo. Escola da favela, 19/11/2010).

A construção da masculinidade em nossa sociedade de forma geral e nas classes populares em particular é construída por valores ligados à força física, virilidade, coragem e destrezas ligadas ao corpo. É do trabalho físico que geralmente advém o sustento nesse segmento social. Na favela, ainda, a força e a coragem masculinas são mais exigidas, uma vez que é preciso ser "muito macho" (física e psicologicamente) para driblar as "enroscadas" do morro e parece que as crianças, desde muito pequenas, já vão entendendo esses códigos de conduta.

Essa construção da masculinidade como oposição à feminilidade tão fortemente percebida nesse grupo e explicitada pelo episódio anterior, também é destacada por Fingerson (2009) em suas pesquisas que, tomando como exemplo o campo esportivo, afirma que atletas masculinos e treinadores muitas vezes usam termos como "menina" para insultarem jogadores a quem lhes falta força e dureza (EDER; EVANS & PARKER, 1995). Essa oposição, segundo o autor, revela também diferenças de poder social entre os gêneros.

> O tratamento das meninas como fonte de contaminação realça as diferenças de poder social como os rapazes sendo superiores e as meninas como sendo inferiores. Os meninos e as meninas aprendem essa diferença através da interação social baseada no corpo e na incorporação (FINGERSON, 2009, p. 222 – tradução minha).

Além de as crianças imprimirem esse critério de masculinidade como oposição ao gênero feminino e propulsor ou não de poder no grupo, as professoras também o reafirmam quando do estabelecimento de brincadeiras e espaços próprios para brincar entre meninos e meninas, o que não dá margem às crianças fazerem suas escolhas.

> As crianças estão na Educação Física. No final da aula, a professora dá cinco minutos "livres" para as crianças, mas designa que as meninas brinquem no parque, os meninos joguem futebol e três meninos que estão de castigo fiquem sentados. Paulo vem sentar ao meu lado e diz que quer ficar comigo porque não gosta de jogar futebol e não pode ir para o parque já que não é menina (Diário de campo. Escola da favela, 22/11/2010).

Também no grupo do castelo valores ligados à masculinidade capitalizam mais ou menos poder aos meninos em suas interações. Aqui, porém, apesar desses valores dominantes – como força física e destreza motora – estarem presentes parece não serem tão fortemente colocados em oposição aos valores femininos.

> *Percebo que Gabriel não tem a mesma corporeidade do que os outros meninos e não possui os atributos valorizados pelo grupo, principalmente com relação à construção da masculinidade. Mostra-se mais dependente dos adultos na resolução de conflitos, tem dificuldade nas negociações e comunicação com o grupo e faltam-lhe atributos físicos e motores que o possam colocar em alguma posição de vantagem ou admiração. Como nesse grupo só existem quatro meninos, não é possível perceber com mais nitidez como ele se relacionaria no grupo de pares específico dos meninos. Porém, é visível que, entre as meninas, Gabriel não consegue popularidade. Tendo somente quatro meninos, Gabriel se aproxima mais de Rafael, o qual tem compleições físicas e comportamentais mais parecidas com as dele. Os outros dois (Ângelo e Michelangelo) são mais próximos e mais admirados pelas meninas. Ambos são maiores em tamanho, mais habilidosos corporalmente, mostram-se mais competentes na comunicação, gostam de jogar futebol e comumente têm sucesso em brincadeiras competitivas que envolvem habilidades e destrezas físicas (Diário de campo. Escola do castelo, 09/11/2010).*

Em nenhum momento ouvi, nem por parte dos meninos nem das meninas, o uso de termos como os usados pelo outro grupo que colocassem em dúvida a masculinidade dos colegas (marica, mulherzinha ou veado). Nesse grupo social, como já abordei no terceiro capítulo, as crianças não estão tão em contato com o mundo adulto que as expõe a experiências mais diretas ligadas à sexualidade, como é o caso das crianças da favela. As concepções e práticas relacionadas à infância nesse grupo social as coloca em contato com experiências mais próximas do mundo infantil, existindo todo um cuidado, desde a escolha dos programas televisivos, filmes, literatura, brinquedos, músicas e da escolha da escola, para que elas tenham experiências mais próximas com o que os pais julgam apropriado para esta fase da vida. Assim, apesar de essas crianças viverem num mundo globalizado e, provavelmente, já terem entrado em contato com estes termos e significados que valoram a masculinidade, isso não passa a ser um valor significativo frente ao que é dominante em suas experiências de infância. Além disso, essa oposição e o preconceito social com aqueles que não correspondem aos valores dominantes da masculinidade não são bem-vistos nesse grupo social, o qual tem grande capital cultural e, em grande medida, transita no campo acadêmico e artístico, o que demarca um *ethos* que se opõe a esses tipos de relações.

Assim, valores dominantes de masculinidade entram na vida e também influenciam nas significações desse grupo de crianças, como bem mostra o episódio anterior, mas estes se mesclam – ora confluindo e ora divergindo – com os valores específicos do grupo de pertença. Portanto, em suas experiências, essas crianças reproduzem os atributos ligados à masculinidade que aprendem socialmente, mas não o fazem colocando-os em oposição à feminilidade ou atribuindo-lhe conotação pejorativa e desvalorizante, como é o caso das crianças da favela. Aqui, atributos como tamanho e competência comunicativa e social ligados à maturidade estão associados, ganhando também grande e talvez igual importância que as competências ligadas à construção dominante de masculinidade.

A valorização de aspectos voltados à feminilidade, em ambos os contextos, se dá pela aparência. Contudo, no grupo do castelo, apesar disso se revelar como um valor, não chega a ser crucial na definição de maior ou menor poder no grupo. Habilidades comunicativas, de liderança e popularidade são tão ou mais fortes do que a aparência, o que mostrarei no próximo capítulo. Já no grupo da favela isso se dimensiona porque, ligada à aparência, está, como já demonstrei anteriormente, a posse e mesmo o aspecto das roupas (ainda que sejam uniformes de uso escolar, estas variam por serem novas ou velhas, limpas ou sujas, rasgadas ou inteiras etc.), os penteados, os acessórios, calçados, mochilas etc.

De modo geral, na favela as meninas têm cabelos pretos e enrolados, o que denota pertença à raça negra. Porém, a maioria delas esconde o volume dos cabelos usando tranças ou penteados com gel. Parece que têm uma representação ideal sobre ser bonita ligada aos modelos de beleza veiculados pela mídia e pelas princesas da *Walt Disney*. Assim, o fato de eu me aproximar da representação que elas têm sobre ser bonita – a qual corresponde a ser loira, cabelos lisos e olhos claros – por si só, já capitalizou para mim a simpatia e a amizade do grupo, tanto dos meninos como das meninas, uma vez que minha aparência corresponde aos valores dominantes ligados à feminilidade.

> Chego por volta das 14:30h e as crianças já estão no jantar. Assim que Maria Clara me vê, ela diz: "Chegou a nossa princesa". Pergunto por que sou sua princesa e ela me diz que é porque estou de blusa rosa, tenho cabelos lisos, amarelos e olhos azuis. Um menino de outra turma chega perto e pergunta o que eu sou das crianças e Maria Clara diz que sou a tia que tira fotos e que sou a Bela Adormecida. Nisso, várias crianças (Paulo, Maikon, Tainá e Maria Clara) estão mexendo no meu cabelo e Paulo pergunta: "O seu cabelo é beleza natural?" Maria Clara diz que sim, que é liso natural (Diário de campo. Escola da favela, 19/10/2010).

Esses valores não são somente incorporados de forma acrítica pelos pais e repassados às crianças, mas também pela escola que, sem se dar conta, acaba por realçar estereótipos que, de alguma forma, dizem a essas crianças que o bonito é o oposto do que elas são. Vejamos:

> No refeitório, é servido o jantar: arroz, feijão, carne e chuchu. Há recusa da maioria das crianças em comer chuchu. A professora diz: "Tem que comer chuchu para ficar com o olho verde". Felipe fala para nós, na mesa: "Eu não quero ficar com o olho verde. Tu quer?" Renan responde: "Eu quero, porque o BEN 10 tem olho verde". As crianças continuam resistindo ao chuchu. Felipe, que está comigo na mesa, faz cara de dificuldade para comer. A professora diz: "Tem que comer chuchu para ficar forte como o príncipe Felipe e bonita como a Bela Adormecida". [...] Depois do jantar, as crianças voltam para o vídeo. A professora comenta

no decorrer do filme: "Olhem como a princesa é bonita! Que cor é o cabelo dela?" As crianças respondem: "Amarelo." Quando termina o filme, várias meninas dizem: "Ai, eu quero ser a princesa" e os meninos dizem: "E eu sou o rei". A professora diz: "Não são não, porque não comeram chuchu" (Diário de campo. Escola da favela, 24/09/2010).

Um aspecto interessante ligado à aparência dos meninos desse grupo diz respeito ao fato de eles serem carecas, em sua grande maioria. Esse aspecto, apesar de não ser um valor positivo nos estereótipos de beleza dominante, parece que, para eles, se traduz em positividade, especialmente, no que possibilita sentimento de pertença e identidade com o grupo. Essa identidade positiva parece respaldar-se em pessoas famosas e de grande popularidade, como jogadores de futebol e artistas que saíram da periferia. Sendo a maioria negro e careca, estes brincam com derivações de cortes de cabelo com a base da cabeça raspada, como os famosos moicanos, o que nitidamente traz uma marca de sua origem social e de identidade com as camadas populares, em especial, com a favela. Comumente também pude perceber os meninos do grupo da favela querendo brincar com sua careca, usando adereços para fazer um visual de moicano e usando pulseiras, cordões, relógios, como o fazem seus ídolos com quem se identificam.

Porém, para quem parte de outro referencial identitário, como é o caso das crianças do castelo, esse visual de ser negro e careca, foi visto com estranhamento por algumas crianças e como um valor negativo. O diálogo abaixo o demonstra:

Duda: "Eles são carecas".
Lili: "Oh, que feiosos!"
Pesquisadora: "Feios, por quê?"
Lili: "Porque eles são carecas".
Duda: "Sabia que nem todo mundo, sabia que muitos negros que são assim negrinhos são assim né?"
Pesquisadora: "Assim como?"
Duda: "Assim como eles são. Não é porque eles querem é porque eles têm né? Devem ter alguma doença também. Porque algumas pessoas são carecas por causa de uma doença que elas têm".
Mimi: "Eu nasci careca".
Estrela: "A Mimi nasceu careca" (E todos riem.) (Sessão de troca de fotografias. Escola do castelo, 18/11/2010).

Na troca de fotografias, foi possível perceber o estranhamento e a valoração negativa frente ao corpo aparente das crianças somente pelo grupo do castelo com relação ao da favela. Esse último grupo, em vez de estranhar as outras crianças pela compleição física de seus corpos, estranhou mais suas atitudes corporais, lançando juízo de valor sobre seus comportamentos. Ao mostrar uma foto em que as crianças do castelo estavam a desenhar e brincar no chão da sala, no pátio externo e embaixo da mesa, algumas crianças da favela mostraram espanto com essa possibilidade e um menino, imediatamente, aventou uma hipótese (a qual teve a concordância dos colegas) pela qual tentou justificar tal atitude, diga-se de passagem, impensável em sua escola.

> Pesquisadora: "Vocês conhecem essa brincadeira?"
> Marcelo: "Não".
> Pesquisadora: "Chama-se elástico. E essa aqui, onde eles estavam?"
> Marcelo: "Indo pra escola". (Ficam em silêncio e ninguém mais responde.) Pesquisadora: "Eles estavam embaixo da mesa". (Agora, Marcelo vê a foto deles brincando com jogos no chão e comenta:)
> Marcelo: "Eles são bem educados lá".
> Angélica: "São bem quietinhos"
> Pesquisadora: "Por que vocês acham isso?"
> Marcelo: "Porque eles obedecem e aí podem brincar no chão" (Sessão de troca de fotografias. Escola da favela, 19/11/2010).

Nota-se, no entanto, que a interpretação sobre a possibilidade de as crianças do castelo poderem fazer coisas que, em sua escola, são proibitivas, que incidem diretamente sobre maior liberdade e fluidez corporal, leva Marcelo e Angélica a construírem uma imagem positiva das outras crianças uma vez que, para eles, estas são merecedoras de tal liberdade. Em vez de julgar as crianças do castelo por estarem revelando um corpo indisciplinado, o que, de certa forma, era de se esperar, tal avaliação revela a centralidade que as crianças têm na conquista de suas possibilidades no interior da escola. Assim, parecem entender que a escola se comporta de acordo como se comportam as crianças que a ocupam. A interpretação dessas duas crianças, ao mesmo tempo em que revela acerca da capacidade interpretativa e da leitura que fazem do lugar influente que as crianças ocupam na escola, também traz embutida a responsabilidade do fracasso em não poder viver certas experiências porque elas, pertencendo a determinado grupo de crianças, não são merecedoras[7].

Todavia, a visão que ambos os grupos têm um do outro reforçam as posições de desigualdade em que estão imersos e revelam percepções distintas que as crianças próprias tecem acerca de seu lugar na sociedade e na escola. Se essas percepções revelassem, sobretudo, a condição da diferença (social, étnica, racial, cultural) poderíamos identificar sinais de uma sociedade que encontra espaço para expressar sua diversidade e viver suas diferentes identidades. No entanto, à medida que essas diferenças capitalizam maior ou menor poder de um grupo sobre outro e se revertem em desigualdades de condições, ainda que, legalmente, todos sejam considerados como iguais e com os mesmos direitos, é preciso travar a luta política no sentido não só do respeito à diferença, mas também do combate à desigualdade

---

[7]. Esse é um exemplo de como as trocas de fotografias, às vezes, se mostraram um recurso perverso na medida em que escancarava as diferentes e desiguais condições de viver a infância na escola, o que foi vivido de forma conflitante por mim e provocou um processo de reflexividade bastante perturbador e provocativo, como já explicitei no segundo capítulo.

(KRAMER, 2006). Afinal, não é possível que crianças de seis anos tragam para si a responsabilidade por não terem uma escola que as respeite em sua condição geracional, racial, étnica e de gênero e ofereça possibilidades de viver a infância e o que ela contempla: o corpo, o movimento, a brincadeira, o encontro com o outro, a imaginação, a ludicidade etc. "Alguma coisa está fora da ordem" e, no entanto, são as crianças que, na interpretação da "desordem", nos incitam à necessária crítica e transformação da escola, da cultura e da sociedade.

Por fim, avançando e tentando fechar esta discussão cujo cerne foram as representações, possibilidades e interpretações que as crianças têm sobre o corpo, apresento um trecho de uma entrevista com dois meninos do grupo da favela. Esse pequeno diálogo também é trazido aqui com a intenção de provocar questões e tentar uma aproximação com as lógicas das crianças, nem sempre possíveis de serem interpretadas em face da alteridade infantil, no entanto, requer sejam reconhecidas.

A "entrevista" abaixo que se desenvolveu, no início, como um bate-papo e, no seu decurso, foi ganhando contornos de brincadeira de repórter[8], foi, de partida, direcionada com perguntas deles para mim e se desenrolou posteriormente em uma conversa que foi revelando interesses – de querer perguntar / saber e responder / falar – mútuos.

> *David:* "*Você tem filho?*"
> *Pesquisadora:* "*Não, eu não tenho nenhum*".
> *Marcelo:* "*Ainda bem*".
> *David:* "*Eu tenho dois irmão e duas irmã*". [...]
> *Pesquisadora:* "*Marcelo, porque você acha melhor que eu não tenha filhos?*"
> *Marcelo:* "*Porque você não sabe cuidar*".
> *Pesquisadora:* "*Como assim?*"
> *Marcelo:* "*Parece que você é muito nova pra cuidar. Você tem cabelo loiro, to vendo aqui, do teu lado aqui*".
> *Pesquisadora:* "*E o que tem a ver eu ter cabelo loiro?*"
> *Marcelo:* "*Porque você ta muito nova*".
> *Pesquisadora:* "*Então quem tem cabelo loiro é nova?*"
> *Marcelo:* "*É*".
> *Pesquisadora:* "*E a mãe de vocês então é velha?*"
> *David:* "*A minha mãe não é velha*".
> *Marcelo:* "*A minha tem cabelo loiro*".
> *David:* "*A minha tem preto*".
> *Pesquisadora:* "*Marcelo, mas então tua mãe não pode ter filho porque ela é nova*".
> *Marcelo:* "*Eu sei, mas ela não tava ligando. Aí assim mesmo ela teve filhinho e ela tem cabelo loiro*".

---

8. A conversa se transformou em brincadeira de repórter quando passamos a utilizar o gravador como microfone e nos entrevistar mutuamente.

Pesquisadora: "*Ela não tava ligando? Como assim?*"
Marcelo: "*Às vezes é assim, né. Ela falou que amanhã né, a minha mãe foi pro médico, ela foi entregar um bebê e ela não conseguiu entrar porque o portão do médico tava trancado*".
Pesquisadora: "*Ela foi levar o bebê no médico pra ver se ele tava doente?*"
Marcelo: "*Não, ela foi levar o bebê no médico pra deixar ele lá*".
Pesquisadora: "*Ela ia deixar ele lá para outra pessoa cuidar?*"
Marcelo: "*É. Agora, depois daquela manhã, ela foi lá na loja de produto e comprou um produto pro cabelo ficar preto. Aí ela fez o cabelo ficar preto e aí ela gostou do bebê*" (Entrevista com David e Marcelo. Escola da favela).

Solange Jobim – respeitada pesquisadora da área da Educação, Infância e Cultura – certo dia fez uma fala na abertura de um congresso do Grupeci/2010 (Encontro de Grupos de Pesquisa sobre Infância e Crianças) que muito me tocou. Ela dizia que não ouvimos e pesquisamos as crianças para simplesmente conhecê-las e conhecer suas culturas, mas para, com base no que elas nos revelam, poder refletir acerca do mundo e da cultura que construímos para e com elas. Essa conversa com esses meninos, bem como os vários anúncios das crianças trazidos neste livro, tem me levado a compreender mais a fundo o que essa pesquisadora queria dizer naquele momento. Ao buscar compreender os sentidos de suas ações e significações e sabendo que esses sentidos não se constroem num vazio social, vamos buscando nos aproximar dos efeitos da cultura (ocidental, capitalista, adultocêntrica e desigual) na formação das subjetividades e representações que as crianças vão formando sobre a realidade. Por isso, este livro, muito mais do que ter como ponto de chegada conhecer as culturas de dois grupos de crianças que vivem em condições sociais diversas e desiguais, tem como ensejo perguntar e refletir sobre como as crianças interpretam e dão sentido à realidade para, a par disso, aproveitar suas contribuições para também conhecermos e nos aprofundarmos no conhecimento dos valores que regem a cultura contemporânea.

Assim, elas revelam que o corpo é dotado de muitos sentidos e valores, esses que atuam ora possibilitando agência e poder necessários à conquista da emancipação, à busca da ludicidade, à criação de oportunidades, à construção de identidade e ora exprimindo opressão e ratificando desigualdades.

Dessa forma, quando passo a interpretar o que me revelaram esses dois meninos nessa pequena parte de nossa conversa, me vejo fazendo várias questões que eles me incitam, as quais têm como ponto de chegada àquilo que anuncia Jobim: questionar a cultura que os (nos) forma. Exponho algumas: Quais valores Marcelo associa à sua representação de mulher loira e no que eles conflitam com sua representação de maternidade? Que representações de família e maternidade têm as crianças inseridas em diferentes contextos sociais? Que representações corporais e sociais as crianças de diferentes contextos sociais trazem sobre esses papéis de ser mãe, de ser jovem, velha, apta ou não apta para certos ofícios e não outros? Como as crianças lidam com as contradições entre as representações dominantes sobre a maternidade, por exemplo, e as representações construídas de seu lugar social e de sua experiência como filhos?

Mais uma vez não me aterei a responder essas questões, pois novamente elas são apresentadas com o intuito de expor meu movimento de perguntar para além do que este estudo, em sua possibilidade histórica, pode responder. Porém, nos limites deste livro, exponho algumas inferências que esses meninos me levam a construir: Primeiro, parece evidente que a representação que Marcelo tem sobre ser loira e ser mãe são conflitantes. Estaria a representação sobre ser loira e nova mais calcada em valores como a sedução, muito propagados em nossa sociedade e veiculados pela cultura midiática, o que conflita com os valores exigidos pela maternidade? Segundo, Marcelo parece expressar uma compreensão sobre o corpo que admite o seu caráter inacabado e mutável (SHILLING, 1993, apud PROUT, 2000). Isso se evidencia quando, interpretativamente, ele encontra uma solução que passa pela transformação do corpo: deixar de ser loira, nova e passar a gostar do bebê. Terceiro, Marcelo expressa em sua saída fantasista para enfrentar o fato da mãe não gostar do bebê uma atitude clara de reprodução interpretativa e de mobilização de um princípio comum de ser identificado nas culturas infantis: a fantasia do real (SARMENTO, 2004). Radicalizada nas crianças, a imaginação do real "[...] está na base da constituição da especificidade dos mundos da criança, e é um elemento central da capacidade de resistência que as crianças possuem face às situações mais dolorosas ou ignominiosas da existência" (p. 26). Lançando mão da imaginação, Marcelo interpreta e reconstrói criativamente seu real, instituindo um processo que lhe permite condições aceitáveis para continuar o jogo da vida (SARMENTO, 2004).

A imaginação do real como princípio constitutivo das culturas infantis será aprofundada no capítulo que segue. Nele, passo a apresentar como a brincadeira e as dimensões que ela integra – como a ludicidade, a "seriedade", a imaginação, a autoria, a relação com o espaço e o tempo e as relações sociais e de gênero – se constituem também como um marco central na cultura das crianças investigadas.

4
BRINCADEIRA E CULTURAS INFANTIS: A INFLUÊNCIA DOS CONTEXTOS SOCIAIS

Do início do século XX até os dias atuais, a brincadeira tem se constituído num tema de grande destaque nos estudos da infância. Tem sido estudada, principalmente, pelos campos da Psicologia e da Sociologia/Antropologia. Assim, na perspectiva da Psicologia Histórico-cultural o brincar tem sido apontado como um fator de desenvolvimento e humanização, uma vez que, pela capacidade simbólica, o ser humano cria cultura e se distingue dos animais[1]. Já os estudos sociológicos e antropológicos sobre a brincadeira a tem compreendido como fato da cultura produzida historicamente nas relações sociais e a qual expressa os significados, valores, costumes, enfim, a cultura humana que vai sendo produzida ao longo da história e pelos diferentes grupos sociais.

Minha preocupação, neste livro, centra-se na compreensão da brincadeira como manifestação cultural produzida coletivamente pelo grupo das crianças. É, portanto, um olhar socioantropológico que privilegio para o estudo do brincar. Sem deixar de considerar a brincadeira como dimensão humana e, portanto, não exclusiva das crianças e dotada de grande significado na compreensão do desenvolvimento humano, antes partindo dela, meu foco centrar-se-á em buscar compreendê-la na relação mais direta com as culturas da infância.

As pesquisas sobre o brincar empreendidas no campo da Sociologia da Infância têm indicado a brincadeira como um dos pilares das culturas da infância e a principal manifestação destas (SARMENTO, 2004; CORSARO, 1997; DELALANDE,

---

1. Lev Semionovitch Vygotsky (1991, 2001, 2004) no campo da Psicologia do Desenvolvimento, é o autor que dedicou sua obra e sua breve vida para compreender o brincar na relação com nosso processo de tornarmo-nos humanos. Infelizmente, várias traduções de sua obra no Brasil acabaram incorrendo em erros graves e deturpando o sentido de sua teoria. Zoia Prestes (2010) dedicou sua tese a analisar as repercussões dessas traduções no campo educacional. Ela ainda tem escrito alguns artigos sobre esses erros de tradução. Como exemplo, cito um artigo da autora versando sobre o capítulo 7 do livro *A formação social da mente* (1991). Onde se lê "o papel do *brinquedo* no desenvolvimento", o correto seria "a *brincadeira* e o seu papel no desenvolvimento psíquico da criança". Para acessar este texto, a tese de Zoia Prestes e outros trabalhos de Vygotsky com traduções mais fiéis as originais, cf. blog: geografiadainfancia.blogspot.com

2001; BORBA, 2005). Pela brincadeira, a qual expressa a marca da geração, uma vez que, pelo menos nas sociedades ocidentais, todas as crianças brincam, busca-se identificar as crianças como produtoras culturais. As crianças por mim investigadas, ainda que em condições bem distintas, também brincam e se unem com os pares, sobretudo, para brincar. Nisso, se diferenciam dos adultos cujas motivações não são determinadas pela brincadeira, mas, ao contrário, pelo trabalho propriamente dito ou por sua lógica, que, no capitalismo, é antagônica ao lúdico. Por isso, podemos dizer que a brincadeira, mesmo sendo uma dimensão do humano e também vivida pelos adultos, é radicalizada nas crianças e fundante de seus modos de conhecer, significar e agir no mundo. Dizendo muito do que as crianças têm em comum, é uma marca geracional da infância (SARMENTO, 2002).

No entanto, se essa dimensão geracional já vem sendo bastante estudada pelo campo da Sociologia da Infância, ainda são incipientes os estudos que visam compreender como diferentes contextos socioculturais produzem também a heterogeneidade nas culturas da infância, nomeadamente nos modos e expressões do brincar. As dimensões estruturais mais destacadas no estudo das diferenças no brincar das crianças são, especificamente, o gênero e a etnia. Assim, estudos que analisam as diferenças entre as brincadeiras, brinquedos e relações sociais entre meninos e meninas são mais recorrentes[2], como também estudos sobre as brincadeiras de crianças indígenas[3], descendentes de quilombolas, entre outros. O que se pode observar nesses estudos é que estes, apesar de trazerem grandes contribuições aos estudos da infância, da educação e da cultura ainda se articulam pouco ao debate e a produção sobre as culturas da infância.

Assim, o objeto deste livro me leva a perceber, mais especificamente, como crianças de grupos sociais distintos se relacionam e constroem cultura brincando e, sobretudo, como suas brincadeiras expressam relação com elementos estruturais como classe e geração, bem como outras derivantes sociais relacionadas: lugar geográfico, cultura escolar, familiar e midiática, posições de gênero etc.

Com efeito, uma vez que o brincar se constitui sob condições bem distintas nos dois contextos pesquisados e vem carregado de significados e modos, por vezes, também distintos, abordo separadamente, no capítulo, como a brincadeira se desenvolve em cada contexto, destacando as particularidades produzidas pela ação do contexto social e dialogando entre as duas realidades quando for cabível. Posteriormente, apresento alguns eixos que foram possíveis de ser visualizados nos dois contextos e que revelam aspectos que se relacionam, também, à condição geracional.

---

2. Cito: Finco, 2004; Gobbi, 1997; Carvalho e Cruz, 2006; Ribeiro, 2006.
3. Cito: Kishimoto, 1993; Nunes, 1999; Nobre, 2007; Ferreira, 2002; Murabac Sobrinho, 2009.

A brincadeira na escola do castelo: a base de uma cultura de pares

Na escola do castelo, a brincadeira ganha centralidade como principal manifestação pela qual as crianças constroem uma série de rotinas de ação que dão base para suas culturas de pares. Porém, isso não se deve a uma característica essencial desse grupo, mas a união de fatores externos – possibilitados pelos adultos e pelo contexto escolar – e internos – estes construídos pelas próprias crianças em suas relações no grupo de pares. Por isso, esses dois fatores são levados em conta quando passo a refletir sobre a brincadeira neste contexto: um que é perceber no que o contexto favorece ou, por vezes, limita a experiência do brincar como prática cultural e, outro, que é perceber o que as crianças fazem com base nas possibilidades (ou, por vezes, impossibilidades) que lhes são oferecidas para a prática da brincadeira. Em outras palavras, busco entender como, atuando sobre as condições externas, as crianças desse grupo constroem a brincadeira como prática cultural por meio da qual compartilham rotinas, regras, ordens sociais, significados e valores que as unem e as identificam como grupo de pares.

Diferentemente do outro contexto, como já apontei no segundo capítulo, a orientação pedagógica, a concepção sobre infância e, consequentemente, a valorização da brincadeira como eixo central do projeto pedagógico dessa escola, têm favorecido a experiência do brincar, sobretudo, o brincar de faz de conta, criado e governado pelas próprias crianças.

Além da disposição de tempo e espaço para brincar, as crianças têm em seus próprios pares os sujeitos principais de suas interações, com quem mais intercambiam experiências, saberes, dúvidas, conflitos, histórias, disputas, desejos, planos, segredos... O adulto, ali, apesar de ser o grande responsável por trazer elementos da cultura para acrescentar aos conhecimentos e experiências das crianças, não é quem centraliza ou submete as interações infantis a seu desejo ou vontade/autoridade. A condição do brincar e da interação entre pares, portanto, é legitimada como um direito à infância e como condição importante para o desenvolvimento infantil, uma vez que se acredita que as crianças aprendam brincando e interagindo com seus pares.

Às crianças tem sido garantida tanto a condição de constância dos encontros com os pares, com o tempo, espaço e objetos, como a autonomia para gerirem suas interações e construírem suas práticas sociais e de brincadeiras. Assim sendo, nesse grupo, evidenciam-se claramente *sistemas rotineiros de ação* (CORSARO, 1997; FERREIRA, 2002) que são construídos e partilhados pelas e entre as crianças no interior das brincadeiras, pelos quais elas constroem sua *cultura lúdica* (BROUGÈRE, 1997, 2002), suas *culturas de pares* (CORSARO, 2002) e suas *ordens sociais* (FERREIRA, 2002), as quais regulam suas práticas sociais de produção da cultura infantil.

Desse modo e, sem querer dar conta de toda a complexidade que envolve essa abordagem sobre o brincar, mas, partindo do que, empiricamente, me revelaram as crianças, destacarei alguns elementos que caracterizam as práticas de brincadeira desse grupo em específico. Na interpretação dessas práticas, buscarei evidenciar a teoria que fundamenta o brincar como manifestação socioantropológica da infância. Nesse movimento, estarei ora discutindo a brincadeira propriamente dita, ora buscando percebê-la como manifestação que dá sentido e organiza o grupo de pares nesse grupo em específico. Reiterando que essa segunda perspectiva será desenvolvida buscando perceber a relação já acima indicada e que tem íntima relação com o objeto deste livro, ou seja, a consideração das condições externas (produzidas pelos contextos) e das condições internas (produzidas pelas crianças em suas relações de pares).

O caráter aberto da brincadeira e a centralidade do sujeito que brinca

Olhar para as crianças brincando e brincar com elas permitiu maior aproximação e compreensão sobre as dimensões que essa prática adquire na formação social, cultural, cognitiva, afetiva, corpórea, enfim, nas múltiplas dimensões que as formam como seres humanos e como crianças. Assim, buscando dar visibilidade às práticas brincantes que elas incansavelmente constroem no espaço da escola em estudo, passo a destacar alguns elementos intrínsecos ao brincar que, a meu ver, fazem com que a brincadeira se constitua nessa manifestação potencialmente geradora de humanização e de cultura infantil.

Um dos fatores que permitem à brincadeira ser manifestação de protagonismo infantil e produção de cultura de pares relaciona-se à sua própria natureza, isto é, de constituir-se num espaço aberto, sem pré-definição, possível pela vontade e ação dos sujeitos que brincam e pela mediação de regras. Observemos os dois episódios transcritos abaixo:

> Um grupo de meninas, sentadas em círculo no chão, está construindo um castelo com peças de lego. Eu me sento do lado para observar e brincar, mas o círculo está meio fechado. Duda também senta e, nesse momento, pergunta a Estrela se pode brincar. Estrela diz que ela não disse o infinito. Duda pergunta: "O que é o infinito?" Estrela responde: "É que nem assim, óh. Eu disse 7, então você tem que dizer 8, 9 ou 10. Duda diz: "8". Estrela: "Ta bom, pode brincar". Ao perceberem que eu e Duda estamos perto, querendo brincar, o círculo vai ao nosso encontro, desmancham o castelo e tentam dar continuidade à brincadeira, mas agora com deslocamento no espaço, para nos inserir. Nisso, saem algumas crianças e entram outras. Hana Montana, uma das meninas que permanece, diz do que se trata a brincadeira (construção do castelo). Mas as crianças se empenham menos na construção porque acaba ganhando mais motivação a proteção do território do castelo (e da brincadeira?). Assim, constroem um portão, fecham o círculo e, depois, meio que abandonam as peças

para iniciar um jogo de faz de conta, contra a orientação da professora, pois agora seria o momento dos jogos e elas começam a envolver outros brinquedos e ocupar outros espaços. As meninas estipulam papéis (bebê, mamãe, filha mais velha...). Envoltas em seus papéis, vão brincando com outras crianças, saindo do espaço físico da brincadeira, mas permanecendo na trama inicial, pois, volta e meia retornam ao espaço do castelo (Diário de campo. Escola do castelo, 29/09/2009).

No platô, Duda diz que iríamos todas viajar: eu, ela, Cristal e Maili, que era a gata de Cristal. Então, fomos de avião e subimos na casinha (escorregador que comporta uma casa sobre ele) a qual era o avião. Lili chega perto da casinha e começa a cantar como sereia. Nesse momento, Duda me ensina a tapar os ouvidos porque não se deve ouvir o canto da sereia, uma vez que, segundo ela, a sereia tem um feitiço que se volta contra você. Quando a sereia (Lili) percebe que tínhamos medo dela, disse que não era malvada e, como viu que isso não adiantou para que Duda parasse de ignorar seu canto, ficou chateada e disse então que não queria mais ser sereia. Na volta, na sala, a brincadeira continua com os mesmos personagens e enredos. Mas, ali, aumentam as meninas que querem ser sereias (Lili, no entanto, não volta ao papel), continua a trama da cantoria, do feitiço e da viagem. Agora, as novas sereias se divertem com a reação de tapar os ouvidos e ficam querendo nos enfeitiçar. Paralelamente, acontecem outras coisas que entram na brincadeira. Por exemplo, o anel dos poderes mágicos de Maili, que faz realizar, na hora, os nossos desejos (Diário de campo. Escola do castelo, 18/09/09).

Os eventos revelam a brincadeira como uma experiência criada, inventada, iniciada, continuada e terminada pelas crianças que brincam. Assim, ainda que alicerçadas em regras e valores sociais, nos quais pautam suas referências de conduta, a brincadeira parece constituir-se, para as crianças, como uma propriedade subordinada aos seus arbítrios. Sem roteiro pré-definido e sem hora para terminar, as crianças transitam por personagens e ações que vão se constituindo e se modificando conforme seus interesses e o andamento da brincadeira. Sendo assim, ao mesmo tempo em que a conduzem, também vão se deixando levar por ela, numa experiência essencialmente marcada pela ludicidade.

Nessa direção, os eventos também revelam uma atitude muito comum das crianças no decurso do brincar, a de trocar de papel ou personagem à medida que este não lhes é mais interessante ou não lhes trazem mais interações interessantes, como foi o caso de Lili (sereia) no episódio acima. É evidente que isso não ocorre sem um novo esforço da criança que precisa recolocar seu papel na brincadeira, exigindo, para tanto, que opere competências como criatividade, poder de negociação etc. Mas, a brincadeira como experiência lúdica governada pelas crianças se constitui nesse espaço de autoria e, como tal, de produção cultural infantil. Para realçar esse aspecto de a brincadeira ser inventada no próprio ato de brincar, transcrevo outro episódio.

No platô, percebo Cristal e Estrela embaixo da casinha com uma boneca e um pouco de louça. Mas vejo que volta e meia Gabi (b)[4], Lulu e Mimi vêm e interagem com Cristal, misturando-se na brincadeira. Dali saem às vezes e interagem com os brinquedos das outras. Parece não haver um roteiro e papéis definidos. Então, pergunto para Cristal: Pesquisadora: "Cristal, como está sendo essa brincadeira?" Cristal: "Não, é que a gente fica inventando as coisas enquanto brinca" (Diário de campo. Escola do castelo, 13/10/2010).

Relacionado a esse caráter dinâmico e autoral do brincar está a maneira com que as crianças deixam em aberto, digamos assim, as brincadeiras, isto é, não as condicionam a um tempo e espaço fixos. Por várias vezes, foi possível percebê-las "largando" a trama e o espaço da brincadeira provisoriamente e voltando a ela depois. Enquanto estavam "vestidas de um papel" que as mantinha ligadas à trama da brincadeira, transitavam pelo platô buscando outras interações e experiências, retornando depois para o contexto central da brincadeira. Esse contexto era garantido pela manutenção de alguns personagens; pelo espaço e brinquedos que materializavam o contexto criado para a trama (como uma casa, uma festa, um avião, um hospital etc.) e pelos amigos que compartilhavam da mesma brincadeira. Também era comum ver que, várias vezes, a brincadeira que se iniciava no platô acabava tendo continuidade no espaço da sala, transcendendo, pois, a configuração espacial e temporal inicial, como foi o caso do episódio do canto da sereia, acima comentado.

Outro aspecto interessante que se revelou a partir do episódio da sereia foi perceber que a mesma situação – da sereia que é rejeitada devido à crença de que seu canto gera feitiço – foi vivida de forma lúdica e engraçada por outras crianças. Isso indica que a relação com o brincar, além de estar relacionada a condicionantes estruturais (*habitus* de classe, relações de gênero, raça/etnia) e contextuais (educação pela família, pela escola, mídia, comunidade e pelo grupo de pares) também é, em última análise, uma experiência individual; portanto, vivida de forma genuína por cada pessoa que brinca, a partir de sua subjetividade e sua condição de ator social, de sujeito da ação.

Colocando em diálogo essas indicações das crianças sobre as lógicas que regem o desenvolvimento de suas brincadeiras com a produção teórica acerca do brincar, recorro novamente a Brougère (1998) por reconhecer que esses fatores aqui em discussão são por ele abordados pelo que designa como características definidoras da brincadeira. Nesse sentido, alega que, em primeiro lugar, *o brincar não segue a mesma ordem da vida real*. Produz-se em um espaço e tempo específicos, nos quais as crianças se apoiam em comportamentos da vida cotidiana,

---

4. Duas crianças (amigas) escolheram se identificar pelo mesmo nome. Farei uso das letras (a) e (b) para conseguir discernir uma e outra.

mas os reproduzem sabendo que se trata de uma atividade imaginária, de brincadeira, ou de *segunda ordem*, como Goffman (1991 [1974]), no qual Brougère se apoia, defende. Assim sendo, a brincadeira também se caracteriza, segundo o autor, por *um caráter aberto*, dependendo, fundamentalmente, da *ação e decisão dos sujeitos* que brincam. Tanto o começo como o fim, bem como as tramas que se desenvolvem no processo do brincar não estão dados *a priori*, mas são construídos e definidos pela criança que brinca. Todavia, segundo Brougère, apoiado em Vygostsky (1991), toda a brincadeira se define por possuir *regras*. O faz de conta, por exemplo, ainda que não tenha regras fixas e definidas *a priori*, segue regras de comportamento social, as quais fornecem as bases para as ações no interior da brincadeira[5].

Portanto, pode-se dizer que a natureza da atividade do brincar, por si só, já é um espaço privilegiado de produção cultural da infância, pela possibilidade que as crianças têm de, por ela, experimentar, reproduzir e recriar a realidade e suas regras. Além disso, quando as crianças brincam a partir de uma estrutura que lhes assegura constância em termos de parcerias, tempo, espaço e objetos, elas passam a construir sistemas coletivos e repetitivos de brincadeiras e formar a sua própria cultura de pares; uma cultura que, referenciada na cultura mais ampla (adulta e infantil) expressa modos específicos de ação e significação construídos pela reunião do grupo das crianças.

Desse modo, destaco a seguir algumas práticas rotineiras de que se constituem as culturas de pares construídas por esse grupo pesquisado e, pelas quais, as crianças se identificam como grupo social.

Rotinas que formam a cultura lúdica e de pares

Pois bem, outro aspecto que torna a brincadeira uma manifestação central da cultura infantil desse grupo é a existência de algumas práticas rotineiras e recursivas de brincadeiras. Uma dessas práticas pode ser identificada pelos subgrupos ou "turminhas" que as crianças criam ora para formar identidades que revelem causas comuns e/ou grupos de amizade, ora para poder viver certas oposições que motivam algumas possibilidades de brincadeiras, como, por exemplo, a oposição entre o bem e o mal.

É assim que existe um subgrupo fixo, o qual se formou e existe desde o primeiro ano da pesquisa empírica (2009), cujo núcleo, formado por quatro meninas (Cristal, Mimi, Gabi (a) e Gabi (b)), denomina-se de grupo da "Estrelinha". Segundo suas integrantes, elas formaram o grupo por serem amigas e o nomearam de "Gru-

---

5. Além dessas quatro características – não literalidade, o protagonismo do sujeito, a existência de regras, o caráter aberto e incerto – esse autor também define a brincadeira pelo prazer que ela produz, importando, assim, mais o processo de brincar do que seu produto, seu resultado. Para aprofundar, indico: BROUGÈRE, G. *Jogo e educação*. Porto Alegre: Artes Médicas, 1998.

po ou Turma da Estrelinha" porque esse nome representa a causa da natureza, da qual são defensoras. Assim, esse grupo constrói várias brincadeiras movidas por essa causa e representa o lado do bem. A existência do Grupo da Estrelinha faz com que tenha aparecido, ao longo do ano de 2010, outro subgrupo, o qual, porém, não é fixo, nem na sua permanência como grupo nem nos membros que o integram. Desse modo, diferentemente do Grupo da Estrelinha cuja origem deu-se pela identificação de laços de amizade, foi fundado o "Grupo do Mal". Este parece ter se formado, recursivamente, para fazer oposição ao Grupo da Estrelinha e poder viver o conflito gerador de muitas brincadeiras nas culturas infantis: o bem contra o mal. Assim, pela oposição, a causa desse grupo é lutar contra a natureza.

O Grupo do Mal, não representando os valores reais das crianças – como a causa da natureza e o bem – era desfeito com muita frequência e criado esporadicamente, com integrantes que também mudavam, conforme as circunstâncias da brincadeira e dos conflitos nas relações entre elas. Comumente, as crianças diziam que Duda fora a fundadora do Grupo do Mal. Duda é uma menina que tem grande poder de liderança e organiza em grande medida as práticas de brincadeiras no grupo. Ela própria, reconhecendo sua popularidade e liderança, assumiu, por vezes, ser a líder do Grupo do Mal. Porém, também anunciou muitas vezes ter desfeito o grupo, uma vez que, no entendimento dela, quando o líder sai, o grupo se desfaz.

No entanto, essa regra, inventada pelas próprias crianças para gerirem suas lógicas de organização, também não é fixa e engessadora de suas ações. Ao contrário, sendo tudo uma invenção delas para poderem viver sua motivação maior que é o brincar, e nesse caso, brincar com a oposição bem x mal, o Grupo ou Turma do Mal acaba sendo um recurso aberto capaz de dar sentido à experiência dessa oposição. É assim que pude perceber, em alguns momentos, algumas crianças, mesmo sem o envolvimento de Duda, "ressuscitando" a Turma do Mal para viver uma experiência circunstancial que lhes era interessante, como brincar de destruir a natureza e representar o mal que precisa ser combatido pelo bem.

> No platô, a maioria das crianças está envolvida numa brincadeira de pegar a turma do mal que está destruindo a natureza. Hoje, a turma do mal é o Michelangelo, Ângelo e Rafael. Assim, esses correm muito das meninas que representam as protetoras da natureza (não são somente as do Grupo da Estrelinha) e fazem gestos de destruição. Essas os capturam e tentam os prender junto a uma árvore. Enquanto cuidam para que não fujam, as meninas ficam dizendo que não se deve destruir a natureza. Os meninos ficam lutando para se livrar das meninas e acabam correndo novamente, o que dá sequência às ações de captura por parte das meninas e de fuga por parte dos meninos (Diário de campo. Escola do castelo, 18/11/10).

Essa brincadeira, ao mesmo tempo em que representa uma prática singular, única e identitária desse grupo de crianças, também traz embutida a apropriação que elas fazem de uma série de elementos da cultura infantil que pode ser identificada em várias práticas das crianças, independentemente do contexto em que se situam. A originalidade dessa prática está na invenção de um modo de brincar com as oposições que é mediado pela existência dos subgrupos. O da Estrelinha – grupo constante que tem identidade pela relação de amizade e pela causa da natureza e que, na significação do grupo maior, representa o bem – e o Grupo do Mal – grupo aberto que atua como recurso circunstancial que se identifica pela oposição ao bem e à causa da natureza. Assim, as crianças criaram, pela capacidade de gerenciamento de suas relações no interior do grupo de pares, um modo criativo de dar significado e brincar com a oposição bem x mal.

A relação com os aspectos da cultura infantil mais generalizada pode ser identificada no episódio acima através das várias oposições: bem e mal; menino e menina; fuga e perseguição[6]; prende e liberta. Estas oposições podem ser identificadas no estudo dos jogos e brincadeiras desde os tempos mais remotos, assim como em outras expressões das culturas da e para a infância, como as histórias clássicas da literatura infantil, as cantigas, a expressão nas artes plásticas, no teatro, no cinema, nas lendas e mitos, nas paródias recolhidas do folclore infantil[7] etc.

Buscando ainda compreender como as crianças lidam e agenciam as relações de confronto com valores diversos – bem x mal, ser e não ser do grupo, preservar e destruir a natureza – trago um trecho de uma conversa com uma menina que se dizia, no período da entrevista, integrante da turma do Mal.

> *Pesquisadora: "Por que vocês chamam a turma de vocês de Turma do Mal?"*
> *Maria Eduarda: "Porque a gente tava matando a natureza. E a Turma da Estrelinha tentou impedir. Aí eu tô tentando salvar a natureza pra Turma do Mal não deter a Turma da Estrelinha. Porque a gente não é do mal, é só de brincadeira e a natureza é muito sagrada porque tem muito poucos tigres no Brasil"* (Trecho de entrevista. Escola do castelo, 16/11/2010).

Apoio-me novamente em Brougère para afirmar que é o espaço mesmo da brincadeira que possibilita experiências de confrontos, negociações e mutações. Com base nesse entendimento, aqueles aspectos já desenvolvidos anteriormente sobre as características do brincar – o caráter aberto e não literal, o protagonismo do sujeito e as regras – novamente aqui têm procedência. Vejamos: na conversa com Maria Eduarda, ela deixa claro que tem pleno domínio de que a existência dos dois grupos e a luta entre o bem e o mal é realizada no plano da brincadeira, não obedecendo, portanto, à literalidade, tanto que, na vida real, ela é uma defensora da natureza. Sendo assim, ela pode sair de seu grupo para ajudar o outro quando

---

6. Essa rotina foi identifica no trabalho de Borba, 2005.
7. A oposição de gênero, p. ex., está expressa num folguedo popular da cultura infantil levantado na pesquisa de Florestan Fernandes sobre as Trocinhas do Bom Retiro na década de 1940: "Home com home, muié com muié, faca sem ponta, galinha sem pé".

a brincadeira, por vezes, estiver ameaçada, uma vez que, no plano do brincar, o processo está em aberto e são as crianças que decidem sobre as ações mais interessantes para a manutenção da brincadeira. Além disso, essa brincadeira de oposição entre esses dois grupos não está isenta de regras de comportamento, uma vez que a turma do bem, sendo do bem e tendo um nome que também é representativo desse valor, deve ser a defensora da natureza, ao passo que a turma do mal, representando esse valor negativo, logicamente obedece a comportamentos de acordo com essa norma social. Tanto que, para Maria Eduarda passar a defender a natureza e ajudar o Grupo da Estrelinha, ela teve que sair da Turma do Mal, uma vez que, do contrário, estaria indo contra a regra social que possibilita a brincadeira existir.

Outra chave de leitura que, a meu ver, dá possibilidade de as crianças vivenciarem essa trama dos subgrupos e das oposições, é a ideia de que essa prática recursiva e rotineira faz parte de sua *cultura lúdica* (BROUGÈRE, 1998).

A cultura lúdica, segundo Brougère, é composta por um certo número de esquemas que, quando reconhecidos pela criança, permitem-lhe iniciar e participar da brincadeira. Estes esquemas dizem respeito a formas linguísticas[8], verbos no imperfeito, quadrinhas, tom de voz, gestos estereotipados, certas regras de jogo, esquemas de brincadeiras, entre outras práticas que são adquiridas e construídas pelas crianças brincando[9]. Tanto as práticas e artefatos culturais propostos pelos adultos como e, principalmente, as interações sociais com outras crianças por meio das brincadeiras é que vão colocando a criança em contato com a cultura lúdica. Portanto, a brincadeira é, por excelência, o espaço de construção da cultura lúdica e as crianças são os principais construtores, perpetuadores e detentores dessa cultura. Sendo, pois, suporte da cultura lúdica e pilar estruturante das culturas infantis, o brincar também é, segundo Corsaro (1997), *a rotina das rotinas das culturas infantis* e, quando compartilhado com constância temporal e espacial, é o que permite às crianças constituírem sentido de pertença a um grupo de pares.

Portanto, essas práticas rotineiras de brincadeiras criadas pelas crianças, como, por exemplo, as brincadeiras de oposição que motivam os subgrupos, uma vez constituídas por regras e códigos de conduta criados e compartilhados por elas no interior de suas interações e das brincadeiras, também formam sua cultura lúdica e fortalecem o sentido de pertença a um grupo de pares.

Essa dupla relação das crianças com a cultura lúdica – tanto apropriação como criação – permite pensar a brincadeira como o espaço não só de perpetuação da

---

8. P. ex., o "era uma vez" indica que será iniciado o conto de uma história; os verbos no passado indicam a existência de uma narrativa de brincadeira.

9. Como exemplo, Brougère (1998) se refere à brincadeira de luta. Diz que comumente os adultos tendem a confundir e consideram que se trata de briga de verdade. Mas, as crianças, reconhecendo uma série de códigos e esquemas que partilham entre si, que fazem parte da cultura lúdica, facilmente identificam a diferença entre luta como brincadeira e luta de verdade.

cultura e da tradição, mas também de renovação dela (BROUGÈRE, 1995, 1998; BORBA, 2005; DELALANDE, 2001; CORSARO, 1997). A cada novo elemento, a cada novo modo de brincar – como fazem as crianças deste estudo quando brincam com essas oposições aprendidas no contato com a cultura infantil mais genérica – as crianças contribuem para esse movimento de manutenção e reinvenção da cultura. Aqui, portanto, pode-se ver claramente o processo de reprodução interpretativa defendida por Corsaro e que explica a relação das crianças com a cultura e sua socialização.

Voltando, pois, à descrição das rotinas "particulares" de brincadeiras desse grupo, além da constituição dos subgrupos e das brincadeiras de oposição, outras práticas se mostraram repetitivas e patrimônio de sua cultura lúdica. Refiro-me, por exemplo, à brincadeira de morrer e ressuscitar que é motivada pela existência do pozinho mágico. Este (o pozinho), que era um recurso sempre presente para resolver os problemas mais impossíveis nos enredos das brincadeiras, uma vez entrando em ação, geralmente suscitava brincadeiras de fazer ressuscitar, acordar e transformar pessoas e objetos...

> Percebo novamente o uso das pétalas das flores numa brincadeira de fazer ressuscitar e pergunto a Hana Montana o que ela está fazendo com as pétalas. Esta responde: "É que esse é um pozinho mágico que a gente sempre usa nessa brincadeira de ressuscitar as pessoas" (Diário de campo. Escola do castelo, 13/04/2010).

As crianças, quase que diariamente, elaboravam esse pozinho com as flores que caem de uma árvore do platô e, uma vez o tendo, passavam a ganhar superpoderes e irem mais além nas suas audácias fantasistas. Aliás, outros artefatos também, por vezes, representavam a aquisição de superpoderes, como anel, colar, pedra etc., evidenciando que a possibilidade de as crianças se apoderarem da transformação fantasista dos artefatos também é uma prática recursiva e rotineira carregada de significados e experiências que, no plano simbólico, lhes permite ir além do possível no plano real (VYGOTSKY, 1991).

Essas práticas recursivas que compreendem a formação de subgrupos, esquemas variados de brincadeiras e de produção/transformação de artefatos, são construídas pela ativação do imaginário, aspecto que caracteriza fortemente a cultura lúdica e a cultura de pares nesse grupo.

A imaginação como um recurso consciente

Buscando situar como venho compreendendo teórica e conceitualmente as relações entre imaginário, brincadeira e culturas da infância, esclareço que essa compreensão está embasada em duas vertentes que se complementam: primeiro, a compreensão da imaginação como um traço definidor da brincadeira (VYGOTSKY, 1991) e, segundo, como um elemento constitutivo das culturas infantis, o que pode ser melhor traduzido por aquilo que Sarmento (2004) designa por *fantasia do real*[10].

Desse modo, passando a abordar sobre a manifestação do imaginário entre as crianças, destaco o fato de esse grupo não só revelar um imaginário que permite fazer conexões com elementos que vão muito além de sua realidade concreta (como explicita o episódio acima), como também parecem fazer um acerto buscando valer-se dessa dimensão como um recurso e código com *significado coletivo*. Na mesma direção dessa evidência empírica, Sarmento (2003) também argumenta que o imaginário, quando compartilhado e construído no interior do grupo de pares, passa a ter sentido coletivo e exprimir, portanto, o pertencimento geracional.

Assim, parece estar acertado entre as crianças que a imaginação é um *recurso consciente*, do qual elas se utilizam e por ele transitam, mas não confundem (cf. HARRIS, 2000)[11], para operarem desejos e experiências não possíveis de serem admitidas e satisfeitas no plano da vida real. É a via que permite, pois, agir em condições que escapam à literalidade e aos limites da realidade.

Destaco, abaixo, dois eventos que revelam esse sentido que o imaginário adquire nesse grupo: *um recurso consciente e próprio do grupo das crianças.*

> *Um grupo de meninas está a desenhar na mesa da varanda. Enquanto desenham, vão desenvolvendo a conversa:*
> *Lua: "Eu tô fazendo o cabelo do peixe".*
> *Lola: "Peixe não tem cabelo".*
> *Maria Eduarda: "Ai Lola, é só na imaginação".*
> *Lua: "É, é só na imaginação".*
> *Lola: "A minha água de imaginação é vermelha".*
> *Lili: "O meu peixe é japonês. Sabe por quê? Porque eu consigo fazer o olho do Japão" (Mostra o olho pequenino).*
> *Duda: "Mas não existe peixe japonês".*

---

10. Uma vez que esse aspecto – da fantasia do real como traço definidor das culturas da infância – já fora abordado no primeiro capítulo, não me aterei novamente a desenvolver esse conceito aqui. Além disso, esse conceito será desenvolvido também ao longo do trabalho por meio das análises das evidências empíricas, principalmente, no interior deste capítulo.

11. Harris sustenta a posição de que as crianças pequenas são capazes de discernir ente realidade e fantasia e de que essa relação não se dá de forma radicalmente distinta dos adultos. Argumenta que mesmo sabendo que algumas situações são fictícias, isso não impede o afloramento de sentimentos e emoções que nos fazem reagir como se a situação fosse real e não fictícia. Assim, ele argumenta: "Consideremos o impacto do teatro ou do cinema. Mesmo como adultos, podemos experienciar um acelerar do bater do coração quando a heroína entra em território alienígena. Nós sabemos perfeitamente que ela e os perigos que ela encara são meras ficções; no entanto, essas premissas imaginárias podem conduzir nosso sistema emocional, incluindo as suas componentes psicológicas. Por isso, temos que admitir que os adultos podem reagir com fortes emoções a situações que se reconhecem definitivamente como sendo imaginadas. Isto aumenta a possibilidade de que as crianças possam estar conscientes de que seu amigo ausente ou monstro esperando no escuro são puramente imaginários, mesmo se as crianças reagem com medo a isso. Esta interpretação nega que as crianças pequenas concebem a relação entre fantasia e realidade de uma forma radicalmente diferente dos adultos. Em vez disso, implica que, mesmo que as crianças e os adultos sejam capazes de criar uma distinção entre os domínios da fantasia e da realidade, a emoção pode ser ativada por materiais de cada um desses domínios" (tradução minha).

Maria Eduarda: "Ai, é só na imaginação"[12] (Diário de campo. Escola do castelo, 19/05/2010).

Hoje, Lua trouxe dois livros da série "Crepúsculo" para a escola. Percebo que várias crianças conhecem a história e seus personagens. Quando Lua mostra o livro na roda, as crianças se dão conta de que não tem gravura porque é um livro para adultos. Então, Lorena sugere: "A gravura a gente pode imaginar". E Duda complementa: "É, a gente pode inventar" (Diário de campo. Escola do castelo, 16/11/2010).

A imaginação como recurso consciente ainda é expressa pela designação de personagens, artefatos e situações que as crianças mobilizam e que deixam clara a possibilidade de operarem nessa esfera. Assim, é comum as crianças usarem o termo "imaginário" – como pozinho imaginário, filha imaginária, filme imaginário – para situar a esfera em que estão operando e deixar claro que sabem fazer a distinção entre realidade e fantasia.

As crianças ainda deram pistas de que a *imaginação é parte do ser criança*, portanto, um aspecto que revela uma identidade geracional, já que "toda a criança faz isso: inventa..."

As crianças que terminam os desenhos vão brincando e pegando os livros sem a intervenção das professoras. Mimi, Gabi (a) e Cristal brincam de escolinha. Gabi (a) é a professora, mas diz não saber ler o livro para as amigas. Mimi diz: "Inventa. Toda a criança faz isso" (Diário de campo. Escola do castelo, 26/11/2010).

O imaginário, assim, também é parte da cultura lúdica desse grupo e se manifesta como um jeito de ser que faz dos espaços/tempos em que estão reunidos com os pares na escola oportunidades sempre potenciais para brincar, imaginar e inventar jeitos de *ser criança entre crianças* (JAMES et al., 1990; FERREIRA, 2004; BORBA, 2005).

Uma vez indicando como as crianças significam a dimensão imaginária e fazem uso dela como recurso em suas brincadeiras e interações, cabe também analisar os fatores de produção do imaginário do ponto de vista externo, ou seja, no que os contextos (principalmente a escola e a família) influenciam na construção da dimensão imaginativa das crianças e que referenciais – culturais, materiais, subjetivos, cognitivos, sociais – oferecem como arena para a imaginação infantil.

Nessa direção, foi possível identificar que a escola trabalha no intuito de alimentar em grande medida a construção do imaginário infantil, tanto pelo que veicula – vários tipos de histórias, parlendas, poesias, lendas, mitos... – como pelo

---

12. Apesar de esse episódio ter sido extraído no decorrer de um processo de desenhar, o interesse por trazê-lo está centrado no registro da conversa das crianças e não no desenho. O desenho como produção simbólica e cultural das crianças é abordado em Sarmento (2011) e Borba et al. (2010).

incentivo à brincadeira. Uma vez que a brincadeira ganha centralidade na proposta pedagógica da escola e, uma vez que o imaginário é o que alimenta e torna possível o brincar, a escola passa a ser um espaço em que as crianças, coletivamente, se relacionam constantemente mediadas pelo brincar e pela imaginação.

Aliadas a isso e, como já demonstrei no segundo capítulo, as experiências das crianças no espaço familiar são grandemente influenciadas por diferentes manifestações artísticas, principalmente a literatura, o que fornece base para muitas de suas brincadeiras e criações. Uma vez que suas famílias são detentoras de vasto capital cultural e orientam-se por uma normatividade da infância que a coloca em lugares distintos do adulto, como indiquei em capítulos anteriores, as experiências socioculturais dessas crianças são também mobilizadas, em grande medida, pelo acesso a produtos culturais específicos ao público infantil. Além disso, o *ethos* dessas famílias se define pela crítica à cultura massificada, o que também as coloca na posição de fazer escolhas pelos produtos culturais que, na sua concepção, melhor se adequam a construir as características ideologicamente concebidas para a infância, como: imaginação, criatividade, sensibilidade, sonho, alegria, inocência etc.

Foi possível perceber que, apesar de as crianças entrarem em relação com o mundo e com a cultura de forma geral e desejarem experimentar a diversidade de que este se compõe, o que as coloca em relação com experiências de brincadeiras nas quais lidam com emoções mais duras e cruéis, como as brincadeiras de guerra, por exemplo (cf. BROUGÈRE, 1995), suas referências dessas experiências tidas mais como do mundo adulto vêm, geralmente, mediadas pelo contexto fantasista e veiculadas pelos produtos culturais para a infância.

> *Depois do lanche, as crianças brincam com jogos na sala. Ângelo faz uma arma de lego e vem me mostrar, dizendo: "Olha o meu pega-pega múmia 3000. É pra sugar fantasma"* (Diário de campo. Escola do castelo, 06/10/2010).

Diferentemente do outro contexto em que as condições concretas de vida impõem às crianças maior contato com o mundo adulto e suas experiências culturais se inspiram mais no contexto da "vida real", aqui a imaginação – tanto para a escola como para as famílias de modo geral – é um valor da infância e deve ser nutrida com elementos que lhes permitam sair das suas circunstâncias concretas de vida.

Novamente aqui se identificam consonâncias entre as concepções e práticas das famílias e da escola e pode-se dizer que os dois contextos favorecem em muito a manifestação tanto da *fantasia do real* como da *ludicidade* apontadas por Sarmento (2004) como traços geracionais das culturas infantis. Uma vez que as culturas infantis são constituídas tanto pela ação do contexto como pela ação, significação e interpretação das crianças, pode-se dizer que o imaginário e a ludicidade se manifestam como traços marcantes nesse grupo da pesquisa porque ambos os fatores – externos e internos ao grupo de pares de crianças – trabalham para isso.

Desse modo, nas práticas de brincadeiras das crianças desse grupo foi possível perceber que, além de elas brincarem com referenciais da vida concreta e cotidiana – como a vida familiar, profissional, institucional, animal etc. – também brincam muito com os elementos fantasistas que envolvem lugares, artefatos, personagens, ações, enredos que existem socialmente como produtos culturais, mas que, para elas, se legitimam pela ação do imaginário. Na condição de atores sociais e valendo-se de processos imaginativos e interpretativos as crianças ainda mesclam esses referenciais da vida real com a fantasia e produzem seus próprios personagens, enredos, artefatos...

Prosseguindo a abordagem dos aspectos que caracterizam o brincar nesse grupo e o fazem manifestação principal pela qual as crianças constroem sua cultura lúdica e se consolidam como grupo de pares, destaco, a seguir, alguns aspectos que se relacionam mais diretamente às relações sociais construídas pelas crianças no desenvolvimento de suas brincadeiras. Estes, mais precisamente, designam sobre como e sob que critérios elas consolidam poder, liderança e estratégias para conseguir aceitação e participação nas brincadeiras.

Relações sociais por meio da brincadeira

As relações sociais das crianças, analisadas pelo prisma das culturas da infância, refletem uma dimensão central e, dessa forma, um dos focos principais de estudo. Isto porque é pelo reconhecimento e análise das relações que as crianças constroem, partilham e negociam entre si que se chegou ao reconhecimento que elas constroem uma cultura de pares (CORSARO, 1997). A cultura de pares, assim, é composta de uma série de ordens sociais construídas coletivamente pelas crianças as quais alicerçam atitudes e significados relativos à organização, entrada e participação das crianças na brincadeira. Por isso, para Ferreira (2002), brincar é, sobretudo, um processo social que requer que as crianças se posicionem frente a ordens, valores, regras sociais externas e internas instituídas, as quais geram suas relações, interações, estatutos e posições no interior do grupo.

Dessa forma, evidencio algumas ordens sociais criadas pelas crianças desse grupo da pesquisa com a intenção de dar visibilidade a mais uma das dimensões de que se constitui sua cultura infantil e de pares.

Um primeiro aspecto que se sobressaiu em minhas observações sobre as relações sociais empreendidas no brincar desse grupo refere-se às relações de posse e poder empreendidas através da brincadeira. Isso ficou perceptível pela designação das próprias crianças da existência de uma *dona da brincadeira* (aspecto observado mais no grupo das meninas), a qual dá o consentimento de quem pode ou não brincar e tem maior poder de delegar as ações envolvidas na trama da brincadeira. Vejamos:

Cheguei e as crianças estavam no platô. Sentei-me junto a um grupo de três meninas que estavam brincando: Duda, Cristal e Maili. Por alguma situação (não lembro qual) Cristal disse que eu não estava brincando. Então, disse que queria brincar e pedi autorização para as duas. Duda disse que tinha que pedir a Cristal, que era a dona da brincadeira (Diário de campo. Escola do castelo, 18/09/2009).

Lili vê Cristal montando um zoológico no chão e pergunta se pode brincar. Cristal responde: "Não sei, tem que pedir para a Mimi". Lili vai até a varanda onde está Mimi, pergunta e não obtém resposta. Lili volta e pede novamente a Cristal que responde novamente: "Não sei, tem que pedir para a Mimi". Lili vai novamente lá fora, pede a Mimi novamente que acena positivo com a cabeça. Mimi então vai até a sala onde estão Cristal e Lili, parecendo querer conferir o andamento da brincadeira. Cristal pergunta a Mimi se Lili pode mesmo brincar e Mimi confirma para Cristal que ela pode. Na tentativa de saber por que Mimi era a dona da brincadeira, lhe pergunto: "Esses brinquedos são seus?" (referindo-me aos brinquedos com que brincavam Cristal e Lili). Mimi responde: "Não, é porque eu tava aqui primeiro". Então percebo que, nesse caso, o critério para ser a dona da brincadeira, era ter começado primeiro, ter tido a ideia, ter iniciado a construção (Diário de campo. Escola do castelo, 07/12/2009).

Em minhas observações, por várias vezes, pude perceber que ser a criadora da brincadeira confere à criança o poder de liderança sobre seu percurso e sobre os membros que podem se incluir nela. Além disso, é interessante notar que o poder de ser a dona da brincadeira não está dado *a priori*, mas é conquistado como reconhecimento do grupo por ter realizado algo que, para ele, tem valor: ter criado a brincadeira. Assim, essa é uma ordem social criada e instituída pelo próprio grupo e funciona como uma regra que organiza e lhe permite que compartilhe ações coletivas.

Cristal convida as colegas (do Grupo Estrelinha e outros agregados) para irem até a caixa de areia e tablado para fazerem a festa de aniversário de sua filha Gabriela. Já na caixa de areia, alguns estão envolvidos na festa de aniversário e outros estão catando formigas. Cristal manda bastante nas colegas e ganha centralidade, ela é quem inventa a brincadeira e é a mãe da aniversariante (a boneca Gabriela). Cristal diz: "Hora de fazer festa e bolo para o dia das crianças". Mimi: "Oba, eu sou criança". Cristal diz: "Não, dia dos bebês". Então, preparam a festa: colocam CD, dão presente para os bebês (flores, chocalho, cenoura, boneca). Gabriel pergunta para Cristal se ele pode brincar. Então ela fala que ele vai ter que ser uma menina. Pergunto a Gabriel se ele está brincando e ele diz que não porque Cristal não sabe o que ele vai ser na brincadeira. Cristal observa Gabriel falando comigo e diz: "Ta, você pode ser o primo". (Parece que o fato de eu estar junto e conversando com Gabriel sobre o motivo dele não poder brincar influenciou Cristal na permissão.) Gabriel logo concorda em ser o primo e vai pegando o chocalho para brincar com os bebês. Nisso, me olha e diz: "Agora eu tô brincando". Lua também vem e pergunta se pode brincar e Lola diz: "Pode, todo mundo pode". Estrela diz: "Tem que pedir pra Cristal". Então, Lua pede para Cristal, que responde: "Ai, isso tá muito desorganizado" (Diário de campo. Escola do castelo, 21/10/2010).

O evento revela mais uma vez a legitimidade de poder que adquire a criadora da brincadeira. Ainda que não fosse possível acompanhar a brincadeira desde seu início, seria possível identificar a dona da brincadeira através do código de respeito e obediência já acordado e assimilado pelo grupo. Do episódio, destaca-se ainda que o esclarecimento de Gabriel a partir da afirmação "agora eu tô brincando" teve como condição o consentimento de Cristal. No momento em que esta percebe que seu poder está sendo, de alguma forma, desrespeitado pela colocação de Lola de que todo mundo poderia brincar, Cristal se irrita e percebe que sem o reconhecimento e o exercício de seu poder (da dona, da líder) a brincadeira se desorganiza.

Essa prática social ou regra do grupo que determina ter a brincadeira um(a) dono(a), um líder, já foi percebida em outras pesquisas (BORBA, 2005; DELALANDE, 2001; FERREIRA, 2002), o que revela a relação com a cultura infantil (da geração infantil) acerca da organização social do brincar. Borba (2005, p. 220), por exemplo, estudando as culturas de pares de um grupo de crianças de quatro a seis anos no espaço da brincadeira, indica que, para elas, havia um *chefe da brincadeira* e o seu papel era de *decidir, organizar e proteger a brincadeira*. Da mesma forma, os eventos acima revelam esse papel para a dona da brincadeira: ela decide sobre os papéis, enredos, sobre quem entra ou não na brincadeira e assim protege a brincadeira para que ela não se desorganize, como advertiu Cristal.

Ainda que as crianças sigam essa regra da dona da brincadeira com base no critério de quem a criou ou iniciou como reconhecimento de seu feito, foi possível perceber que algumas crianças costumavam ocupar mais vezes o papel de dona(o) da brincadeira. Geralmente, eram crianças que conseguiam maior popularidade no grupo, esta conquistada por atributos pessoais como simpatia, capacidade comunicativa, criativa e iniciativa nas brincadeiras.

Indo mais longe para buscar compreender com base em que referenciais esses estatutos são construídos no interior do grupo de pares, recorro novamente ao estudo de Ferreira (2002). Segundo essa autora, as ordens sociais criadas pelas crianças, pelas quais *elas estabelecem seus próprios contratos sociais* são constituídas tendo como base tanto as referências culturais relacionadas a dimensões estruturais como as que emergem dos estatutos e valores internos ao grupo de pares.

Também Florestan Fernandes, ainda na década de 1940, já revelava que, mesmo nas "trocinhas" organizadas pela condição de vizinhança e pelo desejo maior que era o brincar, as crianças levavam para essa brincadeira (em sua organização, nas relações sociais que dela decorriam) as referências pautadas em critérios de classe, de gênero, de etnia e de raça. Assim, Florestan observou que as "trocinhas" eram constituídas separadamente por meninos e meninas[13] e reproduziam, em muito, as relações de preconceito social presentes nas culturas ocidentais, reverberando em xingamentos e zombações daqueles que tinham pertencimento social e étnico diferente da maioria do grupo.

Assim, identificou que a maioria das trocinhas, até pela sua natureza (de se organizarem na rua) eram constituídas por crianças de classe popular e média que se agrupavam indistintamente, enquanto que as de classe alta constituíam grupos mais fechados, geralmente circunscritos aos espaços dos condomínios ou das casas. Diz ainda que havia resistência em aceitar um integrante de uma classe social diferente da classe social do grupo. Os de classe alta que desejassem se infiltrar numa trocinha onde predominassem crianças de classe popular e média, geralmente sofriam opressões, sendo xingados de grã-finos, mariquinhas etc. E o contrário também existia, sendo ainda mais difícil a aceitação de um menino pobre numa trocinha de meninos ricos. Já com relação à etnia, observou que predominavam relações democráticas entre os meninos pertencentes às diferentes nacionalidades, mesmo ocorrendo xingamentos e zombações nas horas dos conflitos entre eles ou quando algum grupo desejasse impor sua nacionalidade, como ocorria com os judeus que eram comumente chamados pelas outros meninos de "Gambás" ou "Bangalôs".

A análise que Florestan faz da organização dos grupos infantis, permite-nos entender a apropriação que fazem as crianças do sistema de valores em que vivem. Em se tratando de uma sociedade arraigada num sistema sociocultural ocidental e capitalista, notadamente percebe-se a perpetuação de organizações calcadas em conflitos de gênero, classe social, etnia etc. Todavia, mesmo havendo a reprodução de valores e práticas opressoras no interior das "trocinhas", Florestan assinala que essas diferenças não impediam que brincassem juntos; segundo Florestan, é o desejo de brincar o que permite superar as diferenças e engendrar a construção de relações democráticas.

Neste estudo e, concordando com o que também observou Ferreira (2002), foi possível perceber que, apesar das crianças tomarem como referência os estereótipos sociais dominantes – de classe, gênero, etnia, raça etc. – elas constroem outros valores pautados no que cada criança consegue capitalizar como benefício para o grupo, notadamente, para o sucesso dos processos interativos e de brincadeira. Assim, estas duas dimensões (externas/estruturais e internas/locais ao grupo de pares) servem de base para a construção das *ordens sociais instituintes das crianças*.

---

13. Florestan observou que as trocinhas das meninas se constituía de forma mais simples, não seguindo uma organização tão rica como as dos meninos. As trocinhas destes, por sua vez, eram construídas de forma muito mais complexa, seguindo um sistema de regras e hierarquias bem delimitadas. Nelas, havia um líder e esse tinha um papel de grande poder sobre os demais membros; existia a presença clara de regras de conduta e a punição aos que as desobedeciam; havia disputa e rivalidade entre outras trocinhas do mesmo bairro ou de bairros vizinhos, cujas crianças encontravam-se para jogar futebol; havia a delimitação de direitos e deveres de seus membros, a cobrança de mensalidade etc.

No entanto, uma vez que esse grupo se caracteriza por ser mais homogêneo socialmente (a maioria dispõe de semelhante capital cultural e econômico, a maioria é branca, magra e do sexo feminino), os valores individuais e que se convertiam em vantagem para o grupo foram se mostrando como as principais referências. Em outros termos, as crianças que conseguiam afirmar um estatuto positivo frente ao grupo geralmente eram crianças que conseguiam oferecer competências consideradas vantajosas para o coletivo, tais como: capacidade comunicativa, criativa, habilidades físicas, de liderança, afetiva etc.

Com relação aos fatores de ordem mais estrutural que se convertiam em maior ou menor poder de liderança nas brincadeiras do grupo, destaco a desvantagem dos meninos frente às meninas. Por serem a minoria (num grupo de 16 crianças, somente 4 são meninos), estes geralmente são capturados pelas meninas e participam, muitas vezes, das brincadeiras por elas propostas. No entanto, raramente assumem papel de liderança, uma vez não sendo protagonistas nas proposições das brincadeiras. Como já sinalizei no capítulo anterior, conseguem ter maior participação na brincadeira das meninas os que detêm virtudes corporais ligadas ao sexo masculino (como tamanho, força, beleza, destreza motora), e as competências acima já descritas valorizadas nesse grupo de pares: capacidade comunicativa, popularidade, iniciativa para brincar, criatividade etc.

Algumas condições desfavoráveis do ponto de vista estrutural recaem sobre uma menina que, diferentemente da grande maioria, é de classe popular e mora numa favela vizinha à escola; é negra e apresenta atributos físicos e comportamentais mais ligados ao universo masculino. Para o grupo, esse último aspecto – ligado ao gênero – é o que mais repercute negativamente para sua aceitação no grupo de pares, uma vez que contraria a feminilidade e o que se espera dela como menina.

No entanto, ao mesmo tempo em que ela causa estranhamento ao grupo e, por vezes, é desaprovada por este, consegue minimizar esses efeitos pelo seu poder de liderança, criatividade, habilidades físicas e por ter saberes diferentes da maioria, advindos de seu pertencimento sociocultural. As crianças geralmente recebem com admiração e entusiasmo as coisas novas que ela lhes ensina e que se somam à cultura lúdica do grupo. Esses saberes diversos têm como referência algumas manifestações da cultura popular e massificada, aprendidas por meio da mídia e pela socialização entre as crianças na favela, as quais, esse grupo quase não têm acesso. Muitas vezes, a despeito da reprovação das professoras, ela consegue popularidade por trazer um repertório diverso de histórias, personagens, brincadeiras, expressões orais e corporais, canções, danças, gestualidades etc. e apresentar grande habilidade na capoeira, esporte praticado por algumas crianças e admirado pela maioria e pela própria escola. Assim, consegue driblar as desvantagens do ponto de vista estrutural (de classe, raça e gênero) à medida que capitaliza recursos que são vistos como vantajosos para o grupo, principalmente, para suas experiências lúdicas.

Outro aspecto que capitaliza vantagens na conquista de estatuto no grupo refere-se às relações de amizade. Foi possível perceber que participar de um grupo de amizade consolidado como o da Estrelinha também oferece maior segurança e apoio tanto no que concerne às relações de conflito e disputas no grande grupo, tanto no que se relaciona às vantagens que as relações de reciprocidade construídas pelo pertencimento mais íntimo a um grupo de amizade produzem para o sentido de segurança afetiva e de parcerias para brincar.

> Daí que ter um/a amigo/a com quem se desenvolve ações comuns possa ser entendido como sinônimo de ter acesso à cultura de pares e/ou de aí manter e prolongar as actividades preferidas, estabilizando ou complexificando as suas rotinas de ação. Significa também ter aí algum apoio e uma base de reconhecimento social quando se afrontam e se resolvem problemas. No contexto do JI, a *amizade* pode ser vista como uma propriedade socioafetiva emergente da participação ativa das crianças em estruturas temporais e espaciais que as constrangem e como uma base para a sua inclusão na organização social do grupo – em suma, para a integração no JI e a manutenção de uma certa ordem no mundo das crianças (FERREIRA, 2004, p. 77 – grifo no original).

Desse modo, ter amigos é uma porta de entrada para a participação nas brincadeiras e a aceitação no grupo.

Por outro lado, pesquisas como as de Borba (2005), Corsaro (2003) e Delalande (2001) também indicam que as relações de amizade entre as crianças pequenas, diferentemente das crianças maiores e dos adultos, não se dão tanto por afinidades e afetividades recíprocas percebidas pelas crianças, mas, sumariamente, pelo compartilhamento conjunto de brincadeiras. Nesse sentido, pode-se afirmar que brincar é condição e possibilidade para a construção de relações de amizade na pequena infância.

Minhas observações acerca das relações de amizade nesta pesquisa coadunam-se com as inferências de Borba (2005). Essa autora, estudando as culturas infantis de crianças de quatro a seis anos no espaço da creche, observou que, para as crianças, o papel de um amigo está vinculado ao parceiro com quem se brinca. Assim sendo, segundo a mesma autora,

> Falas como: *Não brinco mais com você, Não sou mais seu amigo* assumem um mesmo significado no grupo e indicam a vinculação entre a amizade e o brincar junto na concepção das crianças e a sua utilização como um trunfo no controle das interações e da brincadeira conjunta. Denotam o valor que as crianças atribuem à amizade, ao brincar com o outro, ao prazer advindo das práticas lúdicas. A ameaça de rompimento dos laços de amizade em diferentes situações interativas serve para as crianças refletirem sobre as exigências do grupo e sobre o que caracteriza o papel de um amigo (BORBA, 2005, p. 166 – grifo no original).

É possível perceber, portanto, relações de interdependência entre amizade e brincadeira: é brincando que se faz amigos e, ao mesmo tempo, a amizade é uma porta de entrada para conseguir aceitação e participação nas brincadeiras do grupo.

Por fim e com base no que me indicaram as crianças e de tudo o que já foi exposto, cabe dizer que brincar e participar de um grupo social não é tarefa simples e fácil para as crianças, mas requer grande trabalho e investimento – em estratégias, competências, negociações etc. – como demonstram os eventos que seguem:

> No platô, Estrela passa a se interessar pela brincadeira inventada e liderada por Lua, a qual está se desenrolando em cima da casinha do escorregador. Assim, Estrela se aproxima e pergunta a Lua se pode brincar, mas essa não permite. Como não teve sucesso com Lua, Estrela tenta uma estratégia: percebe que o grupo que está brincando embaixo do escorregador tem mais brinquedos e, assim, pede a professora para que intervenha para que eles dividam os brinquedos com o grupo de cima, liderado por Lua. A professora intervém e Estrela entrega alguns brinquedos para o grupo de cima. Assim que faz isso, pergunta novamente a Lua se agora ela pode brincar e Lua, então, permite (Diário de campo. Escola do castelo, 13/04/2010).

Assim como as estratégias adotadas podem converter-se em resultados positivos, elas, muitas vezes, não dão certo ou não são bem-aceitas pelo grupo com quem se brinca, o que faz com que a brincadeira, muitas vezes, também produza processos de frustração e sofrimento para as crianças. É o que podemos deduzir do evento abaixo:

> Lili, Estrela e Duda brincam de Barbie 3 mosqueteiras. Estrela dá o grito: "Somos as Barbies 3 mosqueteiras: uma por todas e todas por uma!" (Esse grito é feito com as mãos das três unidas ao centro). Duda complementa: "Uma por todas e todas pela acidê. Somos amigas hoje, amanhã e sempre!" Lili também tenta começar um grito, mas sempre é interrompida pelas duas que mostravam maior domínio dos lemas. Como já dominavam melhor os lemas, parecem não ter paciência para esperar a elaboração de Lili. Então, Lili se afasta, ensaia um pouco e se junta a elas novamente para tentar iniciar um grito. Mas sem muito sucesso, porque continuava sendo vencida pelas amigas. Lili se irrita, sai, ensaia novamente e se junta às amigas para tentar mais uma vez, mas novamente não é considerada pelas amigas que acham que ela não sabe como elas (Diário de campo. Escola do castelo, 07/12/2009).

Tanto as crianças desta pesquisa como muitas outras estudadas por outros pesquisadores da infância, têm fornecido elementos para que se passe a questionar a tese (fundada nos construtos teóricos da psicologia biologicista) que naturaliza as interações e as brincadeiras das crianças, como se bastasse colocá-las juntas para que, espontaneamente, passassem a brincar. Os estudos que tomam o brincar numa perspectiva social, cultural e antropológica (VYGOTSKY, 1991; BROUGÈRE, 1995, 1998; BORBA, 2005; KISHIMOTO, 1999; FERRREIRA, 2002; CORSARO, 1997) têm indicado que, ao contrário, brincar não é nato e nem fácil; os processos de interação e a brincadeira infantil são permeados também por frustrações, desprazer, vergonha, renúncia e dão muito trabalho às crianças, as quais precisam lidar com constrangimentos e regras inerentes ao próprio brincar e às ordens sociais do grupo de pares, como aqui já demonstrei.

Nessa direção, existem concepções ambíguas sobre o brincar construídas socialmente que o colocam, por um lado, como uma atividade improdutiva devido ao seu caráter lúdico e processual; com base nesse entendimento, brincar faz oposição ao trabalho (cf. HUIZINGA, 2000 [1938]). Por outro lado, tem-se o reconhecimento do caráter sério da brincadeira, por ser tida como um processo que requer aprendizagem social e que coloca as crianças em relação direta com normas e valores que lhes exige o desenvolvimento de competências – sociais, psicológicas, físicas e cognitivas – fundamentais na constituição de sua identidade perante si e o grupo de pares.

As crianças desse grupo pesquisado, em suas ações e significações, também expressam a apropriação desse duplo sentido sobre o brincar. O caráter de oposição da brincadeira a tudo o que é sério ficou evidente em algumas significações recorrentes, como a expressa pela seguinte afirmação: *"Cuidar da natureza não é brincadeira. Cuidar da natureza é a coisa mais séria do mundo, sabia? Por causa que é muito importante"* (Estrela. Escola do castelo). Ao tentar interpretar o significado dessa fala, percebo também a apropriação de outra dimensão do brincar por parte desta menina, quando afirma: *"Brincadeira é sério às vezes sabe por quê? Porque às vezes duas pessoas quer ser mãe e não pode; duas pessoas querem ser irmãs e não pode, entendeu?"* (Estrela. Escola do castelo).

A despeito de a brincadeira ser utilizada nos discursos recorrentes – e também no discurso das crianças – como sinônimo de ludicidade, essa criança, mesmo sem acesso ao discurso teórico que admite o caráter sério da brincadeira, constrói essa significação – a qual defende com propriedade de quem sabe o que está dizendo – com base na própria experiência construída por meio do brincar.

Assim, as crianças não só reproduzem discursos dominantes como também constroem suas teorias e significações fundamentadas no que refletem sobre suas experiências de vida, *dando-nos o recado de que são as maiores especialistas nos assuntos que dizem respeito as suas próprias vidas* (LANGSTED, 1991).

Sobre como a brincadeira, assunto tão sério e importante na vida das crianças, é significada, vivida e forjada pelas crianças da favela como condição necessária para a experiência da infância na escola, é que discorro no próximo item.

A brincadeira nas escolas da favela: uma (im)possibilidade cavada nos interstícios da cultura escolar

Como já situei em capítulos anteriores, nas duas escolas da favela (creche e escola), a brincadeira, especialmente o faz de conta autogovernado pelas próprias crianças, quase não encontra tempo e espaço para ser vivenciada.

Na escola, os tempos e espaços autorizados para as crianças brincarem se referem a um período que varia de 15 a 30 minutos após as refeições, almoço e/ou jantar no espaço externo ou no parque, ou cinco minutos finais da aula de Educação Física. Porém, esses espaços não são organizados para brincar, de modo que não são disponibilizados artefatos e brinquedos que convidem e alimentem a criação de brincadeiras. O que as crianças comumente têm à disposição para brincar são bolas, cordas, uma amarelinha fixa desenhada no chão e os brinquedos fixos do parque.

Assim, valendo-se das condições de que dispõem, as brincadeiras mais corriqueiras são as que envolvem explorações e desafios corporais – como pular da escada, competição de corrida, subir obstáculos – e jogos com regras explícitas, tais como: futebol, corda, amarelinha, roda, entre outros. Os outros tempos e espaços em que as crianças brincam são aqueles forjados pela própria ação destas, na luta que travam cotidianamente para brincar, mas que não são reconhecidos como legítimos para a prática da brincadeira. Nessas circunstâncias e, como já indiquei no capítulo anterior, brincar acaba sendo um ato de resistência e transgressão às normas escolares que impossibilitam essa experiência e o corpo acaba sendo um recurso possível, o qual está presente em todos os tempos e espaços para suportar brincadeiras, sinalizar intenções e se comunicar com os pares. O trecho, abaixo, ilustra essa questão:

> Depois de as crianças lavarem as mãos, a professora orienta que fiquem em fila esperando para entrar no refeitório e serem servidas. Os meninos não aguentam ficar na fila muito tempo: brigam, empurram, descobrem um buraco no cimento e exploram. Agora, dentro do refeitório, estão sentados nas mesas em grupos de quatro e se agrupam mais por gênero. Enquanto almoçam, Aurora coloca o casaco no rosto e brinca com os colegas de ser bicho. Eles adoram. A professora logo pede para parar com aquela brincadeira e ela para imediatamente. Mas, logo depois, quando a professora não está olhando, ela continua com a mesma brincadeira e os colegas continuam se divertindo com Aurora, até que é interrompida pela cozinheira. Um grupo de crianças que já almoçou sai do refeitório e ocupa o pátio externo, mas é interrompido pela professora que pede que todos voltem para o refeitório. Parece haver um desejo da professora de ter total controle do corpo das crianças e, com isso, limita os espaços por onde as crianças possam circular, de modo que estas estejam sempre em sua vista. Ainda dentro do refeitório, Marina e Angélica me mostram sua brincadeira de "atirei o pau no gato". Dando-se as mãos, cantam e giram numa roda formada por elas duas. Parece que isso quebra um pouco o clima do nada pode fazer e as duas se deleitam girando e cantando a brincadeira. A professora, agora, permite que saiam do refeitório, mas ordena que permaneçam sentados no pátio externo (Diário de campo. Escola da favela, 08/06/2010).

Se na escola do castelo a brincadeira se constitui na principal manifestação pela qual as crianças tanto se relacionam com a cultura infantil mais ampla como constroem uma série de rotinas que alicerçam sua organização como grupo social, aqui, a brincadeira não tem essa dimensão porque não encontra condições objetivas de se manifestar como tal. Não obstante, se, por um lado, as crianças não podem contar com tempo, espaço e autonomia para construírem suas culturas lúdicas e de pares, por outro, elas parecem se identificar como grupo social infantil pela cumplicidade que travam na luta por fazer da brincadeira um direito legítimo na escola.

A cumplicidade na transgressão como ordem social do grupo de pares

A transgressão é o que possibilita as crianças desse grupo viverem a brincadeira muito além do que a norma escolar possibilita. Isso, de certo forma, já venho demonstrando desde o capítulo anterior, nos sinais de resistência do corpo para poder viver o movimento, a brincadeira, a interação. Pois bem, além de compreender a transgressão frequente das crianças como sinal da existência de uma alteridade infantil negada e sufocada pela cultura escolar, essa atitude aqui também é entendida como uma *ordem social* construída pelo e no grupo de pares, pela qual se torna mais possível a construção de espaços e experiências alternativas para a expressão de seus interesses como crianças.

Mais do que violar individualmente as normas escolares para manifestar desacordos com estas, fui percebendo que a transgressão parece ser, para as crianças, uma atitude comum, coletiva, compartilhada e cultuada em cumplicidade.

> *Assim que se inicia uma atividade dirigida em sala, Marcelo e Maria Clara dizem estar com sono e a professora disponibiliza colchonetes para dormirem. Então, eles dois deitam do lado de uma caixa de brinquedos e começam a pegá-los e a brincar escondido, deitados, sem que a professora perceba. Luan e Lucas percebem os dois colegas brincando às escondidas e dizem à professora que também querem dormir. Mas a professora diz que, se deitarem, vão ficar sem Educação Física, uma vez que já estava quase na hora dessa disciplina. Então, ficam olhando os colegas que estão a brincar e desistem da ideia* (Diário de campo. Escola da favela, 17/09/2010).

É muito recorrente ver nas atitudes das crianças em geral a intolerância com situações de burlas, principalmente quando estas resultam em maior vantagem para quem está violando a regra. Desse modo, o que se percebe com bastante frequência nos grupos de crianças – principalmente no espaço escolar em que todas devem obedecer a regras coletivas instituídas e fiscalizadas, em sua grande maioria pela professora – é a atitude de entregar o colega que está transgredindo alguma regra, sob pena de os que as cumprem ficarem em desvantagem em relação aos transgressores. Assim, a "fofoca" e o "entreguismo" são atitudes muito comuns entre as crianças, principalmente quando o grupo está coordenado por um adulto que tem o poder de decidir e punir os transgressores, como é o caso de grupos infantis que se formam na escola.

Na escola da favela, mesmo sem deixar de ocorrerem algumas situações dessa natureza, pude perceber com muita frequência atitudes à contramão dessa lógica. Como demonstra o episódio acima, as crianças que percebem os colegas transgredindo quando mentem que vão dormir para poder brincar enquanto os demais estão trabalhando, não os entregam, mas se tornam cúmplices e aderem à ideia, querendo juntar-se a eles. Interessante ainda é perceber que, mesmo não sendo possível a Luan e Lucas também brincar às escondidas e, desse modo, continuarem em desvantagem frente a Marcelo e Maria Clara, a cumplicidade permanece.

Assim, aos poucos, fui percebendo que a transgressão não se dava somente no plano individual, mas era também apoiada pelo grupo que, por meio dela, se fortalecia.

> *Quando chego, as crianças estão na roda brincando de batata-quente coordenadas pela professora. As crianças que vão saindo da brincadeira ficam fazendo massagem e mexendo no cabelo da professora. As crianças aproveitam que a professora fica de olhos fechados na brincadeira (porque a regra é essa) e transgridem o tempo todo as regras, por exemplo, não entregando a bola ao colega do lado e fazendo lançamentos mais ousados com a bola. Percebo que tem coisas que só eles é que sabem, porque ficam dizendo várias versões da história, mas se olham como que dizendo que, no fundo, todos eles sabem da verdadeira versão, menos a professora, que está numa condição vulnerável, sem o controle, uma vez que não enxerga* (Diário de campo. Escola da favela, 13/07/2010).

O próprio caráter da brincadeira de se constituir por regras permite a inversão de papéis, pela qual a professora é colocada numa posição mais vulnerável em relação às crianças. Estas, uma vez estando num lugar de maior poder dentro da brincadeira do que a professora, aproveitam mais uma vez para transgredir, compartilhando desse feito como se fosse um segredo que os torna cúmplices. Manter segredo, assim, parece dar certo para as crianças desse grupo a partir da estratégia de fingir que não se está vendo a transgressão, tanto assim que procuram ensiná-la à professora:

> *A professora faz jogo de fechar e abrir o olho para ver se está todo mundo bonito. Luan fica conversando muito e atrapalha a professora enquanto ela fala. Maria Clara, percebendo o incômodo da professora com a atitude de Luan, sugere: "Finge que não tá vendo". A professora responde: "Não posso fingir"* (Diário de campo. Escola da favela, 17/09/2010).

A proposta de Maria Clara à professora pode indicar, por um lado, a leitura que ela faz das estratégias recorrentes dos professores para não se incomodar com as transgressões das crianças. Por outro, sua sugestão pode, de acordo com o que venho defendendo aqui, estar apoiada no que fazem comumente no grupo de crianças: fingir que não estão vendo as transgressões dos colegas para que essa prática seja possível de ser manifesta por todos. A regra acordada parece ser a de que *se eu finjo agora que não vejo, depois você também finge que não me vê*.

Tomando como base os conceitos de Corsaro (1997) e Ferreira (2002) sobre cultura infantil, ordem social e rotinas de ação já aqui expostos, podemos identificar que a transgressão, assim, é vivida como ordem social do grupo de pares que se consolida por uma cultura de cumplicidade alicerçada pelas interações sociais rotineiras que as crianças estabelecem na luta por seus interesses comuns. A cumplicidade na transgressão é o que as une como grupo social de crianças e que lhes ajuda a tornar mais possível a experiência da brincadeira e da infância na escola.

As referências para brincar e o papel do contexto social

Das brincadeiras inventadas pelas crianças desse grupo – desde o faz de conta até os jogos com regras, os personagens inventados e as brincadeiras mais breves, essas que eram cavadas nos interstícios da cultura escolar – sobressaiu a percepção de que a vida concreta e muito ligada ao universo adulto é que dava base para as experiências simbólicas das crianças desse grupo da pesquisa.

Partindo do pressuposto de Brougère (1995) de que as crianças brincam com o que têm nas mãos e com o que têm na cabeça, nota-se novamente o forte papel do contexto no que apresenta de possibilidades que nutrem o que é possível às crianças terem na cabeça e nas mãos. Ainda que a imaginação seja o mecanismo simbólico que possibilita as crianças saírem de suas circunstâncias reais – como fazem quando brincam com papéis que estão para além de suas possibilidades como criança – é importante sublinhar que os limites e as possibilidades do arsenal de referências em torno dos quais as crianças imaginam são dados pela realidade social em que ela se insere.

Com base nesse pressuposto, podemos entender porque os grupos de crianças desta pesquisa apresentam entre si modos e conteúdos bem distintos ao brincar. As circunstâncias objetivas que produzem as diferenças entre os dois grupos se referem à conjunção de fatores relacionados tanto ao *ethos* de classe, em que conta mais o capital econômico e cultural que produz condições bem distintas de vida, como e, relacionado a isso, a concepções e modos de tratar a infância, ou seja, a processos de *geratividade* (HONIG, 2009) distintos.

Como já explicitei no segundo capítulo, são muito diversas e desiguais tanto as condições de existência quanto as normatividades[14] que formam as experiências das crianças dos dois grupos. Assim, se no contexto do castelo os referenciais das

---

14. Estou entendendo como normatividades as práticas sociais voltadas às crianças decorrentes de processos de geratividade, ou seja, de modos distintos de conceber a travar as relações com a infância. Essa distinção, aqui, é percebida como fruto, principalmente, das diferenças e desigualdades de classe.

brincadeiras e do imaginário das crianças estão fortemente mediados por aspectos mais ligados ao que modernamente se institui como o "mundo das crianças" (a fantasia, o sonho, a "pureza", a criação), no contexto da favela esses referenciais estão fortemente fundamentados nas circunstâncias existenciais, essas que são produzidas em grande medida pela relação direta com o mundo adulto.

Desse modo, em minhas observações sobre as experiências simbólicas das crianças deste grupo, sobressaíram, por exemplo, brincadeiras com armas inspiradas em ocorrências de confrontos comuns em sua realidade social e associadas, quase sempre, aos personagens do policial e do bandido.

Partindo do pressuposto de que as crianças brincam com o que percebem da realidade, foi possível perceber que, se no castelo a brincadeira com arma estava ligada a um contexto imaginário (nota-se que a arma era para sugar fantasma), nesse grupo da favela a arma entra para possibilitar a experiência do policial que, por sua vez, parece nem sempre representar a figura do protetor, ou do bem, como demonstra o episódio que segue:

> Aproveito minha percepção de que haveria "brecha" no planejamento da professora e proponho disponibilizar alguns brinquedos e organizar alguns espaços para que as crianças brinquem de faz de conta. A professora concorda e sugere que eu encaminhe. Com os brinquedos e materiais da sala, organizo os seguintes espaços: 1) carrinhos e carros grandes; 2) blocos de madeira; 3) bonecas, carrinhos e roupas de boneca; 4) livros infantis; 5) pia com louças. Quando eu já havia organizado o espaço, a professora sugere que as crianças sentem-se lado a lado e que eu vá determinando quem deve ir para cada espaço organizado para brincar. Nisso, digo-lhe que prefiro que as crianças mesmas escolham onde, do que e com quem querem brincar, pois também busco perceber sobre suas escolhas, agrupamentos, preferências. A professora não se opõe e as crianças fazem suas escolhas e passam a brincar. Logo percebo que se agrupam por gênero, de modo que se constituíram, basicamente, dois grupos: o das meninas que brincavam de bonecas e casinha e o dos meninos que brincavam de policial. As meninas brincam juntas, ora cuidando das filhas (bonecas) e ora fazendo comidinha. Os meninos pegam os blocos de madeira e fazem de conta que são suas armas de policial. Desse modo, ao contrário das meninas que se mostram mais tranquilas e ocupam um território demarcado para sua brincadeira de mãe e casinha, os meninos se movimentam por toda a sala e usam muito do corpo e da voz para vestirem os personagens de policial. A brincadeira dos meninos vai, cada vez mais, ganhando uma conotação agressiva, até que eles entram na casa das meninas e começam a atirar em seus bebês, justificando a ação por serem policiais. As meninas pedem para parar, mas eles não atendem, parecendo gostar do poder que tem com o uso das armas (Diário de campo. Creche da favela, 12/11/2009).

As brincadeiras ligadas à experiência com arma, nesse grupo da pesquisa, geralmente emergem entre os meninos, pelas quais eles vivem os papéis de policial ou bandido e estão ligadas a manifestações de violência. Considerando que eles vivem num contexto em que tanto a figura do policial como a do bandido estão próximas de suas vidas cotidianas, com também é mais frequente o contato com armas, compreende-se que, pela brincadeira, eles queiram experienciar esses papéis.

Isto não significa, no entanto, que brincar com armas e com conteúdos ligados à guerra ou à violência, suscite, necessariamente, atitudes violentas nas crianças. Segundo Brougère (1995), pela brincadeira as crianças confrontam-se com a cultura e, sendo assim, trata-se de um encontro também com a violência do mundo; pelo simbólico, elas buscam dar sentido à cultura. Fundamentado nessa ideia, Brougère se opõe à visão dominante de que brincadeiras agressivas produziriam comportamentos também agressivos.

> É preciso admitir que a manipulação de uma arma de brinquedo não é, em geral, um ato violento, mas sim a representação, talvez necessária, de um ato violento. Parece-me bem limitado pensar que a criança só possa ter interesse, nas suas brincadeiras, pelo lado bom das coisas. Ousaria dizer que me parece saudável que, através de sua brincadeira, ela descubra a cultura em todos os seus aspectos. É verdade que, em termos de educação, isso não é suficiente. Mas nenhuma brincadeira constitui o todo, nem mesmo a base de uma educação. À iniciativa lúdica da criança deve corresponder, em outros momentos, a iniciativa educativa dos adultos (BROUGÈRE, 1995, p. 88).

Também nessa direção, apoio-me em Borba (2009) para me contrapor a concepções recorrentes que veem o brincar com papéis e situações ligadas ao mundo adulto como uma preparação para a entrada nesse mundo. Por esse ângulo de visão, facilmente se pensaria que o espaço da brincadeira estaria preparando as crianças para serem futuros bandidos ou policiais. Borba questiona esse posicionamento alegando que, subjacente a ele, se esconde uma visão adultocentrada que acredita estarem as experiências presentes das crianças sempre em função de uma preparação que se revelará no futuro. Ao contrário, as crianças brincam com as referências culturais de que dispõe para se relacionar com o mundo no tempo presente: "[...] para as crianças, importa mais o processo vivido, as ações desenvolvidas, do que a projeção nos papéis representados, do ser adulto, tornar-se adulto" (p. 114, 115). A autora ainda ressalta o fato de que, ao brincar, as crianças não reproduzem simplesmente a realidade tal qual ela é apresentada pelos adultos, mas a interpretam e a transformam.

Voltando à análise em torno das manifestações das crianças, entendo o fato de os meninos expressarem maior necessidade e vontade de brincar com esses tipos de brincadeiras porque também na vida real são eles os mais insultados por essas referências[15].

---

15. São os homens os maiores envolvidos em casos de violência na favela e que protagonizam conflitos com a polícia. Além disso, nos relatos das crianças sobre fatos de violência doméstica, elas também revelaram que o homem, pai ou padrasto é geralmente o agressor, ao passo que a mulher, a mãe é geralmente a vítima.

Tanto as brincadeiras como a corporeidade e as formas de interação em geral dos meninos, nesse grupo, são bastante demarcadas pelo confronto físico, como já demonstrei em capítulo anterior. Mais adiante darei mais atenção à questão relativa às construções de gênero e como estas se relacionam ao brincar, aspecto que também se destaca no episódio transcrito acima. O que importa mais nessa discussão é destacar como a realidade sociocultural que em grande parte é determinante da vida e das experiências das crianças traz diferentes referenciais, modos e significações que se expressam pelo brincar.

Se no contexto do castelo a brincadeira com arma tem na mediação dos produtos culturais – principalmente os programas televisivos – o seu principal referencial, no contexto da favela as brincadeiras com armas são inspiradas também e, principalmente, nas circunstâncias concretas e situações cotidianas da vida das crianças.

Além disso, e dadas as diferenças sociais que separam a favela e o castelo, se nesse último pode se observar uma demarcação clara entre o bem e o mal, especialmente no que se refere aos papéis do policial e do bandido – o que é expresso na brincadeira de polícia e ladrão – suspeito que na favela essas oposições não estejam tão bem demarcadas. Isso porque realidades diversas produzem relações também distintas no contato com esses personagens. Se para o grupo das crianças do castelo o ladrão é o legítimo representante do mal e a polícia é quem a ele se opõe, portanto, representando o bem, eu diria que no grupo da favela essas significações, se não se alteram, no mínimo se confundem e se constroem em meio a ambiguidades e contradições. Recorto um trecho de uma entrevista realizada com dois meninos, objetivando uma aproximação com o que estou buscando aqui explicitar:

> *Pesquisadora:* "O que você acha que é importante pra uma criança ser bem feliz?"
> *Marcelo:* "Importante? É dinheiro, pra comprar coisa pra comer. Biscoito, bala, chiclete. Sabia que quando eu crescer eu vou ser rico?"
> *David:* "Quando eu crescer eu vou ser policial".
> *Marcelo:* "Eu também, eu vou ser rico e policial".
> *Pesquisadora:* "Policial é rico?"
> *David:* "É, porque eles prendem pessoas".
> *Marcelo:* "Eles prendem quando o bandido rouba dinheiro, eles prendem o bandido e pega o dinheiro pra eles".
> *David:* "É que tem que ficar no banco deles. Aí depois o chefe deixa eles pegar".
> *Marcelo:* "Aí eles pega o dinheiro e fica rico".
> *David:* "Não gasta. E todo dia eles têm que prender uma pessoa".
> *Pesquisadora:* "E vocês querem ser policiais pra prender as pessoas e ficar rico?"
> *Marcelo e David:* (Acenam que sim com a cabeça.)
> *Pesquisadora:* "Vocês moram com o pai de vocês? Ele é policial?"
> *David:* "Eu não".
> *Marcelo:* "Eu também não".
> *David:* "O meu é médico".

Marcelo: "Não tem o meu pai? O meu pai ele mora lá em São Paulo. Sabe por que eu quero ser policial? Porque o meu avô ele era policial e rico".
Pesquisadora: "Ah, entendi... E o que você vai fazer com o dinheiro?"
Marcelo: "Eu vou juntar. Eu não vou gastar".
Pesquisadora: "Nem pra comprar biscoito?"
David: "Nem uma balinha, nada?"
Marcelo: "Eu vou comprar só comida para eles, pros ladrões. Se eles não comer, eu vou quebrar eles, tóoooffff!!" (Faz sinal de soco.)
David: "Não, mas o ladrão tem que ficar com fome porque ele roba. Fica com fome".
Marcelo: "Então porque lá na delegacia eles dão comida pro meu irmão?"
Pesquisadora: "O seu irmão está na delegacia?"
Marcelo: (Acena que sim com a cabeça.)
David: "Mas o pai do meu amigo, de noite eu vi ele, aí ele falou: 'Oi, João!' Aí, o outro dia de manhã ele roubou na loja e ganhou um tiro e morreu. É o pai do meu amigo".
Marcelo: "Olha, o meu irmão roubou três vezes, aí ele foi lá pra delegacia. Olha aqui, é muito triste. Eles quebraram o meu irmão. Bateram muito. Até entortaram a cabeça do meu irmão grandão. Até entortaram".
Pesquisadora: "E ele continua lá?"
Marcelo: "Continua. E minha mãe vai trazer um lençol pra ele e ela vai dar o uniforme de lá pra ele".
Pesquisadora: "Poxa, que triste mesmo. E quem bateu nele, policial?"
Marcelo: "Policial, todos juntos bateram nele".
Pesquisadora: "E você quer ser policial pra bater nos presos como bateram no seu irmão?"
Marcelo: "É".
David: "Mas na cadeia, quando eles sai da delegacia, se ele ainda tiver machucado é obrigado a levar no médico". (Marcelo acena positivamente com a cabeça concordando.) "Aí tem que pagar".
Marcelo: "Às vezes bater pode matar né? Agora quando a minha mãe foi na delegacia a minha mãe falou assim: 'Agora, na delegacia, tem que agendar pra ver os filhos'. A mulher falou: 'Você agendou?' A minha mãe: 'Eu não'. A mulher: 'Agora tem que agendar'."
Pesquisadora: "Você foi junto?"
Marcelo: "Eu não. Lá o juiz não deixa entrar criança".
Pesquisadora: "E você brinca de polícia, de brincadeira?"
Marcelo: "Eu não. Sabe por que eu não brinco de polícia, sabe por quê? Porque lá perto da minha casa tem um bando de ladrões. Eu não gosto do chefe dos ladrões".
Pesquisadora: "Por quê?"
David: "Porque o chefe, se ele achar alguma pessoa que não robe, se ele achar alguma pessoa, ele mata e roba e as pessoas morre".
Marcelo: "E adivinha o nome dele? O nome dele é muito mau, o nome dele é muito forte, por isso que ele é forte, ele deve ter o maior mucão".
Pesquisadora: "E como é o nome dele?"
Marcelo: "O nome dele é Tiaguinho".
Pesquisadora: (Risos.)
Marcelo: "O nome dele é Tiago, mas o apelido dele é Tiaguinho".

David: "Não, o apelido dele é Aranha".
Pesquisadora: "Ih, será que são dois chefes?"
David: "Não, porque o nome dele é Tiaguinho, mas o apelido dele é Aranha".
Marcelo: "Também tem um outro lá que é muito mau. Também tem um outro cara que é muito mau. Não tem o chefe, né? O Sapudo, ele também é muito mau. Eles tinham uma pá de cavar areia, não tem? Aí o Sapão falou pro Jefe que o cara roubou dinheiro, um deles, aí o Sapudo pegou a pá e bateu na cabeça dele".
Pesquisadora: "Você viu?"
David: "Não, eu só escutei o cara falando: 'Não fui eu, não fui eu, não fui eu...' Aí ele foi lá na Quinha né. Ele foi lá, lavou bastante, levaram ele pro médico".
Pesquisadora: "Nossa..."
David: "Mas outro dia quando eu fui pra casa aí tinha dois bandidos atrás de mim com arma. Eles tavam pichando a parede".

Nesses relatos surpreendentes do ponto de vista do que ideologicamente se espera acerca das experiências e conhecimentos que uma criança possa ter sobre a realidade, esses meninos nos transportam para mais perto de suas condições e circunstâncias de vida, mostrando o mundo no seio do qual não são protegidos e o qual têm como base para a construção de suas significações.

Assim, as condições concretas de existência dessas crianças, quando colocadas numa relação mais direta com personagens que algumas crianças somente veem pelo televisor e representam em suas brincadeiras, dão base para a construção de significações conflitantes e distintas das crianças protegidas dessa relação mais direta. Podemos considerar que, para esse grupo de crianças, entram em confronto os referenciais incorporados pela relação com a cultura lúdica e midiática (filmes, telejornais, desenhos animados, brincadeiras tradicionais etc.) com as referências aprendidas no contato direto de suas circunstâncias de vida.

O lugar social dessas crianças da favela, permite-lhes, por exemplo, construir uma visão do policial que o aproxima do ladrão, uma vez que aprendem que o policial fica rico pegando o dinheiro dos ladrões: *Eles prendem quando o bandido rouba dinheiro, eles prendem o bandido e pega o dinheiro pra eles* (Marcelo). A significação de mau associada à figura do policial também pode estar expressa na constatação prática de que os policiais, não muito diferente dos ladrões, batem muito, de modo que é preciso até ir para o hospital devido à violência por parte daqueles: *Olha, o meu irmão roubou três vezes, aí ele foi lá pra delegacia. Olha aqui, é muito triste. Eles quebraram o meu irmão. Bateram muito. Até entortaram a cabeça do meu irmão grandão. Até entortaram* (Marcelo).

Porém, curioso é perceber que, mesmo com essas representações que ligam a figura do policial a atitudes não bem-aceitas socialmente e não atreladas a valores do bem, mesmo assim, esses meninos desejam ser policias. Parece que eles almejam isso pela leitura que fazem das condições objetivas que têm para sair da situação em que se encontram e assim, "ficar rico", "não apanhar na cadeia como o irmão grandão" e "não morrer com um tiro como o pai de seu amigo". Parece que o mais importante não é ser do bem, mas conseguir não se dar tão mal dentro das condições postas. Afinal, policial bate, não apanha e ainda fica rico com o que pega dos ladrões.

A representação sobre o ser ladrão, para esses meninos também se complexifica, à medida que aquele compartilha do mesmo espaço social de convívio e das relações de afetividade destes. Apesar de dizerem que o ladrão tem que ficar com fome na cadeia porque rouba, a figura do ladrão para eles (contrariando a representação dominante) pode estar associada à figura de um irmão, de um pai ou de pai de um amigo com quem se tem relações cotidianas. Assim, nesse caso, o ladrão é "mau" por ser ladrão e, ao mesmo tempo é "bom" quando visto pelo laço de afetividade que o liga à criança. O conhecimento mais direto dessas relações de marginalidade no interior da favela parece que os levam a classificar os ladrões segundo níveis de maldade, considerando os chefes como os representantes maiores do mal: *"Porque o chefe, se ele achar alguma pessoa que não robe, se ele achar alguma pessoa, ele mata e roba e as pessoas morre"* (David); *"Não tem o chefe né? O Sapudo, ele também é muito mau. Eles tinham uma pá de cavar areia, não tem? Aí o Sapão falou pro chefe que o cara roubou dinheiro, um deles, aí o Sapudo pegou a pá e bateu na cabeça dele"* (Marcelo).

Portanto, as significações que dão base para as brincadeiras também não são genéricas, mas se constroem pela interpretação que as crianças fazem dos referenciais disponíveis. Nota-se que num contexto de vida que se produz à margem das condições sociais e objetivas e dos valores morais dominantes, as crianças produzem seus sentidos e suas práticas tendo como maior princípio de moralidade a garantia da sobrevivência e de melhores condições de vida.

Um desdobramento interessante para o estudo a partir disso seria perceber como essas significações produzidas com base em referentes sociais contraditórios – a moral socialmente determinante e veiculada pela mídia, pela escola, pela lei etc. e a moral construída com base na experiência concreta de exclusão –, se expressaria nas brincadeiras das crianças, por exemplo, na tradicional brincadeira de "polícia e ladrão". A análise comparada entre o modo de brincar de "polícia e ladrão" entre os dois grupos da pesquisa seria interessante para perceber, por exemplo, como as crianças lidam com as regras e representações incutidas nas brincadeiras tradicionais e como, a partir de seu lugar social, as ressignificam, reinventam, transformam e/ou aceitam, se acomodam, respeitam. Contudo, no tempo da referida pesquisa, as crianças da favela não vivenciaram essa brincadeira na escola e nem eu tive essa percepção a tempo de propô-la. Assim, esse indicativo é compreendido aqui como uma provável lacuna que pode ser explorada em futuros estudos que se desdobrem a partir desse.

Voltando à discussão para o foco aqui em debate, gostaria novamente de resgatar o fio que tece a ligação entre os conteúdos e modos de brincar com a influência do contexto social na produção das diferentes culturas e experiências de infância. Nessa direção, cabe agora trazer indícios que situem o lugar que a escola ocupa como propulsora de referências e práticas formadoras do imaginário infantil.

> Chego por volta das 13:00h e as crianças estão deitadas com a cabeça sobre a mesa, obedecendo ordem da professora. Depois de percebê-los mais calmos, a professora faz atividade de escrita no quadro, com base no filme visto dias antes: "A bela Adormecida". Várias crianças querem falar sobre o filme, mas a professora diz que é preciso levantar a mão. Quando a professora pergunta onde se passa história, elas vão indicando o nome da escola, a rua principal da favela e do bairro vizinho. (No decorrer de toda atividade, quatro crianças continuam de cabeça baixa e várias pedem para ir ao banheiro.) A professora diz que a história se desenrola no castelo e explica que essas histórias ocorrem somente na imaginação, que não existe castelo, princesa, bruxa, dragão de verdade, mas existem de faz de conta, na imaginação. Depois de a professora escrever várias frases e palavras no quadro a partir do que as crianças foram falando sobre o filme, distribui um desenho mimeografado da princesa Aurora (nome da Bela Adormecida). Quando recebe o desenho, André diz: "Ela não é gostosinha?" (referindo-se à princesa). A professora orienta sobre as cores com que devem pintar o desenho da princesa. Pergunta: "Que cor é o cabelo dela?" As crianças: "Amarelo". "Que cor é a pele dela?" As crianças: "Branca". "Que cor é o vestido dela?" As crianças: "Rosa e azul". Após a pintura, a professora dá trabalho de recortar as letras e escrever com elas o nome "Aurora". Diz que um grupo irá fazer essa atividade e o outro, massinha. Quem fica com massinha, comemora. Mas a professora desiste em seguida e todos fazem a atividade de recorte, colagem e escrita. A professora sai um pouco e as crianças brincam de correr e deslizar no chão. A professora vem conversar comigo sobre o trabalho que está desenvolvendo com as crianças dizendo que irá trabalhar com histórias clássicas infantis para eles entrarem na fase da abstração, pois diz que ainda estão na fase operatória concreta de Piaget e não conseguem ainda abstrair, imaginar. Junto com isso, quer apresentar o alfabeto até o final do ano para ajudar na alfabetização. No refeitório, vejo a mesma resistência das crianças para comerem abóbora e o mesmo argumento da professora como no dia do chuchu (estou me referindo a uma passagem descrita num dos episódios do capítulo anterior). Ela diz que quem não comer abóbora não ficará bonita como a princesa Aurora e forte como o príncipe Felipe (Diário de campo. Escola da favela, 08/10/2010).

O evento, por um lado, reitera aquilo a que venho buscando dar visibilidade até aqui: a negação de qualquer essencialidade no brincar e no imaginário infantil e a influência dos contextos sociais na produção das possibilidades dessas manifestações na infância. Mas, o que o evento ajuda a evidenciar, além disso, é a possibilidade de a escola apresentar referências outras que alarguem o potencial imaginativo das crianças.

Como descrevi no segundo capítulo, as crianças desse grupo quase não saem dos limites territoriais de seu bairro, conhecendo pouco de outros espaços dentro da própria cidade onde moram. Além disso, quase não contam com livros no espaço doméstico e muito menos, com livros infantis. Veem poucos programas televisivos voltados ao público infantil, apesar de a televisão e os filmes em DVD ainda serem os produtos culturais infantis que mais as colocam em contato com elementos fantasistas que povoam a cultura infantil: princesas e príncipes, bruxas, castelos, fadas etc.

Diante dessa realidade, a escola, enquanto foco irradiador de cultura, acaba tendo um papel central na apresentação e expansão das referências para as crianças. Porém, apesar de reconhecer as boas intenções que mobilizam as ações pedagógicas da professora quando escolhe trabalhar com contos de *Walt Disney*, há de se questionar os objetivos que a norteiam. Tanto o discurso que justifica sua prática como a prática em si reconhecida nos modos diretivos e inibitivos da imaginação infantil, pouco contribui para a ampliação de referenciais culturais e para o enriquecimento do imaginário das crianças. Em ambos – tanto no discurso como na prática – podemos perceber que a preocupação maior está centrada no desenvolvimento, este reconhecido como se dando por um processo que consiste na passagem e avanço de etapas, de acordo com a teoria piagetiana. Segundo Jobim e Souza (1997, p. 44), o desenvolvimento humano concebido por etapas ou estágios tem como base ideológica uma perspectiva de progresso e uma "concepção de tempo linear, cumulativo, homogêneo e vazio, apontando sempre para seu desdobramento inexorável no futuro".

Nessa concepção, não se trata de alastrar o potencial imaginativo das crianças para que elas usufruam uma experiência mais lúdica e diversa, fomentando a infância como tempo presente de vida. Mas, partindo do reconhecimento daquilo que as crianças apresentam como falta, rumo ao estado adulto, trata-se então de utilizar a literatura infantil com o fim de cobrir essas faltas e levá-las mais próximo do modo adulto de operar: elas devem, assim, saber abstrair, pintar dentro dos limites do desenho já pronto, identificar as cores, escrever o nome da princesa etc.; a experiência do processo e do presente se esvazia de sentido, visto que ela está posta a serviço do domínio de habilidades que a empurram para o futuro.

Sem deixar de reconhecer a importância do domínio dos conhecimentos escolares, fundamentais para que elas tenham chances de, inclusive, buscar superar sua condição de exclusão, é preciso atentar para o modo como a escola vem (des) considerando *a criança que está no aluno* (QUINTEIRO, 2000) e as lógicas que regem a alteridade e as culturas infantis.

Nessa direção, Sarmento (2003) argumenta que geralmente a escola vê a expressão da imaginação das crianças como falta de racionalidade, como *déficit* em relação ao adulto. Ao contrário disso, segundo o autor, a imaginação, para as crianças, é fonte de conhecimento da realidade social, por intermédio da qual elas experimentam, compreendem, interpretam a realidade e criam novas situações e experiências de modo fantasista, podendo ir além dos limites dela. A par disso, se é importante para um projeto de emancipação que as crianças tenham domínio dos saberes veiculados pela cultura escolar, também é fundamental que elas possam exercer, pela imaginação, o sentido político que lhes é intrínseco quando, através dela, as crianças são levadas a construir outras realidades e sonhar outros mundos sempre possíveis, não se contentando com os limites de sua realidade concreta. Nesse sentido, imaginar é se colocar contra a passividade e o conformismo.

Se a imaginação não é vivida nesse grupo como um recurso que dá base para suas brincadeiras no interior do grupo de pares, uma vez que a própria brincadeira aqui é vivida de outros modos e possibilidades, foi possível perceber a utilização do imaginário ou da fantasia do real nos relatos das crianças, pelos quais elas pareciam transpor suas circunstâncias reais de vida. Assim, com alguma frequência essas crianças expressavam viver situações que estavam para além de suas possibilidades (como ter vários brinquedos caros, objetos da moda, ter um pai médico) de modo a ver superadas, por alguns momentos e pelo imaginário, suas limitações materiais e tornar possíveis seus *sonhos-desejados* (SILVA, 2003).

Sob ponto de vista adultocêntrico, poderia inferir que as crianças estavam mentindo e, comumente, é essa visão que impera nas relações com as crianças. Porém, se olharmos pela ótica da criança e considerando o potencial político da imaginação, podemos dizer que as crianças estavam buscando superar os limites de sua vida concreta, tornando-a mais possível e tolerável.

É claro que se entrarmos na questão da análise dos conteúdos que motivam o imaginário das crianças, poderíamos perceber também a face perversa instaurada pelo mercado global que cria necessidades de consumo numa sociedade em que a maioria de seu povo não tem condições de suprir nem as necessidades mais básicas de sobrevivência. Não se trata, no entanto, de trabalhar no sentido contrário à fantasia, mas sim, de trabalhar no sentido contrário à lógica social capitalista, que, de forma imoral, promete abundância numa sociedade de carência (GALEANO, 1999).

Por fim, se a relação com o brincar se caracteriza pela marca da diversidade entre os dois grupos uma vez que as diferentes posições sociais e culturais formam e informam essas diferenças, podemos também dizer que a pertença geracional constrói unidades que podem ser observadas em ambos os contextos. Assim, a seguir passo a indicar alguns aspectos que sobressaíram em minhas observações como sendo comuns aos dois contextos.

Semelhanças que expressam a condição geracional

Este livro se constrói pelo exercício dialético de estar, o tempo todo, buscando perceber a simultaneidade com que se expressam elementos que dizem tanto sobre a heterogeneidade das culturas infantis como sua identidade. No entanto, este capítulo foi construído analisando a brincadeira de modo separado uma vez que, em sua gênese, os diferentes lugares sociais em que se situam as crianças da pesquisa também produzem modos, significações e referenciais distintos. Ter escolhido, portanto, abordar o brincar separadamente em cada contexto, tratou-se de uma opção metodológica que, a meu ver, daria mais conta de destacar a ação dos contextos e mostrar essas diversidades (e desigualdades).

Fazer esse esclarecimento torna-se importante para deixar claro que algumas questões aqui já indicadas – como as culturas de pares e suas ordens sociais – podem ser identificadas nas culturas infantis em geral como elementos que sustentam e dizem sobre a existência de processos culturais próprios do grupo das crianças. Porém, eles não são essenciais, não se dão da mesma forma em todos os contextos, daí a minha opção em tratá-los de forma separada. Além disso, existem processos específicos e diferenciadores que expressam condições sociais e culturais específicas, que não poderiam ser tratados por meio de categorias genéricas. As categorias que ambos os contextos fizeram emergir tentam dar conta de explicar os processos sociais que se relacionam ao brincar vividos dentro de cada grupo social, apesar de eles estarem articulados a categorias sociais mais amplas que os aproximam, como é o caso da categoria geracional.

Agora, trato de fazer o exercício contrário: relacionar algumas categorias gerais inerentes às culturas infantis – principalmente essas vividas e construídas por meio da brincadeira – e que, de algum modo, podem ser entendidas como expressão de duas condições culturais e comuns a todas as crianças: primeiro a condição humana, comum aos adultos também e, segundo, a condição geracional, que expressa a diferenciação com estes e a identificação com as outras crianças.

Desse modo, as categorias que se sobressaíram em minhas observações e as quais expressam, de certo modo, condições comuns aos dois grupos – ainda que não iguais – são as seguintes: a) a relação das crianças com o espaço e tempo e b) a brincadeira como manifestação privilegiada de construção da identidade de gênero e de ser criança. Passemos a abordagem de cada uma delas.

A relação das crianças com o espaço e o tempo no brincar

A constatação de que as crianças têm um modo próprio de ocupar os espaços – e, segundo Lopes (2009), de também os representar[16] – foi se revelando com muita força, em ambos os contextos, no desenrolar da pesquisa.

Não havia como fechar os olhos para as formas criativas e diversificadas que as crianças foram mostrando sobre suas relações com o espaço. Aqueles espaços da escola mais inusitados, que geralmente são áreas de passagens ou espaços vãos,

---

16. Sobre os modos de representação cartográfica das crianças no espaço, indico Lopes (2005, 2010).

que passam despercebidos aos olhos dos adultos ou mesmo que não são convidativos para que os ocupemos, estes, quando ao alcance dos olhos das crianças, viram esconderijos, caminhos mágicos, casinhas, campos de futebol e o que o desejo de brincar permitir. Trago alguns eventos observados em ambos os contextos que expressam essa afirmativa:

> *Hoje percebo novamente o movimento das crianças indo até um espaço vago, uma passagem fechada que fica num canto do espaço externo que permeia as salas do módulo da Educação Infantil. Parece que elas usam esse pequeno espaço como refúgio para se esconder, para ficar mais isoladas do restante do grupo, para construir uma brincadeira, compartilhar segredos e combinados, enfim, um espaço invisível ou inutilizado pelos adultos para elas torna-se pleno de sentido e possibilidades* (Diário de campo. Escola do castelo, 17/08/2010).

> *No caminho para o laboratório de informática, no prédio do castelo, passamos por um corredor escuro. Uma criança começa a bater na parede do corredor e várias outras também. Lola, então, diz: "Isso parece um caminho mágico!"* (Diário de campo. Escola do castelo, 23/09/2010).

> *Observo aproximadamente nove meninos a brincar de futebol com uma bolinha pequena de plástico. Brincam pelo pátio externo todo desnivelado como se ali fosse um campo de futebol. Em uma extremidade do pátio, usam uma rampa construída no próprio cimento do chão como gol e, na outra, uma escada. Porém, como percebem que, pelo desnível do terreno, a bola tende a rolar para baixo, o que torna difícil chutar a gol na rampa que está na extremidade alta, eles instituem que todos façam gol na escada que fica na extremidade baixa. Assim, jogam futebol subindo e descendo escadas como se ali fosse o Maracanã* (Diário de campo. Escola da favela, 05/08/2010).

Os estudos sobre a relação espacial das crianças no Brasil têm defendido a emergência da constituição de um novo campo de estudo: a Geografia da Infância. É sustentada, pois, nos indicativos desse campo que buscarei indicar algumas chaves de leitura para a compreensão do espaço geográfico como um elemento de humanização (LOPES & VASCONCELLOS, 2005; LOPES, 2009) e da relação espacial como uma marca da alteridade das culturas infantis.

Em primeiro lugar, esse campo propõe pensar os processos de construção da condição social da infância ante o reconhecimento de que essa também se caracteriza por suas diferentes inserções no espaço geográfico. Segundo Lopes (2009, p. 131), "[...] Se a criança é um sujeito histórico, como vem sendo alardeado nos discursos mais contemporâneos, podemos afirmar que ela também é um sujeito geográfico". Parte-se da premissa de que o espaço geográfico é a materialidade que produz e expressa identidade. Assim, na relação com o espaço vamos construindo nossa condição humana de sujeitos culturais: o ser humano constrói o espaço e, ao mesmo tempo, é construído por ele. Esta é uma chave importante de ser incorporada para passarmos a reconhecer que as crianças diferem entre si porque inseridas em diferentes lugares, ou se identificam entre si também porque inseridas em lugares comuns, e, ainda, que as crianças transformam os espaços porque, na condição de sujeitos culturais, vão inserindo suas marcas e se humanizando nesse processo.

Outra chave de leitura importante é de que essas marcas expressam também – além do pertencimento social, cultural étnico e de gênero – o pertencimento geracional, de modo que algumas formas de ocupação do espaço, de antemão, já revelam a marca das crianças nele. Para o objeto deste estudo, essa segunda chave interessa muito e foi justamente o que os episódios parecem revelar: modos especificamente infantis de fazer uso e marcar sua relação com o espaço.

Pois bem, os estudos no campo da Geografia da Infância têm indicado que a relação espacial, para as crianças, é marcada por uma vivência do espaço como *lugar-território* (LOPES, 2009).

Tomando, portanto, o conceito de espaço geográfico não como superfície plana, natural, mas como fruto da produção humana e, portanto, construído social e culturalmente, esse é constituído por três categorias: *a paisagem, o lugar e o território*.

Como *paisagem* se entende as formas observáveis no espaço, essas construídas por e geradoras de processo sociais, formadoras de identidades e subjetividades. Os parques infantis, por exemplo, são uma paisagem clássica da infância.

Por *lugar* compreende-se o espaço que passa a ser dotado de sentido e valor quando do estabelecimento de relações humanas e afetivas com ele. Assim, o vão lateral, por exemplo, para os adultos que não estabelecem relação afetiva com esse local é apenas *espaço*, já para as crianças é *lugar* de encontro, de brincadeira, de esconderijo, de proteção etc. Assim como o espaço do corredor para as crianças vira um lugar mágico, um *hall* desnivelado pode virar o Maracanã dos meninos apaixonados por futebol.

Com base na constatação dessa relação de alteridade que as crianças estabelecem com o espaço, Lopes lança a seguinte questão: "Para as crianças, existiria o 'não lugar'?" (informação verbal)[17]. O autor faz esse questionamento partindo da premissa de que, na sociedade e cultura adulta, existem espaços que não se convertem em lugares. Esses exemplos trazidos nos eventos acima – o vão da lateral do pátio, o corredor escuro e o *hall* desnivelado – são espaços desabitados pelos adultos, com os quais estabelecem uma relação literal como a convencionada

---

17. Essa questão foi lançada pelo autor em um dos encontros de orientação e discussão dos dados desta pesquisa. Muito do que aprendi e abordo aqui sobre a relação e representação espacial das crianças foi no transcorrer dos encontros e das discussões com o grupo de estudos em Geografia da Infância coordenado por Jader J.M. Lopes.

socialmente: espaços de passagem. Fundamentando-se em várias pesquisas[18] que indicam a apropriação que as crianças fazem de espaços tidos como não lugares (cantos escuros, entremeios, depósitos, orifícios abertos dentro ou embaixo de móveis, espaços vazios em níveis mais altos etc.), Lopes conclui que, para as crianças, todo espaço pode se converter em lugar, na medida em que seu sentido não obedece tanto as lógicas utilitárias e convencionais como o é para os adultos.

Já por *território* compreende-se os lugares no espaço em que há relação e divisão de poder. Assim, é comum perceber as crianças delimitando e lutando por seus territórios, quando impedem que outros (crianças ou adultos) entrem na brincadeira e ocupem o espaço de que se apropriaram para brincar.

> *Na hora do lanche, no espaço da sala: Maili, Gabi (b), Lili e Estrela estão sentadas no chão em frente a um banco lanchando, usando o apoio do banco como mesa. Estão de frente para a janela e uma parede. Posiciono-me em frente delas (e da parede e da janela) para registrar. De repente, Estrela comenta: "Epa, de quem é essa perna?" Lili complementa dirigindo-se a mim: "Dá licença, que a gente está vendo filme e você está na nossa frente". (Era filme imaginário.) E Lili continua: "E sai do cinema porque aqui adulto não entra, é só de criança". Imediatamente, saio do cinema* (Diário de campo. Escola do castelo, 07/12/2009).

Se na minha lógica de adulta eu estava vendo ali um espaço organizado para lanchar, para as crianças, o espaço transformou-se em lugar quando elas atribuíram-lhe um sentido comum de partilha e possibilidade de brincadeira. A dimensão simbólica, tão radicalizada nas crianças, permite-lhes ir sempre além do significado literal do espaço e, assim, transformam-no em lugares sempre possíveis de chegar e viver. Além disso, esse lugar construído pelas crianças contém uma dimensão territorial que indica o poder sobre aquele espaço-lugar construído por elas e que, nesse caso, funciona como um recurso que protege e dá as condições (físicas e interativas) para a perpetuação da brincadeira. Afinal, como seria possível assistir ao filme com alguém "plantada" no meio da tela do cinema?

A afirmativa *"[...] aqui adulto não entra, é só de criança"* revela ainda que as crianças também constroem e delimitam, por meio da vivência do espaço como lugar-território, o que Lopes (2009) designa como *territórios de infância*. Se os territórios de infância são construídos e delimitados, por um lado pela própria Modernidade como normativa que separa as gerações e torna possível a ideia moderna de infância – temos aí a escola, a creche e os parques infantis como principais territórios e paisagens de infância – por outro, as próprias crianças tratam de demarcar seu pertencimento geracional pela ocupação territorial.

---

18. Agostinho (2003), buscando perceber a relação que as crianças pequenas estabelecem com o espaço no interior da creche, percebeu que, para elas, o espaço ganha sentido de lugar por seis aspectos: lugar de brincadeira, lugar de liberdade, lugar para se movimentar, lugar para se encontrar, lugar para ficar sozinho e lugar para sonhar.

Assim, pela relação que elas constroem com o espaço podemos perceber um processo muito claro de reprodução interpretativa, quando, ao mesmo tempo em que reproduzem os usos convencionais, também os transformam e os modificam; ao mesmo tempo em que ocupam os territórios de infância a elas destinados, também constroem os seus territórios no interior dos grupos de pares, pelos quais formam sua identidade geracional e constroem sua cultura infantil.

Penso que olhar a relação espacial das crianças pelo enfoque das culturas da infância ajuda a identificar as marcas que expressam a alteridade infantil nessa relação: a ludicidade, a interatividade, a fantasia do real, a reiteração (SARMENTO, 2004), e eu acrescentaria, a corporeidade. Ou seja, os sentidos que os espaços-lugares têm para as crianças estão em grande parte delimitados por aquilo que elas buscam viver como crianças: que é de brincar, de se encontrar, de *re-viver* experiências, de imaginar e inventar novas experiências e de explorar e viver o corpo.

Lopes (2009, p. 129, 130), buscando sintetizar os indicativos apontados nas pesquisas do campo da Geografia da Infância sobre a prática espacial das crianças na constituição de seus territórios-lugares, indica as seguintes situações, que, entendo, estão em conformidade com as evidências empíricas desta pesquisa:

a) A vivência do espaço como interação, como processo e não como palco, local de passagem ou superfície ocupada; o espaço não é concebido como métrico, como extensão, mas como intensidade.

b) A presença de processo de subversão do espaço, de ir contra o instituído; o reconhecimento de espaços tidos como proibidos, mas muitas vezes acessados a partir de seus encontros com os pares.

c) Os processos de subversão da ordem previamente instituída estão presentes não só no acesso ao espaço vedado, mas também na forma original dos objetos, nos artefatos de infância e na maneira como são utilizados, como os brinquedos presentes nos parques, nas praças e em outros locais, que geralmente fogem ao padrão inicial sua função primária.

d) O reconhecimento de artefatos, locais movimentos que são típicos das crianças e que ajudam a construir o sentimento de identidade e pertença à comunidade das crianças.

e) Uma grande capacidade de abstração das crianças, de uma invenção produtiva, que difere das anteriores, pois essas criam, a partir do espaço e dos artefatos aí presentes, situações, objetos, coisas, nomeações.

f) Na vivência do espaço as crianças não estão construindo outros espaços dentro do espaço, elas estão construindo uma espacialidade não existente.

g) Nesse processo, elas experimentam a sensação de lugares, de territórios. Sejam espaços dados, vedados ou "entre", o que as crianças vivenciam em suas interações com outras são as multiplicidades de possibilidades de uso desse espaço. Isso não nega momentos de conformidade, de aceitação de arranjos preexistentes.

h) Mesmo nascendo ou chegando a um espaço previamente elaborado, dado, o momento inaugural, autoral está sempre presente, o que possibilita a reescrita constante de nossas paisagens terrestres.

Outrossim, apesar de estar ressaltando aqui a dimensão geracional e como ela se expressa na relação das crianças com o espaço, o que demarca a identidade pela qual as crianças se aproximam, não significa que essas relações não sejam atravessadas por outros elementos estruturais, como a classe e o próprio espaço geográfico em que as crianças vivem[19], como já ressaltei ao abrir este subtópico. Contudo, os efeitos que os contextos sociais geram na produção das diferenças, dos limites e das possibilidades com as quais as crianças se confrontam na produção de seus territórios-lugares, estão diluídos no interior do trabalho e serão reconsiderados na parte final do livro.

Dando sequência à abordagem em questão, se a relação das crianças com o espaço é reveladora da alteridade da infância, podemos dizer que essa mesma alteridade também é percebida na relação com o tempo.

Assim, em ambos os grupos foi possível perceber a relação com o tempo por meio de duas dimensões, as quais se inter-relacionam: a primeira se refere mais ao modo de percepção e de uso do tempo, este percebido pela entrega das crianças *ao tempo da experiência* presente e pelo descompasso que isso cria em relação ao tempo da escola. A segunda relaciona-se mais ao modo não linear de construção do tempo, o que pode ser identificado por aquilo que Sarmento designa por *reiteração*.

O tempo como *experiência* é o tempo que se preenche de sentido pela experiência a ele relacionada. É o tempo, pois, da fruição, do desfrute do presente, da experiência vivida, sentida e compartilhada. É tempo *aion*, aquele que obedece ao ritmo da vida e não se aprisiona ao passado ou ao futuro, ao que não foi ou que tem que ser, apesar de nele interferir e receber interferências.

As crianças, menos aprisionadas ao tempo *chronos* – o tempo do relógio, do capital, da pressa, da produtividade que afasta os adultos da experiência de viver o tempo como presente – ainda revelam outras possibilidades de relação com o tempo e incitam os adultos que queiram aprender com elas a repensar para onde querem ir com tanta pressa.

---

19. O espaço geográfico e social da favela, p. ex., constrói modos muito específicos e diversos das crianças de classe média, alta e que vivem no "asfalto". Como venho demonstrando até aqui, estas têm modos de socialização mais coletivos, mais diluídos no mundo dos adultos, menos institucionalizados; a maioria tem mais autonomia para ir e vir, para andar sozinhas e/ou acompanhadas de outros irmãos e vizinhos, desenvolvem uma corporeidade mais solta e ligada a desafios corporais etc. Noutra direção, se formos considerar o efeito institucional na produção dos limites e possibilidades para as crianças construírem suas relações com o espaço, veremos, novamente, que as escolas da favela impõem maiores limites e proibições de acesso das crianças aos espaços; parece que a escola lhes pertence muito menos, uma vez que o deslocamento no espaço dentro da escola quase sempre deve ser acompanhado da professora e do grupo. Assim, novamente os movimentos de transgressão para transitar em espaços proibidos ou outros que fogem aos limites da sala foram muito percebidos, bem como para fazer usos diversos dos artefatos ou móveis disponíveis. Se na escola do castelo, p. ex., brincar embaixo da mesa, desenhar no chão, no *hall* e no platô é relativamente normal, na escola da favela essas atitudes são vistas com grande estranhamento pelas crianças, que fazem isto apenas nas suas iniciativas de burla.

A cultura do tempo *chronos* – que é a cultura do capital – ocupa e regula também os tempos da escola. É essa lógica que faz com que as professoras se preocupem tanto em preencher o tempo das crianças com os ditos "trabalhinhos" ou com uma rotina fixa e dirigida. Não por acaso, a brincadeira, não tendo finalidade utilitarista e não se submetendo a essa lógica temporal medida pelo relógio cronológico – uma vez que é o tempo da experiência que define seus nexos entre passado, presente e futuro – ainda é vista, em muitas escolas, como atividade de menos valor e vivenciada nas brechas de tempo que restam depois que as atividades "mais nobres" já foram garantidas.

Mesmo na escola do castelo que prima pelo brincar como eixo da proposta pedagógica, algumas vezes foi possível perceber que a lógica produtivista se impunha sobre a lógica experiencial. Esta tinha primazia por garantir algumas atividades ligadas aos projetos de estudo desenvolvidos no grupo e, principalmente, na necessidade de construir produtos para serem expostos aos pais como resultado dos projetos, em detrimento, algumas vezes, da garantia de tempo para o brincar.

Essa relação de desvalorização do tempo da brincadeira estava ainda mais fortemente construída nas escolas da favela, razão pela qual as crianças reagiam buscando brincar nos tempos "vazios", tempos esses considerados pelos adultos em que elas deveriam ficar à espera de que eles dessem o sentido para uma experiência que só se revelaria no futuro. Assim, os tempos de espera – espera para comer, para fazer a higiene, para aguardar o encaminhamento ou ter participação em alguma atividade, para ter acesso a algum material, para se acalmar, para poder brincar – eram frequentemente preenchidos pelas crianças com a experiência da interação, do movimento, da brincadeira, como tantas vezes já apareceu aqui, ou como tempo para ficar quieto, para contemplar o lugar e o outro, olhar pela janela e viajar no tempo e no espaço...

Portanto, ao contrário do que na lógica adulta, as crianças foram revelando que, para elas, não existe tempo vazio; que o tempo presente não está em função do tempo futuro, mas que seu sentido se define pelo que ele nos presenteia no instante em que existe.

Na mesma direção do que indicaram as crianças, Vasconcellos (2009) também defende que a escola valorize a *ociosidade amorosa* presente nas crianças. Essa ociosidade, segundo a autora, é a mais autêntica expressão de humanização, na medida em que permite a experiência da contemplação, da fruição, do simplesmente ser e sentir o presente, do saber *administrar o à toa e o inútil, de respeitar as coisas desimportantes*, de sermos, como as crianças e o poeta, *apanhadores de desperdícios*...[20]

---

20. Os termos em itálico são retirados de algumas poesias de Manoel de Barros; poeta que Vasconcellos também se inspira para tratar do tema do ócio.

Assim, propõe a valorização das rotas de fuga que as crianças encontram nas instituições de Educação Infantil para se contraporem ao tempo institucional e cronológico. Para a autora, nas suas resistências, subversões e vagarezas, é o tempo *aion*, o tempo da experiência vivida e sentida que elas estão a operar.

> [...] Não é um tempo de ação. É um tempo de atenção. Mas não a atenção focada do pensamento – ou da racionalidade. E sim uma atenção difusa, aberta, à espera ou à espreita não se sabe bem de quê. É uma atenção ao que está fora, mas também ao que está dentro. É uma atenção que cria uma linha de continuidade entre o que está fora e o que está dentro. E, nesse sentido, contemplar é contemplar-se (VASCONCELLOS, 2009, p. 90).

Ligado à dimensão vivencial do tempo como experiência, está o modo comum das crianças viverem o tempo de forma sempre renovada e recursiva, em que passado, presente e futuro se fundem numa ação significada pela sua eterna novidade. Assim, Sarmento (2004) designa a mania comum das crianças de quererem fazer sempre "a mesma coisa" por repetidas vezes – ouvir a mesma história, ver o mesmo filme, jogar o mesmo jogo, brincar da mesma brincadeira – como *reiteração*. Segundo o autor, a reiteração é um pilar constitutivo das culturas infantis e que diz muito sobre uma forma genuína das crianças estabelecerem sua relação com o tempo.

Assim, apoiado em Benjamin, Sarmento diz que a experiência da reiteração para as crianças, operada pelo *fazer de novo*, não é a mesma que seria para os adultos. Se, para estes, fazer de novo significa aprimorar experiências primárias pela chance de uma segunda vez, para as crianças fazer de novo é recriar toda a situação, fazer tudo *de novo*.

Esta relação temporal enquanto reiteração pôde ser percebida, principalmente, pelas rotinas e regras de ação construídas e estabelecidas no interior dos dois grupos aqui pesquisados. Essas regras e rotinas não se acabavam logo após os participantes do grupo de pares as terem dominado, ao contrário, se (re)atualizavam pela manutenção e inovação da experiência com elas.

Assim, brincar com as "mesmas" brincadeiras, com base nos "mesmos" temas e princípios, nos "mesmos" espaços ou territórios-lugares, nas "mesmas" regras, rituais, critérios, artefatos etc., é uma experiência que, se por um lado garante a rotina necessária que fornece a previsibilidade dos acontecimentos que consolidam a cultura de pares (cf. FERREIRA, 2002), por outro, essa cultura é sempre (re) atualizada e reinventada pela experiência inovadora que brota da possibilidade de as crianças fazerem *de novo*.

A brincadeira como experiência de gênero e de ser criança

Se a brincadeira é um espaço no qual as crianças vão lidando com as estruturas sociais, as quais fornecem dados dos mais diversos sobre a organização e a cultura societal e pela qual elas vão construindo suas identidades de classe, de raça, etnia, de gênero e geração, podemos dizer que esses dois últimos se destacam sobremaneira nas observações sobre o brincar infantil.

Sem desconsiderar os efeitos da brincadeira e, sobretudo, dos brinquedos industrializados na construção das identidades e, muitas vezes, na produção das hegemonias e desigualdades entre raças, etnias, culturas e classes[21], minhas observações, bem como os estudos acerca da brincadeira numa perspectiva socioantropológica, indicam a existência da separação por sexo – tanto nos brinquedos como nas brincadeiras – desde a mais tenra idade.

A categoria gênero[22] é abrangente, de modo que abarca todas as outras. Independente da classe, da raça, da etnia, do lugar geográfico tem-se homens e mulheres, meninos e meninas. A sociedade, ao longo da história, têm construído uma série de padrões que instituem significados relativos ao que é feminino e ao que é masculino em cada organização social. Assim, se o gênero é uma construção histórica e social, essa construção é possível e pode ser desencadeada por uma série de fatores culturais que permitem essa construção. Entre estes, os brinquedos e brincadeiras são centrais, no que colocam as crianças em contato – desde o início de seu processo de humanização – com significados que vão construindo diferenciações entre feminino e masculino.

Segundo Alanen (2009), a categoria de geração é análoga à categoria de gênero. Ambas são construções sociais e relacionais. Ou seja, assim como a categoria geracional se define com base nas diferenças em relação aos adultos, a categoria de gênero expressa, primeiramente, distinções entre feminino e masculino. Do mesmo modo que a condição da infância é estruturalmente normalizada e, ao mesmo tempo, diferentemente construída quando comparamos diferentes contextos de inserção das crianças, a construção dos gêneros feminino e masculino também se dá alicerçada em processos normativos historicamente dominantes, mas que se hibridizam com significados construídos em cada organização sociocultural.

No entanto, considerando o objeto e os limites deste livro, não cabe aqui analisar como se dá a construção de gênero em cada contexto aqui abordado. Isso, por si só, é objeto que motivaria outro estudo. O propósito que se articula à discussão em foco é de identificar a brincadeira como uma manifestação cultural pela qual os meninos e meninas, de ambos os contextos, constroem suas identidades relativas à masculinidade e à feminilidade.

---

21. Versando sobre essa temática, Dornelles (s.d.) faz a seguinte afirmativa e reflexão: "As crianças não têm tido muitas possibilidades de brincar com bonecos 'diferentes' sejam estas diferenças raciais, de gênero, geração ou étnicas. Onde estão os bonecos com corpos gordos, os cegos, os cadeiras de roda, os portadores de síndrome de *down*, os idosos, os *gays*, os que usam óculos etc., nas salas de aulas de nossas crianças?" [Disponível em http://cedic.iec.uminho.pt/Textos_de_Trabalho/textos/obrinquedo.pdf].

22. Um esclarecimento conceitual necessário de fazer se refere às distinções entre sexo e gênero. Para tanto, apoio-me em Carvalho e Cruz (2006), segundo as quais a categoria sexo define a identidade sexual de ser homem ou mulher e a categoria gênero é uma construção social que expressa os significados culturais relativos ao ser feminino ou masculino.

Esta opção procede pela percepção primeira de que, em ambos os grupos, a brincadeira se destacou por ser uma manifestação realizada, quase sempre, pela segregação de gênero. É só olhar para os episódios descritos ao longo deste trabalho que essa afirmação já se torna evidente. Assim, os grupos de pares se definem, primordialmente, com base no critério da separação por sexo.

A observação sobre o brincar dos meninos e meninas revelou ainda alguns aspectos e práticas comuns dos dois grupos. Um desses aspectos se refere à ocupação espacial e à corporeidade. O evento a seguir descreve uma recorrência facilmente percebida, em ambos os grupos, que expressa esta relação entre espacialidade, corporeidade e gênero.

> *Quando chego, por volta das 10:00h, as crianças estão brincando livremente na sala. Percebo um grupo de meninas brincando num canto da sala, no chão, com bonecas e louças e outro sentado na mesa, também com bonecas, ao passo que os meninos ocupam o espaço central da sala, onde parece brincarem "individualmente" com carrinhos e motos. Usando muito o espaço da sala, locomovem-se, jogam-se no chão, fazem movimentos e sons como que estivessem dando corpo aos brinquedos. Brincam com os carrinhos também no ar, como se estes fossem aviões e travam batalhas com os carrinhos no ar...* (Diário de campo. Escola da favela, 17/09/2010).

Pesquisas que cercam os temas de gênero, brincadeira e/ou espaço também indicam esta prática comum entre as meninas de ficarem nos espaços mais periféricos da sala ou parque e os meninos nos espaços mais centrais[23]. Associada a isso, está a centralidade que o corpo também ocupa nas brincadeiras, diferentemente entre meninos e meninas. Se foi possível observar nessas (nas meninas) uma corporeidade mais contida, o que as leva a ocuparem menos espaço nos territórios construídos por elas para brincar, nos meninos se destacou a expressão de uma corporeidade mais expansiva, pela qual o corpo geralmente funciona como extensão ou suporte dos brinquedos, o que já evidenciei no capítulo anterior. Pelo que tudo indica, esse modo mais corpóreo observado no brincar dos meninos é o que deve levá-los a construir seus *territórios-lugares* em espaços mais centrais, o que permite movimentos mais amplos e expansivos.

Associados aos modos de brincar que expressam identidade de gênero, estão os tipos de brincadeiras e brinquedos considerados, pelas crianças, próprios para meninos ou meninas.

> *Pesquisadora: "Angélica, existem diferenças nas brincadeiras das meninas e dos meninos?"*
> *Angélica: "Eles brincam de carrinho e futebol. As meninas gostam de brincar de creche e de Barbie, e de carrinho de Barbie. Eu tenho Barbie que canta..."* (Trecho de entrevista com Angélica. Escola da favela).

---

23. Cf. Sayão, 2005.

Pesquisadora: "[...] E o que você acha da brincadeira dos meninos?"
Lola: "É muito diferente. É assim, quando um menino pede para brincar na brincadeira das meninas é assim, ele vai ter que fazer as coisas que ele faz na brincadeira deles do jeito deles. Aí quando a gente começa, as meninas, a gente começa a fazer do jeito nosso".
Pesquisadora: "É um jeito diferente? Por quê?"
Lola: "A gente não gosta muito de carrinho, esses negócios deles. A gente não gosta de Power Rangers, não gosta de ficar assim..." (Trecho de entrevista com Lola. Escola do castelo).

Ao objeto brinquedo corresponde também um modo de brincar. Assim, parece que *o jeito deles* e *o nosso jeito* são, em grande parte, definidos pelo brinquedo. Este, por sua vez, traz embutidas imagens e representações culturais as quais as crianças manipulam enquanto brincam, reproduzindo-as, incorporando-as e transformando-as (BROUGÈRE, 1995). Se a sociedade se reproduz por influência da proliferação de certas imagens e representações, o brinquedo é um instrumento poderoso de produção de sentidos e representações sociais. Assim é que as imagens privilegiadas na nossa sociedade – ocidental e capitalista – associadas ao universo feminino e masculino correspondem, respectivamente, ao universo doméstico e ligado à maternagem (cf. BROUGÈRE, 1995) e, (acrescento) à estética feminina[24], e ao universo da aventura, da guerra e do mundo do trabalho. Não por acaso, as meninas da pesquisa, em ambos os grupos, indicaram maior gosto por bonecas, brinquedos ligados aos afazeres domésticos e aos cuidados de beleza (maquiagens, acessórios etc.), ao passo que os meninos mostraram preferência por carrinhos, bonecos aventureiros (Power Rangers, BEN 10, super-heróis variados), bicicleta, bola etc.

Ainda que tenha sido possível observar as crianças brincando com outros tipos de brinquedos e brincadeiras – criados ou modificados para outros usos e com outras significações – e, por vezes, incorporando brinquedos e brincadeiras mais ligados ao sexo oposto ao seu (meninos que assumem papéis numa brincadeira de casinha; meninas que queiram manipular carrinhos, bonecos, jogar futebol) suas ressignificações parece não ultrapassarem algumas regras sociais que as posicionam segundo o gênero. Se é fato que as crianças não ficam numa mera reprodução da realidade, mas a interpretam, subvertem modelos, limites e a modificam (como tenho mostrado até aqui), também é verdade que elas, como sujeitos culturais, vão se constituindo e se posicionando socialmente frente às referências sociais que vão lhe sendo apresentadas.

---

24. A boneca *Barbie* é a maior representante da imagem que liga o feminino à vaidade e beleza. Ela não só faz essa ligação como e, principalmente, impõe uma representação de beleza que nada tem a ver com as referências de raças, etnias e classes dos países e povos menos desenvolvidos, como a mulher latino-americana ou africana. Magra, alta, loira, olhos azuis, ela empurra as meninas precocemente à perseguição de um modelo estético que, na maior parte dos casos, as crianças brasileiras e, nesse caso, as meninas do grupo da favela, dificilmente vão atingir.

> *Pesquisadora: "Existe diferença entre brincadeira de menino e de menina?"*
> *Gabriel: "Eu acho que sim. Bom, eu acho que quando... [(pausa]. Bom, é que as meninas às vezes brincam muito de brincadeira de Barbie e a gente gosta mais de brincadeira de menino. Eu não gosto da Barbie, porque é de menina e eu sou menino, se não ia ser uma confusão total!"* (Trecho de entrevista com Gabriel. Escola do castelo).

A preocupação de Gabriel com a possibilidade de uma *confusão total* caso as referências de masculino e feminino se misturassem, nos leva a pensar sobre a incorporação das crianças da necessidade de um ordenamento social segundo o gênero. Por mais que as crianças, às vezes, se permitam brincar com referências opostas, é de fato, muito forte o peso da estrutura sobre seus significados culturais por ocasião dos primeiros contatos da criança com a realidade social, que é a experiência com o brinquedo e a brincadeira.

Se a experiência do brincar é propulsora da construção dos significados sociais de ser menino e menina, ela também é o que identifica a alteridade e a identidade da infância. Em outros termos, as crianças desta pesquisa indicaram – tanto enfrentando e superando os limites como aproveitando as possibilidades – que brincar é o que as mobiliza como crianças, o que as coloca em contato com o mundo, com a vida, com o outro e consigo mesmo e por cuja experiência elas formam a comunidade das crianças.

Por isso, é tão surpreendente ver como as crianças, mesmo em circunstâncias de vida tão desiguais, tornam-se parceiras pelo desejo e pela necessidade comum de brincar. É surpreendente como o brincar torna-se, para elas mesmas, uma manifestação pela qual lutam com todas as forças para poder viver; quer seja superando as dificuldades externas relativas as suas condições de vida – como é o caso das crianças trabalhadoras que vivem o brincar como um intervalo do dia entre o trabalho e a escola (cf. MARTINS, 1993; SILVA, 2003), das crianças empobrecidas que transformam o lixo em brinquedo e das crianças escolarizadas que brincam nos interstícios da cultura escolar – quer seja enfrentando as dificuldades internas relativas às interações no interior do próprio grupo de pares.

Assim, brincar é muito sério para as crianças. Podemos pensar que as crianças, tornam-se crianças, porque brincam. O direito à infância está intimamente ligado ao direito de brincar e as crianças anunciam que sabem disso tornando-se, por todos as vias, as maiores defensoras da brincadeira.

> *Brincadeira é uma coisa legal pras crianças, assim, que as crianças gostam. Se alguém falar assim: vamos parar de brincar de brincadeira? Aí a gente diz que não, porque é uma coisa muito sagrada pras crianças* (Lua. Escola do castelo).

Ainda que brincar não seja somente associado ao prazer, é isso que as crianças buscam quando brincam (BORBA, 2005). O desprazer, a frustração, o constrangimento, o medo, enfim, tantas emoções frustrantes vividas na experiência da brincadeira parecem ser superadas pela felicidade que esta pode proporcionar.

>Pesquisadora: *"O que é importante para uma criança ser feliz?"*
>Paulo: *"Pra ser feliz? É... brincar! Brincar de pique-esconde, pique-pega, pique gelo, tomar banho de mangueira... Quando eu to brincando eu sou feliz. Na escola também..."* (Trecho de entrevista com Paulo. Escola da favela).

>*As crianças vão para o espaço aventura e a professora começa a falar de uma brincadeira que hoje vai ensinar para eles. Trata-se do jogo da Queimada. Muito entusiasmada, digo-lhes que eu brinquei muito de queimada quando era criança e Estrela, então, exclama: "Ah, é por isso que a Deise é tão feliz!"* (Diário de campo. Escola do castelo, 25/08/2010).

Essa conclusão a que chega Estrela parece estar baseada numa noção de temporalidade imbricada entre infância e idade adulta e na valorização do brincar como sinônimo de felicidade. Para os que persistem em colocar as crianças como promessa que se revelará somente no futuro adulto, ela sabiamente dá o recado: ser feliz começa cedo, não se pode esperar!

Brincar, ser criança e ser feliz: dimensões *sagradas* para as crianças que andam juntas e se articulam à ideia do direito à infância e à felicidade.

5
CULTURAS INFANTIS EM CONTEXTOS DESIGUAIS: PARA ONDE NOS LEVA ESSE DEBATE?

Este livro foi mobilizado por duas grandes questões: uma tem a ver com o problema principal da pesquisa aqui abordada, quer seja, compreender como as culturas infantis expressam a condição de classe social e geração inerente às crianças. A segunda, derivante dessa e secundária, buscou analisar como contextos sociais diferentes e desiguais e, neles, a escola, contribuem para possibilitar e ou limitar processos de reprodução interpretativa pelas crianças, cruciais para que elas se exerçam como atores culturais.

As perguntas relacionadas ao primeiro eixo e às quais me propus a responder são as seguintes: Como se expressam geração e classe nas culturas infantis? Como é que práticas educacionais distintas – familiares e escolares – contribuem para a formação das culturas infantis? De que modo diferentes processos de normativização da infância (em meio popular, classe média/alta) influenciam as culturas infantis?

Ao olhar para as manifestações centrais que caracterizavam o reconhecimento de uma cultura de pares, de práticas comuns e coletivas das crianças que as identificam como grupo de crianças e as distinguem dos adultos e da cultura escolar, evidenciei duas manifestações centrais: o *corpo*, mais evidente no grupo da favela, e a *brincadeira*, mais presente no grupo do castelo.

Ainda que ambos estivessem presentes nos dois grupos, o fato de o corpo se sobressair no grupo de crianças da favela e a brincadeira no grupo de crianças do castelo tem a ver, sobretudo, com a origem social diferenciada das crianças e, ligada a ela, as normatividades que se derivam de processos de geratividade (ligados a concepções e os modos de relação entre as gerações) distintos em cada grupo. Em confluência ou divergência com as normatividades derivadas de cada classe, a escola também exerce fortemente seus efeitos, sobre os quais as crianças agem e reagem instituindo suas ordens sociais e suas culturas.

O reconhecimento do corpo como expressão e recurso das culturas da infância, sobretudo no contexto escolar da favela que prima pelo seu disciplinamento, indica duas dimensões a serem simultaneamente consideradas: a primeira é a necessidade de reconhecer as dissonâncias existentes entre a forma escolar ou o modo escolar de socialização e o *habitus* familiar das crianças, ligados à origem social e a segunda é a dissonância entre a cultura escolar, que visa ao aluno, e a cultura infantil, que visa à experiência do ser criança no interior da escola. Essa segunda dimensão, portanto, está diretamente ligada ao pertencimento geracional.

Com relação à primeira dimensão, evidenciei dissonâncias entre o que denominei como "corpo solto", produzido pelo pouco ou quase nenhum contato com outras instâncias socializadoras que regulam processos pedagógicos de um corpo institucionalizado, e o corpo "oprimido", que é o corpo negado de se movimentar, brincar e interagir. Como reação a essa dissonância, as crianças vivem o corpo na escola e o constroem como recurso e expressão da cultura pela qual se reconhecem como grupo de pares pela mobilização de quatro possibilidades: o corpo como resistência e transgressão, o corpo como linguagem e interação, o corpo como experiência lúdica e, por fim, o corpo como fonte de agência e poder.

Desse modo, nesse contexto, tanto o *habitus* de classe e familiar produz um corpo mais solto e menos institucionalizado como, paradoxalmente, o efeito institucional sobre a ação dos corpos produz um corpo resistente, comunicativo e brincante. Sendo um recurso para a agência das crianças, é sobre ele que os processos disciplinares e punitivos são realizados. O que, para as crianças é possibilidade de interação, ludicidade, linguagem e expressão de desacordos com a cultura escolar, para os adultos é desacato e confronto ao que se espera delas como alunos. O paradoxo está posto: do corpo solto que se quer disciplinado, nasce o corpo resistente e transgressor; do corpo contido, nasce o corpo comunicativo; do corpo oprimido, nasce o corpo brincante.

Na análise desses quatro elementos que expressam os modos como as crianças vivem o corpo como recurso na manifestação de suas culturas na escola, evidencia-se, além das dissonâncias entre a escola e o *habitus* de classe, dissonâncias entre a cultura escolar e a cultura infantil.

A dimensão geracional foi abordada com base no que diferencia as crianças dos adultos e as identifica enquanto coletividade com interesses, significações e práticas comuns ou próximas entre si. As diferenças com relação ao corpo das crianças e dos adultos foram percebidas tanto em relação aos atributos biológicos como, e principalmente, aos aspectos culturais, estes intimamente ligados a fatores biológicos.

Assim, em ambos os grupos foi possível perceber que o corpo registra a alteridade das crianças em relação aos adultos, expressa pela relação não dicotomizada entre corpo e mente, na relação criativa e inovadora pela qual as crianças fazem uso e exploram o corpo como possibilidades lúdicas variadas e na forma como se comunicam gestualmente como recurso que é incorporado à linguagem verbal.

As relações de poder que se estabelecem por meio do corpo são diferentemente construídas em cada grupo, tendo como base a clivagem que as crianças fazem dos referentes culturais dominantes em seu contexto social com os valores construídos como interessantes ao grupo de pares. A dimensão geracional, evidente pelos critérios que aproximam o corpo como poder nos dois universos, é referente ao tamanho e idade, uma vez que, igualmente, as crianças sofrem as desvantagens sociais relativas a seu estatuto menorizado em relação aos adultos. Valores dominantes em nossa sociedade ligados à masculinidade e feminilidade se confrontam com valores ligados ao *ethos* específico de cada grupo social, produzindo também diferenças entre aspectos valorizados por cada grupo, no que diz respeito ao ser menino ou menina. A posse de produtos voltados ao público infantil é, em ambos os contextos, importante na afirmação do pertencimento geracional e de gênero. Contudo, no contexto da favela em que domina um *ethos* de necessidade, a posse desses produtos extrapola essa significação, sendo critério, também e fundamentalmente, para afirmação de poder no grupo de pares. Ainda que as crianças reproduzam os estereótipos aprendidos socialmente ligados às posições sociais de geração, gênero, de raça/etnia e de classe, é no interior do grupo de pares que se produzem uma série de valores específicos que delegam maior ou menor poder a quem os detém. Assim, as interações e regras construídas por elas também definem o estatuto social das crianças perante o grupo.

A par dessa ideia cabe também destacar que o corpo das crianças, concebido na ordem geracional moderna pela vulnerabilidade em relação aos adultos, não é visto da mesma forma em ambos os contextos. Mesmo sendo a vulnerabilidade um atributo biológico inerente a todas as crianças, a condição social faz com que nem sempre essa característica comum desencadeie a mesma normatividade social. Se, no contexto do castelo, o reconhecimento da vulnerabilidade lhes garante o direito à proteção e provisão, no contexto da favela muitas crianças já assumem responsabilidades com o trabalho e resistem a agressões físicas. Desse modo, elas sofrem os efeitos mais perversos da vulnerabilidade, por terem que agir como "gente grande", sendo tratadas como "gente pequena", ou seja, tendo seu estatuto desvalorizado frente aos adultos, o que lhes dificulta também o direito à participação.

Com relação à brincadeira, ela é base da cultura de pares no contexto escolar em que as crianças encontram tempo e espaço para isso. Nota-se que a escola do castelo tem a brincadeira como eixo de sua proposta pedagógica porque se alicerça em uma concepção pela qual as crianças são vistas como capazes de se desenvolver e aprender nas relações entre pares. Além disso, essa escola está em confluência com a normatividade da família, no que diz respeito a permitir a manifestação da infância como tempo distinto da idade adulta e ligado a experiências determinadas pelo brincar, pela ludicidade, pelo desenvolvimento das múltiplas linguagens e pela arte. Desse modo, tanto as condições externas construídas pela família e pela escola, como as internas, relativas aos processos engendrados pelas crianças em seus grupos de pares, fazem com que a brincadeira nesse contexto permita uma série de rotinas, regras, ordens sociais e modos de se identificar como criança – como é o caso da imaginação como recurso consciente e coletivo – que possibilita um sentimento de pertença a um grupo de crianças.

No contexto da favela, a brincadeira de faz de conta quase não é vivenciada pelas crianças na escola e não se manifesta como uma cultura do grupo. As crianças vivem o brincar nos subterfúgios que encontram na cultura escolar e este é caracterizado por experiências ligadas a explorações e desafios corporais e alguns jogos populares, como futebol, corda, amarelinha, brinquedos cantados. Essa diferença é novamente analisada com base nas condições concretas e nos referentes culturais de que esse grupo dispõe. Nesse particular, tanto a escola não concebe seu papel relacionado a possibilitar a experiência da infância, como esta também não é uma expectativa das famílias. Assim, se num contexto, tanto a escola quanto as famílias destinam um aparato simbólico voltado às experiências fantasistas, do imaginário e faz de conta que se vincula a normatividade do "mundo das crianças", no outro essa normatividade não se aplica, estando as crianças mais diluídas no "mundo dos adultos" e brincando com base nas referências mais ligadas a esse universo.

No entanto, a regra social construída pelas crianças da favela, que denominei como "cumplicidade na transgressão", é, sobretudo, existente por causa do desejo de brincar. Essa regra social também permite que elas construam sentimentos de pertença ao grupo das crianças, uma vez que, por meio dela, se tornam cúmplices e defensoras de interesses comuns. A brincadeira, assim, não é a base pela qual as crianças nesse grupo constroem suas culturas, mas é, juntamente com o corpo, o que as mobiliza e as identificam como cúmplices na luta por fazer valer a condição infantil no interior da escola.

A marca geracional percebida na brincadeira se reflete na relação comum percebida nos dois grupos quanto ao uso do espaço e tempo e pela percepção da brincadeira como manifestação pela qual elas constroem suas identidades de gênero e de ser criança. Evidenciou-se que para elas, diferente dos adultos, todo espaço se converte em lugar para brincar e o tempo é percebido pela experiência, que pode ser sempre reiterada e renovada. O aspecto coletivo e geracional, identificado principalmente na manifestação do brincar, é que faz com que a brincadeira seja reconhecida como uma cultura que, mesmo sendo apropriada e construída também pelos adultos, é, por excelência, um patrimônio cultural das crianças. Na possibilidade ou na impossibilidade, as crianças buscam brincar, ainda que não dos mesmos modos e nem com as mesmas significações.

Portanto, por um lado, é importante reconhecer que as culturas infantis não se produzem somente no espaço-tempo do brincar, como as crianças da favela mostraram. Por outro, a tradução das manifestações das crianças nesta pesquisa indicaram que a brincadeira é o que elas buscam e o que as mobiliza, no limite ou na possibilidade.

Passando a abordar a segunda questão orientadora deste livro, novamente recupero as perguntas que a esta se vinculam: Quais os limites da interpretação pelas crianças da cultura societal que se produz e se reproduz no contexto em que estão inseridas? De que modo os contextos sociais em que se inserem as crianças, especialmente a escola, são mais ou menos indutores da agência infantil?

As realidades empíricas aqui estudadas permitiram-me perceber que o modo como os contextos sociais, especialmente a escola, concebem e travam as relações com as crianças interfere diretamente na agência, produzindo limites e possibilidades para a reprodução interpretativa.

No contexto do castelo, em que as crianças são concebidas como atores culturais e o projeto pedagógico busca contemplar a vivência da infância na escola, as crianças tanto conseguem firmar seu pertencimento geracional pela construção de culturas de pares, como, além disso, lhes permite influenciar a geração adulta. Em outros termos, o fato de a escola partir do pressuposto de que as crianças realizam a reprodução interpretativa permite não só a elas mais condições para que exerçam a agência e construam suas culturas de crianças, mas também permite que escola se produza considerando a influência das crianças.

Na favela, a reprodução interpretativa se constrói, principalmente, pela mobilização da agência das crianças na busca por interesses comuns não garantidos pela cultura escolar. Desse modo, a reprodução interpretativa é reconhecida na transgressão. Porém, diferente do castelo, a influência que a transgressão exerce sobre os adultos produz efeitos que tendem a limitar as possibilidades de agência das crianças, manifestos por constantes sanções e punições que lhes retiram, justamente, seus maiores interesses: o direito à brincadeira, ao movimento e à interação. Portanto, a reprodução interpretativa que as crianças exercem na luta por seus interesses na escola repercute negativamente sobre elas, limitando ainda mais a possibilidade de ação e, gerando, algumas vezes, o conformismo.

Com efeito, refletindo com base no conceito de geratividade proposto por Honig (explícito no primeiro capítulo), podemos evidenciar que as relações entre as gerações no espaço da favela (tanto as evidenciadas pela família como pela escola) estão mais marcadas pela ordem geracional moderna de sobreposição do estatuto dos adultos sobre as crianças. Evidencia-se, mais uma vez, o paradoxo: ao mesmo tempo em que a sociedade não garante as condições para essas crianças serem crianças dentro do que define a norma moderna de infância (nota-se pela falta de proteção do mundo adulto), ideologicamente, as relações intergeracionais são marcadas dentro da ordem geracional moderna, ou seja, de negatividade da infância.

No castelo, vimos o inverso: as condições sociais seguem a normatividade moderna (atribuindo experiências distintas em relação aos adultos), mas a geratividade produzida nesse contexto indica um modo de relação com a infância assentado no questionamento da ordem geracional de inferioridade das crianças em relação aos adultos, o que favorece a agência das crianças e sua construção como sujeitos culturais.

Considerando essas evidências empíricas, penso que é importante avaliar os limites do conceito de reprodução interpretativa, se descolado da análise das condições sociais em que se inserem as crianças. Nesse sentido, alio-me à preocupação de Prout (2000) segundo a qual a capacidade de agência das crianças não pode ser pensada como uma manifestação essencialista, inerente às crianças e independente das condições externas que as condicionam. Na perspectiva defendida por Prout, este estudo indica a necessidade de ampliar a perspectiva da simples constatação da reprodução interpretativa das crianças, para considerar a análise dos elementos que a favorecem ou a limitam. Além disso, cabe avaliar o que a sociedade, especialmente a escola, tem feito com as manifestações sociais e culturais das crianças e como isso repercute na construção do lugar que as crianças ocupam na cultura contemporânea.

Por fim, com base na capacidade reflexiva que este livro permite, considero que cabe elaborar alguns indicativos que possam ser incorporados em novos estudos, principalmente os desenvolvidos nos campos da Sociologia da Infância e no campo da Educação.

Em primeiro lugar, considero que cabe um esforço por parte dos profissionais que atuam com a infância e, principalmente, dos pesquisadores, no sentido de buscar trabalhar articuladamente alguns dualismos que têm construído o campo sociológico e, nele, o da Sociologia da Infância (cf. PROUT, 2004), tais como: ação e estrutura, adultos e crianças, natureza e cultura, geral e particular, geração e classe. Esses dualismos, próprios da ciência moderna, têm dificultado a análise da infância e das crianças na totalidade das relações que as produzem.

A esse propósito, considero que os estudos situados no campo da Sociologia da Infância têm muito a ganhar se considerarem, conjuntamente com a categoria geracional (que une todas as crianças) a análise de outras variáveis sociais (classe, gênero, raça/etnia etc.) que influem na produção de diferentes modos de conceber e organizar as relações geracionais. Isso não significa, no entanto, enfraquecer o estudo da perspectiva geracional que define o campo (cf. QVORTRUP, 2010). A dimensão geracional deve ser sempre o ponto de partida; todas as crianças têm em comum serem crianças e essa condição é construída socialmente. Contudo, penso que a consideração de outras variáveis nos ajuda para termos melhor compreensão do que configura o que podemos denominar como geração da infância na contemporaneidade. Apoiando-se nesse pensamento, uma questão interessante para novas pesquisas seria investigar, comparando contextos diferenciados, até que idade se é criança em cada contexto e quais as experiências determinantes para o fim da infância. Para esse intento, o conceito de geratividade proposto por Honig parece ser bastante promissor.

O indicativo de uma abordagem mais integrada entre geração e outras variáveis e a superação dos dualismos acima explicitados também servem, sobremaneira, para os estudos das culturas da infância. Com esse enfoque, torna-se fundamental aprofundar o conceito de reprodução interpretativa colocando-o em diálogo com as condições socioculturais que as crianças dispõem para se construírem como produtoras culturais. Trata-se de continuar a análise que busca retirar a essencialidade desse conceito buscando reconhecer os limites e as possibilidades que a realidade social impõe para sua realização.

As reflexões que se construíram neste livro em torno das duas categorias centrais – corpo e brincadeira – e suas relações com as culturas infantis poderão ter consequências positivas para a vida das crianças se incorporadas ao debate educacional, especialmente se levadas a cabo na formação de professores. Com relação ao corpo, esse indicativo se justifica por perceber que, em geral, existem concepções hegemônicas que pouco são questionadas e que tendem a construir um consenso de que as crianças residentes em contextos de marginalidade, como o caso da favela, seriam indisciplinadas, agressivas e subversivas por natureza. Essa visão estigmatiza as crianças desse segmento social e encobre a reflexão sobre as condições sociais produtoras do corpo transgressor. Portanto, a reflexão sobre o corpo na escola deve ser levada a cabo considerando as duas dimensões sociais que a ele estão articuladas: 1) as dissonâncias (e/ou consonâncias) entre a cultura escolar e a cultura infantil; 2) as dissonâncias (e/ou consonâncias) entre o *habitus* de classe e o modo escolar de socialização. Ainda que a importância da brincadeira seja um conceito difundido em termos de discurso, nem por isso é garantida em nossas escolas, sendo ainda pouco compreendida sua importância como espaço de autoria e produção cultural das crianças e como manifestação que permite a experiência da infância no espaço escolar. Para além da perspectiva desenvolvimentista mais difundida nos cursos de formação de professores, que justifica a brincadeira como propulsora do desenvolvimento infantil, urge incorporar a ela essas outras duas dimensões, principalmente quando se passa a considerar a importância da escola como espaço coletivo para a vivência da infância na contemporaneidade.

Às contribuições relacionadas aos campos científico e pedagógico, cabe incorporar a relevância política deste estudo para a possível *emancipação social da infância* (MARCHI & SARMENTO, [s.d.]). Nessa direção e, para reiterar o ponto de chegada pretendido neste livro, faço uso das palavras de Sarmento (2003, p. 15):

> Não é apenas das crianças que tratamos quando tratamos das crianças. Este esforço, que é, simultaneamente, analítico e crítico, na interpretação dos mundos sociais e culturais da infância, e político e pedagógico, na concepção da mudança das instituições para as crianças, tomando como ponto

de ancoragem as culturas da infância, permitir-nos-á rever o nosso próprio mundo, globalmente considerado.

A revisão de nosso mundo requer, como indica este estudo, além da mudança na forma de ver e tratar as crianças, o necessário combate às desigualdades sociais, sem o qual o projeto de emancipação social da infância não pode ser efetivado em sua totalidade. Rever o mundo reconhecendo a alteridade das crianças e aproveitando suas contribuições para reinventá-lo; rever o mundo, reconhecendo as diferenças que o torna humano e combatendo as desigualdades sociais que o desumaniza. Eis o que mobilizou este livro.

REFERÊNCIAS

AGOSTINHO, K.A. *O espaço da creche:* que lugar é este? Florianópolis: UFSC, 2003 [Dissertação de mestrado].

ALANEN, L. Generational order. In: QVORTRUP, J.; CORSARO, W. & HONIG, M.-S. *The Palgrave Handbook:* of childhood studies. Palgrave Macmillan, 2009.

AQUINO, L.M.L. Saber docente: questões para pensar a prática na Educação Infantil: In: VASCONCELLOS, V.M.R.; AQUINO, L.M.L. & DIAS, A.A. *Psicologia e Educação Infantil.* Araraquara: Junqueira e Marin, 2008.

AQUINO, L.M.L. & VASCONCELLOS, V.M.R. Orientação curricular para a Educação Infantil: Referencial Curricular Nacional e Diretrizes Curriculares Nacionais. In: VASCONCELLOS, V.M.R. (org.). *Educação da infância:* história e política. Rio de Janeiro: DP&A, 2005.

ARENHART, D. *Infância, educação e MST:* quando as crianças ocupam a cena. Chapecó: Argos, 2007.

BAKHTIN, M. *Marxismo e filosofia da linguagem.* São Paulo: Hucitec, 1992.

BATISTA, R. *A rotina no dia a dia da creche:* entre o proposto e o vivido. Florianópolis: UFSC, 1998 [Dissertação de mestrado].

BELONI, M.L. *Crianças e mídias no Brasil:* cenários de mudança. Campinas: Papirus, 2010.

BONNEWITZ, P. *Primeiras lições sobre a sociologia de Pierre Bourdieu.* Petrópolis: Vozes, 2005.

BORBA, A.M. Quando as crianças brincam de ser adultos: vir a ser ou experiência da infância? In: LOPES, J.J.M. & MELLO, M.B. (orgs.). *"O jeito de que nós crianças pensamos sobre certas coisas":* dialogando com lógicas infantis. Rio de Janeiro: Rovelle, 2009.

_____. *Culturas da infância nos espaços-tempos do brincar.* Niterói: UFF, 2004 [Tese de doutorado].

BORBA, A. et al. Desenho e infância: buscando compreender as crianças e seus modos próprios de ver o mundo. In: SILVA, L.S.P. & LOPES, J.J.M. (orgs.). *Diálogos de pesquisas sobre crianças e infância*. Niterói: UFF, 2010.

BOURDIEU, P. *Escritos de educação*. Petrópolis: Vozes, 1998 [Org. de Maria Alice Nogueira e Afrânio Catani].

_____. *Questões de sociologia*. Rio de Janeiro: Marco Zero, 1983.

_____. *A reprodução*: elementos para uma teoria do sistema de ensino. Lisboa: Vega, 1978.

_____. *Les héritiers* [Os herdeiros]. Paris: De Minuit, 1964.

BOWLBY, J. *Apego*. São Paulo: Martins Fontes, 1984.

BROUGÈRE, G. *Brinquedos e companhia*. São Paulo: Cortez, 2004.

_____. *Jogo e educação*. Porto Alegre: Artes Médicas, 1998.

_____. *Brinquedo e cultura*. São Paulo: Cortez, 1995.

BUCKNGHAM, D. *Crescer na era das mídias*. São Paulo: Loyola, 2007.

CARVALHO, M.P. & CRUZ, T.M. Jogos de gênero: o recreio numa escola de Ensino Fundamental. *Cadernos Pagu*, n. 26, jan.-jun./2006, p. 113-143.

CAVALLIERI, F. Favelas no Rio – A importância da informação para as políticas públicas. In: SILVA, J.S. et. al. (orgs.). *O que é a favela, afinal?* Rio de Janeiro: Observatório de Favelas do Rio de Janeiro, 2009.

CHAMBOREDON, J.C. & PRÉVOT, J. O ofício de criança. In: *Sociologia da Educação II* – Antologia. A construção social das práticas educativas. Lisboa: Horizonte, 1982.

CHRISTENSEN, P. & PROUT, A. Working with ethical symmetry in social research with children. *Childhood*, vol. 9, n. 4, 2002, p. 477-497.

COLETIVO DE AUTORES. *Metodologia do ensino da educação física*. São Paulo: Cortez, 1992.

CONNEL, R. *Masculinities*. Berkeley: University of California Press, 1995.

CORSARO, W. Entrada no campo, aceitação e natureza da participação nos estudos etnográficos com crianças pequenas. In: *Educação e Sociedade* – Revista de Ciência da Educação, vol. 26, mai.-ago./2005. Campinas: Cedes.

_____. *We're friends right?*: inside kids'culture. Washington D.C.: Joseph Henry, 2003.

_____. *The sociology of childhood*. Thousand Oaks: Pine Forge, 1997.

COUTINHO, Â.S. *A ação social dos bebês* – Um estudo etnográfico no contexto da creche. Braga: Universidade do Minho, 2010 [Tese de doutorado].

DELALANDE, J. Le concept heuristique de culture infantile. In: SIROTA, R. (dir.). *Éléments pour une sociologie de l'énfance*. Rennes: Presses Universitaires de Rennes, 2006, p. 1.572-1.590.

_____. *La cour de récreatión* – Contribution à une antropologie de l'infance. Rennes: PUR, 2001.

DORNELLES, L.V. *O brinquedo e produção do sujeito infantil* [Disponível em http://cedic.iec.uminho.pt/Textos_de_Trabalho/textos/obrinquedo.pdf].

DUBET, F. *Sociologia da experiência*. Lisboa: Instituto Piaget, 1996.

DUBET, F. & MARTUCELLI, D. *La escuela* – Sociología de la experiencia escolar. Buenos Aires: Losada, 1998 [Paris: Seuil, 1996].

DURKHEIN, E. *Sociologia, educação e moral*. Porto: Rés, 1984.

ELIAS, N. *O processo civilizador* – Vol. 2: Formação do Estado e civilização. Rio de Janeiro: Zahar, 1993.

_____. *O processo civilizador* – Vol. 1: Uma história dos costumes. Rio de Janeiro: Zahar, 1990 [Trad. de Ruy Jungmann].

FARIA, A.L.G. *Educação pré-escolar e cultura*. Campinas/ao Paulo: Unicamp/Cortez, 1999.

FARIA, A.L.G.; DEMARTINI, Z.B. & PRADO, P.D. (orgs.). *Por uma cultura da infância:* metodologias de pesquisa com crianças. 2. ed. Campinas: Autores Associados, 2005.

FERNANDES, F. *Folclore e mudança social na cidade de São Paulo*. 2. ed. Petrópolis: Vozes, 1979.

FERREIRA, M.K.L. Divina abundância: fome, miséria e a terra-sem-mal de crianças Guarani. In: SILVA, A.L.; NUNES, A. & MACEDO, A.V.L.S. *Crianças indígenas:* ensaios antropológicos. São Paulo: Global, 2002.

FERREIRA, M.M.M. *A gente aqui o que gosta mais é de brincar com os outros meninos* – As crianças como atores sociais e a (re)organização social do grupo de pares no quotidiano de um Jardim de Infância. Porto: Universidade do Porto, 2002 [Tese de doutorado].

FINCO, D. *Faca sem ponta, galinha sem pé, homem com homem, mulher com mulher* – Relações de gênero nas brincadeiras de meninos e meninas na pré-escola. Campinas: Unicamp, 2004 [Dissertação de mestrado].

FINGERSON, L. The children's bodies. In: QVORTRUP, J.; CORSARO, W. & HONIG, M.S. *The Palgrave Handbook of Childhood Studies*. Palgrave Macmillan, 2009.

_____. *Girls in Power:* Gender, Body and Menstruation in Adolescence. Albânia: Suny, 2006.

FOUCAULT, M. *Vigiar e punir* – Nascimento da prisão. 13. ed. Petrópolis: Vozes, 1987 [Trad. de Raquel Ramalhete].

GALEANO, E. *De pernas pro ar:* a escola do mundo ao avesso. Porto Alegre: L&PM, 1999.

GEERTZ, C. *A interpretação das culturas* [1973]. Rio de Janeiro: Guanabara, 1989.

GOBBI, M. *Lápis vermelho é de mulherzinha* – Relações de gênero, desenho infantil e pré-escola. Campinas: Unicamp, 1997 [Dissertação de mestrado].

GUSMÃO, N.M. Projeto e pesquisa: caminhos, procedimentos, armadilhas... In: LANG, A.B.S. (org.). *Desafios da pesquisa em ciências sociais*. São Paulo: Ceru, 2001 [Textos série 2, n. 8].

HARDMAN, C. Can be there an anthropology of children? *Childhood*, vol. 8, n. 4, 2001 [1973], p. 501-517. Londres/Nova Deli: Thousand Oaks/Sage.

HARRIS, P. *The work of the imagination*. [s.l.]: Blackwell, 2000.

HONIG, M.-S. How is the Child constituted in Childhood studies? IN: QVORTRUP, J.; CORSARO, W. & HONIG, M.S. *The Palgrave Handbook of Childhood Studies*. Palgrave Macmillan, 2009.

HUIZINGA, J. *Homo ludens* [1938]. São Paulo: Perspectiva, 2000.

JAMES, A. Embodied Being(s): Understanding the Self and the Body in Chidhood. In: PROUT, A. (ed.). *The body, childhood and society*. [s.l.]: St. Martins, 2000.

JAMES, A.; JENKS, C. & PROUT, A. *Theorizing Childhood*. Cambridge: Polity, 1998.

JAMES, A. & PROUT, A. (orgs.). *Constructing and reconstructing childhood, contemporary issues in the study of childhood*. 2. ed. Londres: Falmer, 1998.

JENKS, C. Constituindo a criança. In: *Educação, Sociedade e Culturas*, n. 17, 2002, p. 185-216.

JOBIM E SOUZA, S. Re-significando a psicologia do desenvolvimento: uma contribuição crítica à pesquisa da infância. In: KRAMER, S. & LEITE, M.I. (orgs.). *Infância:* fios e desafios da pesquisa. Campinas: Papirus, 1997.

KISHIMOTO, T.M. *Jogos infantis* – O jogo, a criança e a educação. 13. ed. Petrópolis: Vozes, 1993.

KRAMER, S. Direitos da criança e projeto político-pedagógico da Educação Infantil. In: BAZÍLIO, L.C. & KRAMER, S. *Infância, educação e direitos humanos*. 2. ed. São Paulo: Cortez, 2006.

_____. Autoria e autorização – Questões éticas na pesquisa com crianças. *Cadernos de Pesquisa*, n. 116, jul./2002, p. 41-59. São Paulo.

KRAMER, S. & BAZÍLIO, L.C. *Infância, educação e direitos humanos*. São Paulo: Cortez, 2003.

KRAMER, S. & LEITE, M.I. (orgs.). *Infância e produção cultural*. Campinas: Papirus, 1998.

KUHLMANN JR, M. *Infância e Educação Infantil:* uma abordagem histórica. Porto Alegre: Mediação, 1998.

LAHIRE, B. Indivíduo e mistura de gêneros: dissonâncias culturais e distinção de si. In: *Sociologia, problemas e práticas*, n. 56, 2008, p. 11-36.

_____. *A cultura dos indivíduos*. Porto Alegre: Artmed, 2006.

_____. Crenças coletivas e desigualdades culturais. *Educação e Sociedade*, vol. 24, n. 84, set./2003, p. 983-995. Campinas.

LAHIRE, B. *Sucesso escolar nos meios populares:* as razões do improvável. São Paulo: Ática, 1997.

LANGSTED, O. *Avaliando a qualidade do ponto de vista das crianças*. Danish Social Science Recerch Council, 1991 [Trad. livre de Débora Thomé Sayão] [Mimeo].

LE BRETON, D. *A sociologia do corpo*. Petrópolis: Vozes, 2007.

LEITÃO, G. Reconhecendo a diversidade das favelas cariocas. In: SILVA, J.S. et al. (orgs.). *O que é a favela, afinal?* Rio de Janeiro: Observatório de Favelas do Rio de Janeiro, 2009.

LEITE, M.I. O que falam da escola e saber as crianças da área rural? Um desafio da pesquisa de campo. In: KRAMER, S. & LEITE, M.I.F.P. *Infância:* fios e desafios da pesquisa. Campinas: Papirus, 1997.

LOPES, J.J. Cartografia com crianças: "Atlas da creche UFF". In: SILVA, L.S.P. & LOPES, J.J.M (orgs.). *Diálogos de pesquisas sobre crianças e infâncias*. Niterói: UFF, 2010.

_____. O ser e estar no mundo: a criança e sua experiência espacial. In: LOPES, J.J.M. & MELLO, M.B. *"O jeito de que nós crianças pensamos sobre certas coisas":* dialogando com lógicas infantis. Rio de Janeiro: Rovelle, 2009.

_____. "É coisa de criança" – Reflexões sobre a geografia da infância e suas possíveis contribuições para pensar as crianças. In: VASCONCELLOS, T. (org.). *Reflexões sobre infância e cultura*. Niterói: EdUFF, 2008.

LOPES, J.J.M. & VASCONCELLOS, T. *Geografia da infância:* reflexões sobre uma área de pesquisa. Juiz de Fora: Feme, 2005.

MANDELL, N. The least-adult role in studying children. *Journal of Contemporary Etnografy*, n. 16, 1988, p. 433-467.

MANNHEIM, K. *Ideologia e utopia:* introducción a la sociologia del conocimiento [1928]. México: Fondo de Cultura Económica, 1993.

MARCHI, R. *Os sentidos (paradoxais) da infância nas ciências sociais:* uma abordagem da sociologia da infância sobre a "não criança" no Brasil. [s.l.]: UFSC, 2007 [Tese de doutorado].

MARCHI, R. & SARMENTO, M.J. *Radicalização da infância na Segunda Modernidade* – Para uma sociologia da infância crítica [Mimeo] [s.d.].

MARTIN, K. *Puberty, Sexuality, and the Self.* Londres: Sage, 1996.

MARTINS, J.S. O massacre dos inocentes. In: MARTINS, J.S. (org.). *Regimar e seus amigos:* a criança na luta pela terra e pela vida. São Paulo: Hucitec, 1993.

MONTANDON, C. As práticas educativas parentais e as experiências das crianças. *Educação e Sociedade*, vol. 26, n. 91, mai.-ago./2005, p. 485-507. Campinas [Trad. de Alain François] [Disponível em http://www.cedes.unicamp.br].

_____. Sociologia da infância: balanço dos trabalhos em língua inglesa. *Cadernos de Pesquisa*, n. 112, mar./2001, p. 33-60. São Paulo.

MUBARAC SOBRINHO, R.S. *Vozes infantis:* as culturas das crianças Sateré-Mawé como elemento de (des)encontros com as culturas da escola. [s.l.]: UFSC, 2009 [Tese de doutorado].

NOBRE, D.B. Infância indígena Guarani Mbya. In: VASCONCELLOS, V.M.R. & SARMENTO, M.J. *Infância (in)visível.* Araraquara: Junqueira & Marin, 2007.

NOGUEIRA, M.A. Trajetórias escolares, estratégias culturais e classes sociais – Notas em vista da construção do objeto da pesquisa. Revista *Teoria e Educação*, n. 3, 1991.

NUNES, Â. *A sociedade das crianças A'uwê-Xavante* – Por uma antropologia da criança. Lisboa: Ministério da Educação/Instituto de Inovação Educacional, 1999.

PAIXÃO, L.P. Socialização na escola. In: PAIXÃO, L.P. & ZAGO, N. *Sociologia da educação:* pesquisa e realidade brasileira. Petrópolis: Vozes, 2007.

PEREIRA, R.M.R. & SOUZA, S.J. Infância, conhecimento e contemporaneidade. In: KRAMER, S. & LEITE, M.I. *Infância e produção cultural.* Campinas: Papirus, 1998.

PERROTTI, E. A criança e a produção cultural. In: ZILBERMAN, R. (org.). *A produção cultural da criança.* Porto Alegre: Mercado Aberto, 1990.

PRADO, P.D. As crianças pequenininhas produzem cultura? – Considerações sobre educação e cultura infantil em creche. In: *Proposições*, vol. 10, n. 1 (28), mar./1999, p. 110-118. Campinas: Unicamp.

PRIORE, M. (org.). *História das crianças no Brasil.* São Paulo: Contexto, 1999.

PROUT, A. *Reconsiderar a nova Sociologia da Infância:* para um estudo multisciplinar das crianças – Ciclo de conferências em Sociologia da Infância 2003/2004 – IEC. 2004. Braga [digitalizado] [Trad. de Helena Antunes. Revisão científica: Manuel Jacinto Sarmento e Natália Fernandes Soares].

_____. Childhood bodies: construction, agency and hybridity. In: PROUT, A. (ed.). *The body, childhood and society*. St. Martins, 2000.

QUINTEIRO, J. *Infância e escola:* uma relação marcada por preconceitos. Campinas: Unicamp, 2000 [Tese de doutorado].

QVORTRUP, J. Generations: an important category in sociological research. In: *Congresso Internacional dos mundos sociais e culturais da infância* [Atas]. Vol. 2. Braga: Uminho/Instituto de Estudos da Criança, 2000, p. 102-113.

RIBEIRO, J.B. Brincadeira de meninos e meninas: socialização, sexualidade e gênero entre crianças e a construção social das diferenças. *Cadernos Pagu*, n. 26. Jan.-jun./2006, p. 145-168.

ROCHA, E.A.C. *A pesquisa em Educação Infantil* – Trajetória recente e perspectiva de consolidação de uma Pedagogia da Educação Infantil. Florianópolis: UFSC/CED/NUP, 1999.

ROSEMBERG, F. (org.). *Creche* – Temas em destaque. São Paulo: Cortez, 1989.

SANTIN, S. *Educação física:* uma abordagem filosófica da corporeidade. Ijuí: Inijuí, 1987.

SARMENTO, M.J. Conhecer a infância: os desenhos das crianças como produções simbólicas. In: MARTINS FILHO, A.J. & PRADO, P.D. (orgs.). *Das pesquisas com crianças à complexidade da infância*. Campinas: Autores Associados, 2011.

_____. Sociologia da Infância: correntes e confluências. In: SARMENTO, M.J. & GOUVEA, M.C.S. (orgs). *Estudos da Infância:* educação e práticas sociais. Petrópolis: Vozes, 2008.

_____. Visibilidade social e estudo da infância. In: SARMENTO, M.J. & VASCONCELLOS, V.M.R. (orgs.). *Infância (in)visível*. Araraquara: Junqueira & Marin, 2007.

_____. Gerações e alteridade – Interrogações a partir da Sociologia da Infância. In: *Educação e Sociedade* – Revista de Ciência da Educação, vol. 26, n. 91. Mai.-ago./2005, p. 361-378. Campinas.

_____. As culturas da infância nas encruzilhadas da Segunda Modernidade. In: SARMENTO, M.J. & CERISARA, A.B. (orgs.). *Crianças e miúdos:* perspectivas sociopedagógicas da infância e educação. Porto: Asa, 2004.

_____. *Imaginário e culturas da infância*, 2003 [Disponível em http:www.iec.minho.pt/cedic/textos de trabalho].

_____. A globalização e a infância: impactos na condição social e na escolaridade. In: GARCIA, R.L. *Em defesa da Educação Infantil*. Rio de Janeiro: DPA, 2001.

SARMENTO, M.J. & PINTO, M. *As crianças, contextos e identidade*. Braga: Centro de Estudos da Criança/Universidade do Minho, 1997 [Coleção Infans].

SAYÃO, D. *Relações de gênero e trabalho docente na Educação Infantil:* um estudo de professores de creche. [s.l.]: UFSC, 2005 [Tese de doutorado].

_____. O fazer pedagógico do/a professor/a de Educação Física na Educação Infantil. In: *Caderno de Formação* – Divisão Infantil, 2004, p. 29-34. Florianópolis.

SILVA, J.S. et al. (orgs.). *O que é a favela, afinal?* Rio de Janeiro: Observatório de Favelas do Rio de Janeiro, 2009.

SILVA, M.C. *Classes sociais:* condição objetiva, identidade e acção colectiva. Ribeirão, Port.: Húmus/Universidade do Minho, 2009.

SILVA, M.R. "Exercícios de ser criança" – Corpo em movimento e a cultura lúdica nos tempos-espaços na Educação Infantil da Rede Municipal de Florianópolis ou "Porque toda criança precisa brincar (muito)?" *Motrivivência*, ano XIX, n. 29, dez./2007, p. 141-196.

_____. Infância empobrecida no Brasil, o neoliberalismo e a exploração do trabalho infantil: questão para a Educação Física. In: *Revista Brasileira de Ciências do Esporte*, vol. 26, n. 3, mai./2005, p. 41-57. Campinas.

_____. *Trama doce-amarga* – Exploração do trabalho infantil e cultura lúdica. São Paulo/Ijuí: Hucitec/Unijuí, 2003.

SIROTA, R. Emergência de uma Sociologia da Infância: evolução do objeto e do olhar. In: *Cadernos de Pesquisa*, n. 112, mar./2001, p. 7-31. São Paulo.

THIN, D. Famílias de camadas populares e a escola – Confrontação desigual e modos de socialização. In: MULLER, M.L.R. & PAIXÃO, L.P. (orgs.). *Educação, diferenças e desigualdades*. Cuiabá: EdUFMT, 2006.

THORNE, B. *Gender Play:* Girls and Boys in School. Nova Brunswick, NJ: Rutgers University Press, 1993.

VASCONCELLOS, T. Um minuto de silêncio: ócio, infância e educação. In: LOPES, J.J.M. & MELLO, M.B. "O jeito de que nós crianças pensamos sobre certas coisas" – Dialogando com lógicas infantis. Rio de Janeiro: Rovelle, 2009.

VINCENT, G. (dir.). *L'Éducation prisonnière de la forme scolaire?* – Scolarisation et socialization dans les socètes industrielles. Lion: Presses Universitaires de Lyon, 1994.

VINCENT, G.; LAHIRE, B. & THIN, D. Sur l'histoire et la théorie de la forma escolaire. In: VINCENT, G. (dir.). *L' education prisonnière de la forme scolaire?* – Scolarisation et socialization dans les socètes industrielles. Lion: Presses Universitaires de Lyon, 1994.

VYGOTSKY, L.S. *Psicologia pedagógica*. São Paulo: Martins Fontes, 2004 [Trad. de Paulo Bezerra].

_____. *Pensamento e linguagem*. Porto: Estratégias Criativas, 2001 [Trad. de Francisco Dias].

_____. *A formação social da mente*. 4. ed. São Paulo: Martins Fontes, 1991.

ZOIA PRESTES [blog].

ÍNDICE

Sumário, 9

Prefácio, 11

Introdução – Como surge o interesse pelo tema, 15

1 Caminhos que levam às crianças e suas culturas, 21
    Infância e cultura: a perspectiva da Sociologia da Infância, 21
        As culturas infantis como objeto de estudo sociológico, 24
        Geração e classe no estudo das culturas infantis, 33
    Pesquisa com crianças: questões, dilemas e desafios, 43
        Fazer-se pesquisadora no encontro com as crianças, 46
        Os focos de observação e os instrumentos de pesquisa, 54

2 Entre a favela e o castelo: apresentando as crianças e seus contextos de vida, 61
    A infância na/da favela, 61
        As experiências das crianças na família, 64
        A condição de ser criança na escola, 74
    A infância no/do castelo, 85
        As experiências das crianças na família, 85
        A condição de ser criança na escola, 94

3 Corpo-criança: o que se vê quando se olha, 99
    A alteridade das culturas infantis que se revela pelo corpo, 99
        O corpo como linguagem e interação, 102
        O corpo como resistência e transgressão, 108

    O corpo como experiência lúdica, 117

    O corpo como fonte de agência e poder, 122

4 Brincadeira e culturas infantis: a influência dos contextos sociais, 141

    A brincadeira na escola do castelo: a base de uma cultura de pares, 143

    A brincadeira nas escolas da favela: uma (im)possibilidade cavada nos interstícios da cultura escolar, 162

    Semelhanças que expressam a condição geracional, 175

5 Culturas infantis em contextos desiguais: para onde nos leva esse debate?, 189

Referências, 197

CULTURAL

Administração
Antropologia
Biografias
Comunicação
Dinâmicas e Jogos
Ecologia e Meio Ambiente
Educação e Pedagogia
Filosofia
História
Letras e Literatura
Obras de referência
Política
Psicologia
Saúde e Nutrição
Serviço Social e Trabalho
Sociologia

CATEQUÉTICO PASTORAL

Catequese
Geral
Crisma
Primeira Eucaristia

Pastoral
Geral
Sacramental
Familiar
Social
Ensino Religioso Escolar

TEOLÓGICO ESPIRITUAL

Biografias
Devocionários
Espiritualidade e Mística
Espiritualidade Mariana
Franciscanismo
Autoconhecimento
Liturgia
Obras de referência
Sagrada Escritura e Livros Apócrifos

Teologia
Bíblica
Histórica
Prática
Sistemática

REVISTAS

Concilium
Estudos Bíblicos
Grande Sinal
REB (Revista Eclesiástica Brasileira)
SEDOC (Serviço de Documentação)

VOZES NOBILIS

Uma linha editorial especial, com importantes autores, alto valor agregado e qualidade superior.

VOZES DE BOLSO

Obras clássicas de Ciências Humanas em formato de bolso.

PRODUTOS SAZONAIS

Folhinha do Sagrado Coração de Jesus
Calendário de mesa do Sagrado Coração de Jesus
Agenda do Sagrado Coração de Jesus
Almanaque Santo Antônio
Agendinha
Diário Vozes
Meditações para o dia a dia
Encontro diário com Deus
Guia Litúrgico

CADASTRE-SE
www.vozes.com.br

EDITORA VOZES LTDA.
Rua Frei Luís, 100 – Centro – Cep 25689-900 – Petrópolis, RJ
Tel.: (24) 2233-9000 – Fax: (24) 2231-4676 – E-mail: vendas@vozes.com.br

UNIDADES NO BRASIL: Belo Horizonte, MG – Brasília, DF – Campinas, SP – Cuiabá, MT
Curitiba, PR – Florianópolis, SC – Fortaleza, CE – Goiânia, GO – Juiz de Fora, MG
Manaus, AM – Petrópolis, RJ – Porto Alegre, RS – Recife, PE – Rio de Janeiro, RJ
Salvador, BA – São Paulo, SP